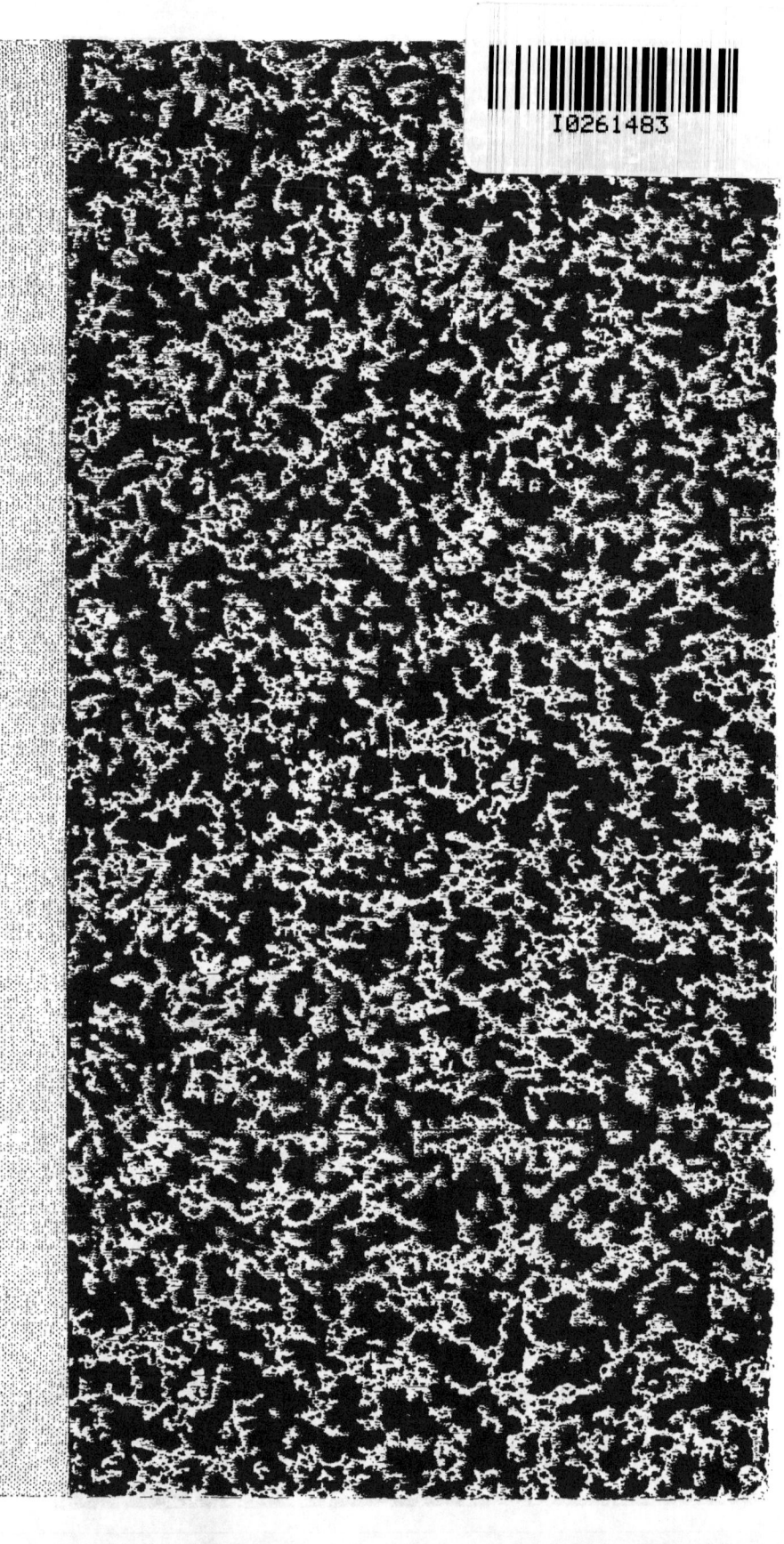

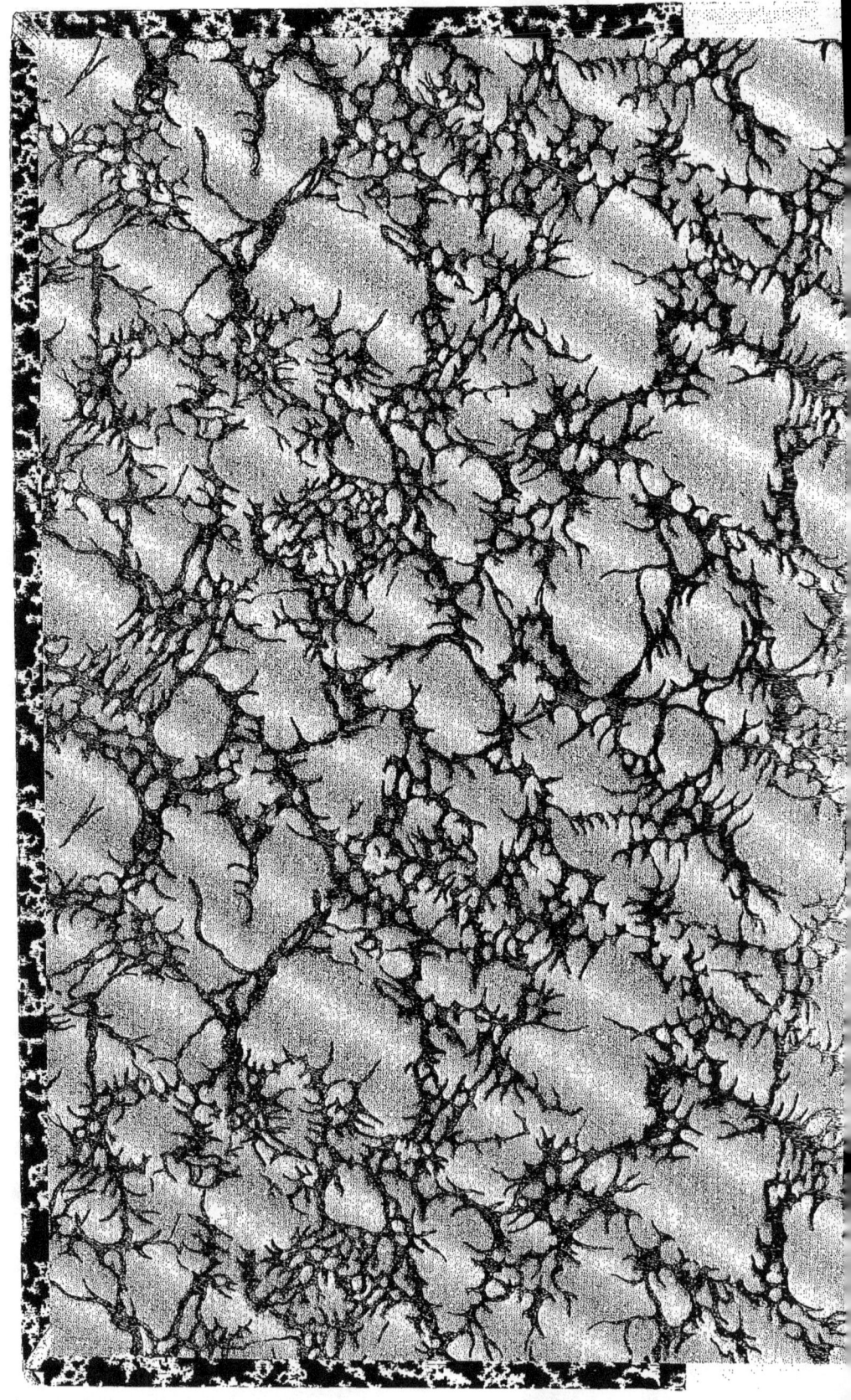

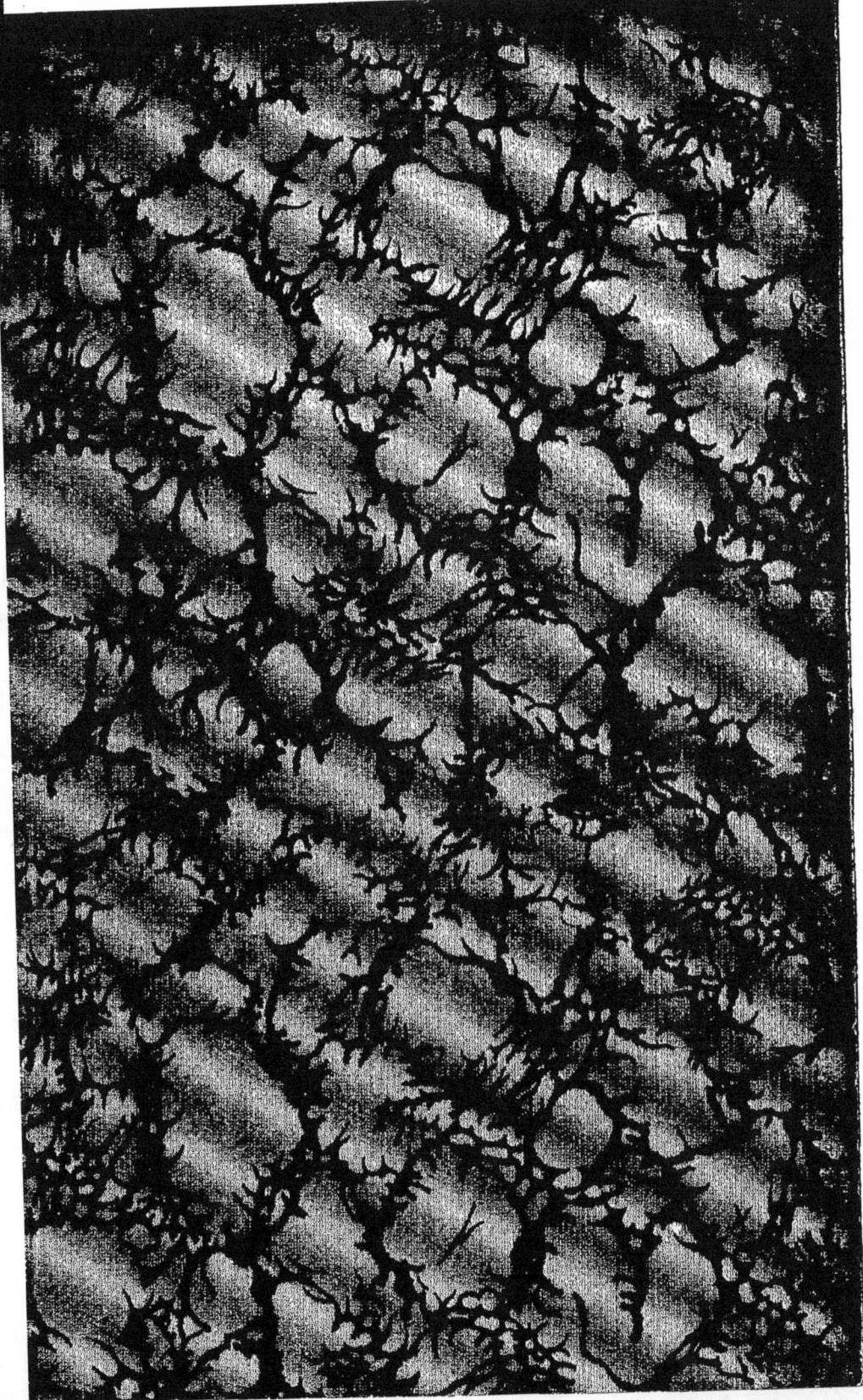

STAUFFER REL

LE CATHOLICISME AU JAPON.

S. François=Xavier

et ses premiers Successeurs

1540-93

PAR

L. DELPLACE, S. J.

TOME PREMIER

BRUXELLES
Librairie Albert Dewit,
53, rue Royale.

1909

LE CATHOLICISME AU JAPON.

IMPRIMATUR.

Mechliniæ, 23 Octobris 1908.

J. THYS, can., lib. cens.

LE CATHOLICISME AU JAPON.

S. François=Xavier

et ses premiers Successeurs

1540-93

PAR

L. DELPLACE, S. J.

TOME PREMIER

BRUXELLES
Librairie Albert Dewit,
53, rue Royale,

1900

ERRATA.

Page 52, ligne 14, obtenir à leur,   à leur obtenir
»   56, » 21, Jenxu,   Zenxu
»   58, note ligne 3, and it,   and is
»   79, ligne 2, Balthasa,   Balthazar
» 107, » 12, qui,   que
» 122, » 2, Kavaki,   Kawachi
» » note 3, av. J.-C.,   ap. J.-Ch.
« 177, ligne 14, 1579,   1569
» 188, » 6, villes tout,   villes de tout
» » » 11, du moyen   un moyen plus efficace.
» 191, note 2, ligne 8, Kongué,   Kougué
» 194, ligne 12, couste,   conste
» 204, » 23, l'issu,   l'issue
» 209, » 23, une belle église   a été construite à
» 212, ligne 6, a fine, investée,   investie
» 221, » 13, 28, Kombakou,   Kwambaku
» 225, » 5, déposédé,   dépossédé
» 229, » 4, des la,   de sa
» 235, note 1, Kurado,   Kuroda
» 239, ligne 10, commua,   commun
» 240, » 11, témoin,   témoins
» 243, » 16, cette,   cet
» 252, » 19, les jusqu'ici,   jusqu'ici les

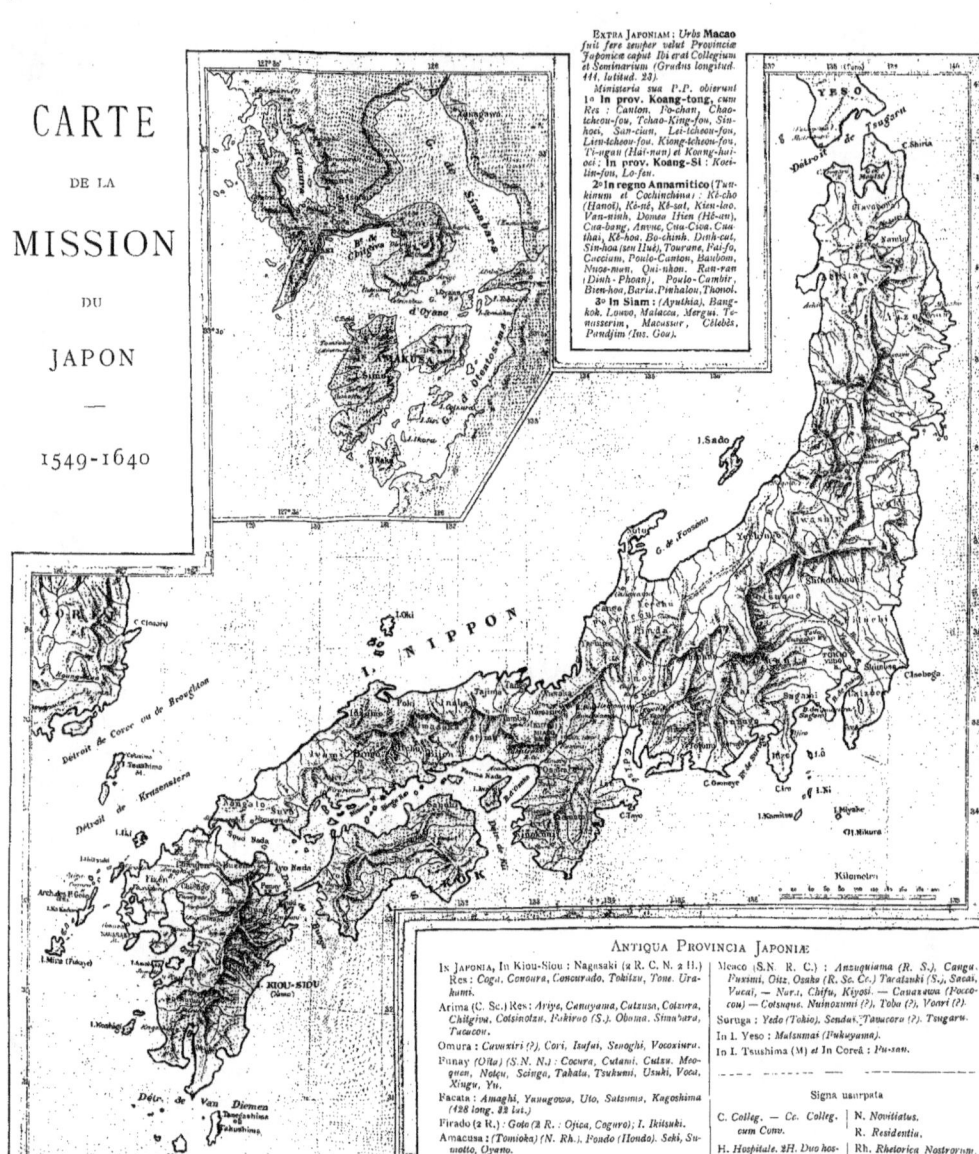

PRÉFACE.

Le Père Crasset de la Compagnie de Jésus publia en 1689 *l'histoire de l'Eglise du Japon* en deux tomes in-4°. C'est une œuvre de quelque valeur mais incomplète, que le gouvernement japonais a fait traduire récemment dans la langue du pays (1).

En 1736, le Père de Charlevoix, de la même Compagnie, édita une *Histoire et Description du Japon*, en neuf volumes in-12° (2). L'auteur cite les 105 écrivains dont on avait publié des relations, des cartes géographiques, des livres concernant le Japon : il avait consulté, discuté la plupart d'entre eux et parfois il les cite. Il résume ensuite les Fastes chronologiques de la découverte du nouveau monde (1364-1720) ; il traite de la géographie, de l'in-

---

(1) D'après M. l'abbé Ligneul, des missions étrangères, (lettre de Tokyo, du 22 août 1905, à l'auteur). Les *Katholische Missionen*, 1898, annonçaient la traduction japonaise de l'ouvrage de Charlevoix. Le gouvernement japonais a fait traduire aussi les lettres de S. François Xavier.

(2) Sommervogel, *bibliothèque des écrivains S. J.* en indique les nombreuses éditions. Plusieurs ont supprimé les deux premiers et les deux derniers tomes, se contentant de l'histoire du christianisme au Japon.

dustrie et des plantes du Japon ; il décrit le pays, les mœurs, le gouvernement et établit la suite chronologique (660 a. — 1687 apr. J. C.) des Daïris ou Souverains. Des planches fort bonnes ornent cette partie de l'ouvrage. L'histoire du catholicisme prend six tomes et demi, et elle présente, avec intérêt et sous une forme littéraire estimable, les principaux évènements religieux du Japon aux 16ᵉ et 17ᵉ siècles : l'auteur avait trouvé un secours précieux dans Bartoli, dont l'ouvrage (1653-1663) publié sur documents avait eu un très grand succès en Italie : Bartoli ne craint pas de dire la vérité ; ses réflexions sont judicieuses, ses caractères sont touchés de main de maître ; son style surtout est fort apprécié.

Bartoli cependant, non plus que Charlevoix, ne relate guère les lettres des missionnaires ; on en avait publié beaucoup dans toutes nos langues d'occident et même en latin ; mais il en restait un bien plus grand nombre en manuscrit. Les éditeurs des *Monumenta historica Societatis Jesu* (1) ont commencé à les publier dans les textes originaux, portugais, espagnol, italien ou latin. Il nous a paru qu'il serait utile d'essayer, avec les ressources dont ils ont disposé, une histoire de notre sainte religion au Japon.

---

(1) Madrid 1889 sqq. : voir les *Analecta bollandiana* XIX p. 466. Il suffit de comparer la lettre du 25 oct. 1562 de Louis d'Almeida, dans la traduction latine de Maffei (p. 378-385) et dans le texte portugais (*Cartas de Japão*, I 103-112 dont se sert le P. Cros II (pp. 78 et 82,) pour prouver l'utilité des *Monumenta*. Le P. Cros par son ouvrage sur *S. François Xavier*, (Paris, Retaux, 1900, 3 tomes in-8º) a rendu un éminent service à l'histoire. En 1887 nous avions publié à Florence un choix de lettres des compagnons de Saint François Xavier, dans leur texte original : *Selectae Indiarum epistolae*. Raphaël Ricci. In-8º, pp. XXVIII — 205. Puisse cet essai trouver son complément dans le 2ᵉ volume des *Monumenta Xaveriana* (1899-1900) de la collection susdite.

Aujourd'hui en effet, les lecteurs, les érudits surtout, préfèrent lire les lettres mêmes où les missionnaires racontent leurs travaux, leurs épreuves et leurs joies, leurs revers et leurs succès. Il est vrai, ces documents sont nombreux et, sous peine de faire languir le récit, il faut borner les citations. Mais combien l'histoire y trouve de lumière! Baronius, le célèbre historien des Annales de l'Eglise, n'a-t-il pas dit : *Epistolari historia nulla fidelior vel tutior?*

Il y a des figures, dit-on, qui gagnent à être vues dans l'éloignement, parce qu'à distance on les juge davantage par les grandes lignes de leur existence. La vérité a cependant intérêt à pouvoir les considérer dans la réalité actuelle de leur histoire, tantôt selon le témoignage que nous en donnent les contemporains impartiaux, tantôt d'après les lettres privées où elles se découvrent elles-mêmes. Les lettres des missionnaires japonais, éditées jadis (1) ou en voie de l'être, jettent sur l'histoire religieuse de ce peuple une abondante lumière ; grâce à nos indications les possesseurs de ces précieuses collections se laisseront peut-être aller au plaisir de lire en entier des relations si pleines d'intérêt, et dont la lecture nous fait vivre, pour ainsi dire, au milieu des missionnaires dans ce passé lointain.

Ils n'y trouveront pas, non plus que dans ce livre, certains détails qu'on lit dans plusieurs historiens : ceux-ci ne les inventaient pas de toutes pièces ; mais le genre

---

(1) La collection la plus complète mais fort rare (nous nous servons de l'exemplaire des bollandistes) est celle d'Evora : *Cartas de Japão*, 1598, 2 tom. in-4°. Elle donne 170 lettres 1548-1589. Sur les *Avvisi* de Venise et de Brescia, les *Lettere annue*, et les *Epistolae Japanicae*, Louvain 1570. cfr. De Backer, *Bibliothèque des écrivains S. J.* au mot *Japon*.

historique de l'époque leur permettait d'orner et de développer leur récit à la condition de ne pas lui ôter tout caractère de vraisemblance : tels par exemple plus d'un monologue, et même plus d'une lettre et des suites de discours (1), à l'imitation de ceux de Tite-Live et Quinte-Curce. Ils n'y trouveront pas davantage plusieurs des miracles opérés par S. François Xavier et ses successeurs ; la plupart des miracles du Saint ont été attestés sous la foi du serment au premier procès de béatification qui se fit à Goa et qui fut le principal ; un certain nombre seulement sont mentionnés, de son vivant ou aussitôt après sa mort, par les compagnons de ses travaux (2) ; ceux-ci, fidèles à l'esprit de prudence de Saint Ignace, jugeaient préférable de ne pas livrer au public les miracles que l'on racontait. « Il ne nous appartient pas, écrivait le célèbre Gaspar Berse, d'en parler, mais d'en rendre grâce au Seigneur » (3). Quant au saint lui-même, il est évident que les miracles, que Dieu opérait par lui, ne mirent pas son humilité en péril ; mais il ne les publia pas. Que le Seigneur en ait opéré par ses successeurs en faveur d'un peuple qui ignorait le vrai Dieu, un croyant ne peut s'en étonner : Jésus-Christ n'a-t-il pas dit à ses apôtres (4) ? « Voici les prodiges qui accompagneront ceux qui auront cru : ils chasseront les démons en mon nom, ils parleront des langues nouvelles... ils imposeront les mains sur les malades, et ils seront

---

(1) De Macao, un jésuite envoyait à Rome, le 24 mars 1620 des remarques critiques sur Orlandini, (*Epistolae Japoniae* mscr. 1619-1624); au livre XI, no 15, il observe que « cette lettre est une œuvre de Fern. Mendez : il ne fallait pas l'insérer, dit-il, ce style fait rire les japonais. »
(2) *Selectae Indiarum epistolae* Florence 1887, pp. 68, 172.
(3) Ib. 38. Balth. Nugnez ; 54, Gaspar Berse.
(4) Evangile selon St-Marc : chap. 16 v. 17.

guéris. » Les apôtres furent l'instrument de la puissance divine quand, selon l'écriture Sainte, « le Seigneur coopérait avec eux et confirmait leur parole par des miracles. » (1) Au Japon le XVIᵉ siècle vit des miracles nombreux : les relations imprimées montrent la puissance tyrannique qu'y exerçait l'Esprit du mal, et comment l'invocation du Sauveur et surtout le sacrement de baptême en délivraient les malheureux possédés. Nous ne devions pas nous arrêter à ces faits particuliers, d'autant moins que l'Eglise se réserve, dans les procès de canonisation, d'examiner rigoureusement leur caractère miraculeux. Pour S. François Xavier, qui a eu les honneurs de la canonisation, elle a reconnu un grand nombre de ses miracles. Aux historiens du grand apôtre nous laissons ce sujet qui intéresse moins l'histoire du Japon (2).

---

(1) Ib. v. 20.
(2) Cfr. la censure de la vie de Saint Ignace par Valignani (*Mon. Ignat.* ser. 4, t. I, p. 743), et l'*historia* du même (*Mon. Xaver.* I, p. 198). Le P. Hughes Th. S. J. eut à ce sujet une controverse avec Dr White : Voir *On the warfare of Science with Theology*, Philadelphia 1898. *Analecta bollandiana* XVI, 52, XVIII, 485.

LIVRE I.

Saint François Xavier, 1ᵉʳ apôtre du Japon

1540-52

1. Lisbonne — 2. Goa — 3. Malaca — 4. Kagoshima
5. Hirado
6. Notions sur la situation du Japon
7. Yamaguchi — 8. Miyako
9. Funaï — 10. Religions japonaises et christianisme
11. Retour du Japon. Lettre à S. Ignace
12. Troubles au Japon — 13. Sanshan

François Xavier, que l'Eglise, par la voix du pape Urbain VIII (1), proclama l'Apôtre des Indes, avait eu le pressentiment que la Providence le destinait à propager la foi parmi les peuples du Nouveau-Monde. Un des premiers compagnons de S. Ignace et son futur successeur, Jacques Laynez, avait entendu plusieurs fois Xavier exprimer son vif désir de faire connaître aux peuples des Indes celui que l'Evangile appelle le « Sauveur du monde » (2). Les Indes le préoccupaient même dans ses songes; Laynez, son compagnon de chambre à Bologne, atteste l'avoir entendu une nuit, s'écrier, au

---

(1) Bulle de canonisation. 8 id. Aug. 1623. *Rationi congruit.*
(2) St-Jean, chap. 4 v. 42.

sortir d'un profond sommeil : o Jésus ! je suis brisé et moulu ! Et s'adressant aussitôt à Laynez : « Savez-vous, dit Xavier, ce que je rêvais ? Je portais un indien sur les épaules, et le fardeau était au-dessus de mes forces. » (1)

C'était en effet un travail surhumain que le grand Apôtre allait accomplir et où ses forces le trahiraient après dix ans.

1. Le Portugal, à l'apogée de sa puissance, avait conquis d'immenses territoires ; doublant enfin le Cap de Bonne-Espérance, ses hardis navigateurs avaient découvert les Indes orientales et établi à Goa le principal siège de la puissance portugaise.

Dès 1539, avant même que l'Institut de la Compagnie de Jésus eût été approuvé par le Saint-Siège, le roi Jean III sollicita l'aide de S. Ignace de Loyola et fit agir son ambassadeur Pierre Mascarenhas auprès du Pape Paul III, afin d'obtenir quelques missionnaires du nouvel Ordre : « Mon principal but, écrivait-il à son ambassadeur (2), aussi bien que l'intention du roi, mon seigneur et père, furent toujours de répandre notre sainte foi catholique dans les Indes, que nos armes ont conquises et maintiennent au prix de tant de dangers, et c'est dans ce but que nous supportons de si bon cœur les immenses frais de ces expéditions. Informé par maître Diego de Gouvea (3) de l'existence d'un nouvel Ordre religieux, dont les membres se mettent à la disposition du Pape pour prêcher l'Evangile partout où il les enverra, je vous recommande de prendre des informations, et

---

(1) De actis Sti Ignatii (Ribadeneira) *Monumenta Ignatiana* Madrid 1904 t. I. p 382.

(2) 4 août 1539. *Monumenta Ignatiana* I, 737.

(3) Ce docteur en théologie de l'université de Paris avait connu S. Ignace et S. François Xavier, lorsqu'ils y faisaient leurs études

puis de faire diligence pour qu'ils viennent ici ; vous leur prêterez à cet effet aîde et secours ; certes, il n'y a point de pays, où leur zèle puisse trouver un plus beau champ d'activité. »

L'ambassadeur fit connaître le résultat de ses démarches le 10 mars 1540 (1). S. Ignace lui avait proposé deux de ses premiers compagnons, Simon Rodriguez et Nicolas Bobadilla. Le premier, rappelé de Sienne, se rendit sans retard à la cour de Jean III ; l'autre, rappelé de la Calabre, fut victime d'un accident de voyage, et ne put quitter Rome. Cependant l'ambassadeur, devant rentrer à Lisbonne, désira conduire un second missionnaire et le présenter au roi. S. Ignace appela Xavier : « Maître François, dit-il, vous savez que, par ordre du Pape, deux des nôtres doivent partir pour les Indes ; Bobadilla est malade, et l'ambassadeur ne peut attendre qu'il soit guéri : voici une entreprise pour vous. » — « Eh bien, Père, répondit Xavier, me voici. » Et le jour même ou le lendemain, dit Ribadeneyra (2), on le vit partir avec un air qui faisait bien voir que c'était Dieu qui l'appelait à entreprendre ce que nous avons vu dans la suite.

Le voyage de Rome à Lisbonne prit trois mois; puis il fallut attendre le départ des vaisseaux pour les Indes : mais depuis juin 1540 jusqu'en avril 1541 le saint s'occupa des travaux du saint ministère; à la cour du roi et dans la ville de Lisbonne il recueillit avec le P. Simon Rodriguez des fruits de conversion si nombreux, que l'on songeait à empêcher leur départ pour les Indes ; le confesseur du roi travaillait à les fixer à Lisbonne, où il

---

(1) *Monumenta Ignatiana* I, 739.
(2) *De actis, ib.* p. 381.

leur assurait qu'ils feraient plus de bien qu'aux Indes. (1) Le roi entra lui-même dans ce sentiment ; et enfin Saint Ignace lui accorda Simon Rodriguez pour le Portugal (2). Le résultat, fort heureux, de ces tergiversations fut la fondation d'une maison de l'Ordre à Evora et d'un collège à Coïmbre (3) ; d'ici, comme d'une pépinière de missions, allaient sortir des centaines de courageux apôtres, prêts à aller dans toutes les régions des Indes orientales. La province du Portugal, sous l'impulsion de Simon Rodriguez, son premier supérieur, deviendra une des plus florissantes de la Compagnie de Jésus, et la plus féconde, pendant plus de deux siècles, en missionnaires et en martyrs.

Quant à François Xavier, Dieu lui réservait la gloire d'inaugurer l'œuvre des missions japonaises. Il choisit comme compagnons le P. Paul de Camerino, italien, le fr. François de Mansilhas, portugais, et un frère novice coadjuteur François Rodriguez (4). Il écrivait : « D'après ce que nous disent tous ceux qui ont passé plusieurs années aux Indes, les cœurs y sont bien disposés et nous espérons en Notre Seigneur y faire beaucoup de bien. Le roi a été fort généreux à notre égard et nous a bien recommandés au vice-roi (5) qui s'y rend cette année ; nous prendrons place sur son vaisseau. »

2. Le 7 avril 1541, ils s'embarquèrent ; obligé de passer

---

(1) Lettre du 13 juillet 1540 à S. Ignace et Bobadilla. *Monumenta Xaveriana*, I. 216.
(2) *Mon. Ignat.* I, p. 382.
(3) Lettre du 28 juillet 1540. *Ib.* p. 221. Item 8 octobre *Ib.* p. 228.
(4) Lettre du 18 mars 1541. *Ib.* p. 238. Le saint ne le mentionne pas dans ses lettres ; mais il figure au catalogue des Jésuites envoyés aux Indes (*Monum. Xav.* I. 14).
(5) Martin Alfonse de Sousa.

l'hiver au Mozambique, le saint n'atteignit Goa que le 6 mai de l'année suivante.

Il n'entre pas dans notre sujet de raconter ses travaux aux Indes. Quatre ans plus tard, il écrivait au P. Simon Rodriguez (1) : « En lisant les lettres que j'écris à Rome et que je vous envoie ouvertes, vous saurez les nouvelles de ces missions ; pourvoyez donc à ce que tous les ans beaucoup d'hommes viennent ici ; pour nombreux qu'ils seront, ils trouveront le moyen de servir abondamment notre Seigneur ; je vous supplierais, si les forces du corps répondaient à celles de l'âme, de venir vous-même ; mais le P. Ignace, qui est notre père et à qui nous devons obéir, vous donnera conseil ou ordre à ce sujet... Pour l'amour de Dieu notre Seigneur, ajoutait-il, écrivez-moi, ou faites moi écrire largement des nouvelles de tous nos frères de Portugal et de Rome ; car nous n'avons pas de plus grande consolation, à l'arrivée des vaisseaux, que de lire vos lettres. » Lui-même écrivait tous les ans, à l'époque où les vaisseaux partaient de Goa pour Lisbonne (2).

Des lettres du Saint et de ses compagnons, de celles-là du moins qui échappèrent aux naufrages, et d'une relation, récemment éditée, (3) ainsi que des témoignages, recueillis du procès de sa béatification, se déduit l'histoire merveilleuse des six années que Xavier passa aux Indes. L'organisation du collège-séminaire de Goa, la conversion des malavares, les guérisons opérés par lui ou par les enfants

---

(1) 27 janvier 1545, *Monum. Xav.* I, p. 373.

(2) 15 janvier 1544, *Monum. Xav.* I, p. 278. *Historia del progresso... Indias.*

(3) *Monum. Xav.* I, pp. 2-199. Le P. Valignani, aidé du P. Emmanuël Texeira, écrivit cette relation : C'est là, dit Valignani (*Mon. Ignatiana* I, p. 743), que l'on trouve la vérité sur certains faits exagérés ou faux, consignés par Ribadeneyra dans *sa vie de S. Ignace.*

qui bénissent les malades en son nom, la conversion des badages sur la côte de Travancore où il baptisa 10,000 idolâtres en un mois (1), 200,000 nouveaux chrétiens sur soixante à soixante-dix lieues de côtes (2), ses succès à Malaca, aux Moluques et aux îles du More, ses prédictions et révélations, et jusqu'aux lettres qu'il envoyait en Europe pour susciter des vocations apostoliques, en un mot une carrière de six années à peine, mais remplie d'œuvres prodigieuses, en font un des plus grands apôtres dont puisse se glorifier l'Eglise.

Dans une récente histoire du christianisme au Japon, un pasteur protestant, qui a su rendre hommage à la vérité, s'exprime en ces termes (3) : « Le portrait que j'ai tracé de Xavier, est plus flatteur que celui qu'en ont fait d'autres protestants : en effet, plus j'ai considéré sa personne et ses œuvres, plus je me suis senti contraint à l'estimer et à l'admirer. » L'écrivain croit cependant trouver en lui une ardeur impatiente et une humeur voyageuse. Le fait est qu'un de ses compagnons, le P. Nicolas Lancilotti, après avoir décrit les courses que le Saint faisait par terre et par mer, écrivait à Saint Ignace (4) : « Maître François n'a jamais pu s'arrêter longtemps à Goa ; et de Rome, il pourrait aussi facilement que des Indes pourvoir au gouvernement de ce collège. Je crois qu'il est poussé par l'Esprit de Dieu ; les Indes forment une mission si vaste que cent mille prêtres très instruits ne suffiraient pas à les convertir. » L'apôtre se multipliait : il aurait voulu être partout à la

---

(1) Lettre du 27 janv. 1545, *Monum. Xav.* I 367.
(2) *Selectae Ind. epistolae* 1886 p. 68.
(3) Hans Haas, *Geschichte des Christentums in Japan*, Tokyo 1902. Cfr. *Literarische Rundschau* 1903, p. 275. *Analecta bollandiana* 1903, p 363. *Stimmen aus Marialaach*. 1903 pp. 91 — 99.
(4) Nov. 15,6, *Selectae Indiarum epistolae*, p. 15.

fois : à peine avait-il fondé une chrétienté qu'il en remettait le soin à quelque prêtre de Goa ou à des catéchistes ; comme S. Paul, poussé par l'Esprit-Saint, il ouvrait la voie et, pionnier de l'Evangile, il traçait aux autres la ligne à suivre. Voilà la vérité : il dut consacrer la moitié de sa vie apostolique à des voyages, aussi périlleux que pénibles, et fastidieux pour son infatigable activité. On a calculé (1) que ses voyages, mis bout à bout, représentent plusieurs fois le tour du monde.

Il est vrai que pendant ces longs mois de traversée sur les mers orageuses des Indes, il exerçait son zèle en faveur des gens de mer, marchands et aventuriers sans mœurs, qui infestaient ces missions ; il tâchait ainsi de remédier au grand mal, au fléau des Indes, l'inconduite des colons.

Ecrivant au roi Jean III, il le remerciait d'avoir placé comme gouverneur de Malaca un noble chrétien, tel qu'Edouard Barreto (2) : « Selon mon jugement, ajoutait-il, les rois et les princes qui étendent au loin leur puissance doivent faire consister leur gloire en ceci : que les provinces qu'ils ne peuvent gouverner par eux-mêmes, ne soient confiées qu'à des hommes qui les remplacent et leur ressemblent, à des hommes en qui les sujets trouvent une loyauté, une dignité et une justice telles qu'ils puissent les aimer, eux aussi, et respecter en eux de dignes représentants du Souverain. » Mais dans une lettre précédente, il avait décrit (3) les désolantes injustices des capitans des forteresses, les concussions des

---

(1) Bartoli *Asia* 1. 4. p. 158 Cros. S. I., op. cit. II 513, distances de Goa.
(2) 23 juin 1549, *Monumenta Xaveriana* I, 569.
(3) 26 janvier 1549, *Mon. Xav.* I 509. Cfr. 20 janv. 1548 ib. 451 et 375 note. Cros S. J., op. cit. I p. 428.

juges et administrateurs. « En soutenant de pareilles gens, écrivait-il au roi, moi le témoin de leur conduite je dirai : « Jean III possède les Indes, non pour y faire régner Jésus-Christ, mais pour s'y enrichir des dépouilles des Indiens ». Que votre Altesse me pardonne de parler si clairement : j'y suis obligé par l'amour sincère que je lui porte, sachant que l'heure de sa mort approche et celle du jugement de Dieu, auquel personne ne peut se soustraire, si puissant soit-il. Pour moi, Sire, comme je sais ce qui se passe ici, je n'ai aucun espoir de voir s'accomplir vos ordres ou s'exécuter vos bonnes intentions en faveur de la chrétienté ; et voilà pourquoi, si je puis le dire, je m'enfuis au Japon. »

3. C'est en la sixième année de son séjour aux Indes que l'idée s'était présentée à l'esprit de Xavier de porter la foi dans ce pays. En 1548, ainsi qu'il l'écrivait, il fit à Malaca la rencontre d'un japonais, dont la Providence se servit pour introduire notre foi dans ces îles, inaccessibles jusqu'alors au zèle des missionnaires. Son récit offre des détails topiques. (1)

« Me trouvant à Malaca, des marchands portugais, bien informés, me donnèrent d'importantes nouvelles, au sujet de quelques îles découvertes depuis peu (2), qui s'appellent îles du Japon ; il y a là, disent-ils, de quoi recueillir de grands fruits pour la propagation de notre sainte Foi, et plus de fruit que dans aucune autre partie des Indes, parce que la population est grandement désireuse de science ; ce qui n'est pas l'ordinaire chez les païens de ces contrées-ci. Avec ces marchands était venu

---

(1) 20 janvier 1548. *Monum. Xav.* I p. 433.
(2) C'est le 3 septembre 1543 que les premiers vaisseaux portugais abordèrent à Tanegashima (Hans Haas).

un japonais, nommé Yajirô (1), qui leur ayant parlé de certains péchés qu'il avait commis dans sa jeunesse, désira, sur leur recommandation, en conférer avec moi et en obtenir le pardon de Notre Seigneur. Mais, ne m'ayant pas trouvé à Malaca, il s'en était retourné à son pays. Cependant comme il était en vue du Japon, une tempête le rejeta sur le chemin de Malaca, où il me trouva, de retour des Moluques. Il fut très heureux de me voir et me parla du vif désir qu'il éprouvait de connaître notre sainte Loi. Il sait passablement le portugais, de façon que nous nous comprîmes aisément. »

« Si tous les japonais lui ressemblent, il n'y a point, me paraît-il, parmi les pays que l'on a découverts, un seul peuple aussi désireux de s'instruire. Quand j'enseignais la doctrine chrétienne dans l'église, Yajirô annotait les articles de foi. Il venait souvent pour prier et me posait beaucoup de questions.... Je lui demandai si les japonais se feraient chrétiens, au cas où j'irais avec lui au Japon. Il me répondit que les gens de son pays ne se feraient pas chrétiens aussitôt ; mais, ajouta-t-il : ils vous questionneront beaucoup, et ils verront ce que vous répondez et surtout si vous vivez conformément à votre doctrine : si vous satisfaites à leurs questions et qu'ils ne trouvent rien à reprendre dans votre conduite, en une demie année le roi et la noblesse et tous les gens instruits se feront chrétiens ; car notre peuple ne se laisse diriger que par la raison. »

« Un de mes amis (2) m'a fourni des renseignements

---

(1) C'est le nom donné par Bartoli *Asia*. M. Haas propose Hashirô : Un censeur d'Orlandini proposait la correction Yajirô et après sa conversion Anxei.

(2) Georges Alvarez, qui lui avait amené Yajirô. Voir sa relation dans Camara Manoël, *Missôes dos Jésuitas no Oriente* pp. 112-125.

sur cette contrée et ses habitants. Tous ceux qui ont été au Japon me disent que j'y ferai plus pour la gloire de Notre Seigneur que parmi les païens de l'Inde, les japonais étant un peuple de grand sens. Ce que je sens en mon âme me dit que moi ou un autre de la Compagnie nous irons là avant deux ans. Le voyage est plein de périls, tant à cause des tempêtes qu'à cause des pirates chinois. Beaucoup de navigateurs s'y rendent, mais n'en reviennent plus. »

Confirmé dans ses espérances, le saint résolut de se rendre lui-même au Japon. Il envoya Yajirô avec ses deux serviteurs japonais au collège de Ste-Foi, à Goa : là, ils furent baptisés sous les noms de Paul, Antoine et Jean. Lui-même fit rapidement la visite des chrétientés de Comorin, de Cochin et de la Pêcherie, fixa dans les diverses stations les quatorze pères et frères récemment envoyés par S. Ignace (1), et en novembre 1548, à ses frères du Malabar réunis il annonça son dessein avec des accents de piété, qui les émurent vivement (2) : « Mes frères et compagnons, combien notre Dieu nous témoigne de bonté ! Voyez et rendez-lui grâces : depuis sept ans seulement que notre sainte Compagnie a été confirmée par le Pape, ce Dieu daigne l'employer à procurer sa gloire à Rome, à Valence, à Coïmbre, à Goa, à Socotora, au cap Comorin, à Malaca, et voici que nous allons au Japon. » — « C'est un voyage, écrivait le Père Nugnez, qui peut durer un an et demi, et qui offre de grands périls ; mais ce qui détermine notre Père,

---

(1) C'étaient 11 portugais, 2 castillans et un flamand Gaspar Berse de Zélande. En 1545 étaient arrivés deux italiens et un portugais.
(2) Balth. Nugnez, de Travancor 15 nov. 1548 *Sel. Ind. epistolae*, p. 38.

c'est le salut des âmes et le zèle qu'il sent pour répandre notre sainte foi. » — « Ce pays, écrivaient d'autres compagnons du Saint, promet de grands fruits de conversion » (1). « Le Père François sera accompagné de Côme de Torrès, de deux laïques portugais et de trois japonais qui s'intruisent au collège de Goa ; ils sont bons. Nous espérons que par leur moyen le Seigneur fera de grandes choses au Japon ; en peu de temps ils se sont si bien instruits que cela paraît merveilleux. » (2) « Nous partons en avril, pleins d'espoir, parceque les japonais ont une tradition, aux termes de laquelle ils attendent une religion beaucoup plus parfaite que la leur, ensuite parceque les chefs religieux de ce pays sont très honnêtes et désireux d'apprendre. C'est ce qui donne au Père François grande espérance » (3).

Xavier fit connaître son projet au P. Simon Rodriguez et à St Ignace (4) : « Paul de Sainte-Foi, écrit-il, est un homme très vertueux et très sincère : il vous écrit luimême (5) le récit de sa venue du Japon dans l'Inde et des grâces que Dieu lui a faites. L'année prochaine je vous donnerai des informations plus amples sur la religion des japonais; car leur loi religieuse, qu'ils disent leur être venue de Dieu, est écrite en une langue spéciale que Paul ne connaît pas. J'ai résolu, dès que je serai, Dieu aidant, arrivé au Japon, d'aller où réside le Roi ; quand j'aurai vu par moi-même toutes choses, j'écrirai non seulement à nos Pères de l'Inde et de Coïmbre, mais à toutes nos universités, afin de réveiller

---

(1) Gaspar Berse, Goa 10 déc. 1548 *Ib.* p. 55.
(2) Lancilotti, Cochin 26 déc. 1548 *Ib.* 61, 67.
(3) Côme de Torrès, Goa, 25 janv. 1549, *Ib.* p. 84.
(4) 14 janv. 20 janv. 1549, Cros. I. 408. *Mon. Xav.* I. 483, 487.
(5) Goa, 29 nov. 1548. *Cartas* I. p. 2^s-3^t.

leur zèle : tout entiers à se faire un amas de doctrine, ces docteurs perdent de vue l'ignorance où gémissent les infidèles. »

Parti de Goa en avril 1549, Xavier fit par mer le voyage de Cochin et de Malaca. Ici, tout en faisant les préparatifs du voyage, il écrivit treize lettres à ses frères des Indes, du Portugal et de Rome. Dans une lettre au roi Jean III, il signale le dévouement du gouverneur Pedro da Silva, fils du célèbre Vasco da Gama : il avait pourvu aux dépenses non seulement de l'expédition, mais encore d'un séjour prolongé : il avait fourni le nécessaire pour la construction d'une chapelle et réuni à ses frais de beaux présents, destinés au souverain du Japon (1).

4. Enfin, après avoir passé la dernière nuit à l'ermitage de notre-Dame-du-mont, Xavier s'embarqua le 24 juin 1549 sur le vaisseau d'un marchand chinois ; il était accompagné du P. Côme de Torrès (2), du Frère Jean Fernandès, des trois japonais chrétiens et de deux garçons de service, l'un chinois, l'autre malavare. Après bien des péripéties, il débarqua en la fête de l'Assomption de la T. S. Vierge, à Kagoshima (3) la patrie de Paul de Sainte Foi.

« Nous avons été reçus, écrivait-il (4), du capitan

---

(1) C os I. 473.

(2) De cet homme admirable cfr. la lettre du 25 oct. 1549 *Sel. Ind. epist.* p. 80 et une biographie dans *Varones illustres de la C. de J.* Bilbao, 1887 pp. 71-149.

(3) La ville qu'un portugais appelait Cangoxima, un Italien l'appelait Cangocima : l'un et l'autre prononçant Cangochima. Item Xaca, Sciacca = Chacca. En dehors de certaines citations, nous adoptons l'orthographe moderne (Stieler, Launay, Carrez S. J.)

(4) 5 nov. 1549. Cros II. p. 23.

de l'endroit et de l'alcaïde (1) de la région avec beaucoup de bienveillance et d'amitié, et également de tout le peuple. Chacun s'émerveillait fort de voir des Pères du pays des portugais. Loin de trouver étrange que Paul se soit fait chrétien, on l'a grandement approuvé ; et tous, parents et étrangers, l'ont félicité d'être allé dans l'Inde et d'y avoir vu des choses qu'on n'a pas encore vues au Japon.

« Le *Duc* de la contrée (2) a, lui aussi, bien félicité Paul ; il l'a reçu honorablement et lui a fait bien des questions sur le genre de vie et la puissance des portugais : Paul lui a rendu compte de tout, et le *Duc* en a été très satisfait. Ce *Duc* réside à cinq lieues de Kagoshima. Lorsque Paul alla lui parler, il prit avec lui une très dévote image de Notre Dame tenant en ses bras l'Enfant-Jésus, que nous avions apportée de l'Inde. Le *Duc* eut si grand plaisir à la voir qu'il s'agenouilla devant l'image de Notre Seigneur et Notre Dame, les révérant avec un profond respect, et il ordonna à tous les assistants de faire de même (3). Depuis, l'image fut

---

(1) L'alcaïde était le commandant de la forteresse d'Ichikou à 6 lieues de Kagoshima.

Le P. Frôes fait remarquer que les portugais attribuèrent aux autorités civiles et religieuses du Japon les noms usités en Europe. De fait, écrivait-il, il n'y a qu'un roi, savoir le *Vô* (*Hô-ô*) ou Daïri, qui réside à Miaco, au centre ; ceux qui gouvernaient sur divers points sont des *Tonos* : ce sont comme des ducs, on les appelle *Yacatas* (Cros. II. 43). Les portugais les appelaient rois, parcequ'avant 1585 où Nobunaga rétablit l'unité monarchique, ils l'étaient de fait. Nous adoptons (en dehors des citations) les termes de Daïri, daïmyo (gouverneurs de provinces).

(2) Le duc ou gouverneur de la province (royaume) de Satzuma était (Haas, op. cit. I, 85) Shimazu Takahira ; il mourut en 1571.

(3) Des écrivains protestants, tel Venn-Hofmann, ont bien à tort méconnu la doctrine catholique sur le culte de dulie ou d'hyperdulie, rendu aux Saints, et accusé S. François Xavier d'avoir commencé son apostolat par faire *adorer* la Vierge : Dieu seul est adoré : la doctrine catholique est incontestable.

montrée à la mère du *Duc,* qui eut un plaisir extrême à la considérer.... »

« Le jour de S. Michel, nous eûmes un entretien avec le *Duc.* Il nous traita fort honorablement et nous dit de garder avec soin les livres où est écrite la loi des chrétiens : il ajouta : « Si la loi de Jésus-Christ est vraie et bonne, il faudra que le diable la subisse. » Peu de jours après, il donna permission à tous ceux de ses vassaux, qui le voudraient, de se faire chrétiens... Cet hiver, nous composerons en langue japonaise un exposé quelque peu étendu des articles de la foi, pour le faire imprimer. Les japonais sachant lire et écrire, nous aurons là un moyen de propager notre sainte foi sur divers points où nous ne pourrons de si tôt aller en personne. Notre très cher Frère Paul traduira fidèlement en sa langue tout ce qu'il leur est nécessaire de savoir pour le salut de leurs âmes » (1).

Paul de Sainte-Foi écrivait de son côté aux Pères de Goa (2) : « Dieu dans sa grande miséricorde a comblé mes désirs, en m'amenant ici pour convertir à la foi du Christ ma femme et ma fille, et beaucoup de mes proches et amis, hommes et femmes... Avec son aide j'espère qu'un grand nombre de japonais se convertiront, parcequ'ils aiment m'entendre parler de Jésus-Christ ; les ministres des idoles eux-mêmes se montrent contents quand je leur parle de la loi des chrétiens. »

Très heureux de l'accueil qu'on lui avait fait, Xavier manda à trois Pères de Goa de se préparer à venir au Japon ; comme lui-même ne pouvait, faute de mousson ou d'un vent favorable, se rendre à Miyako avant le

---

(1) Cros. II, 32.
(2) Lettre du 5 nov. 1549, Kagoshima *Sel. Ind. epist.* p. 89. *Cartas* I. 16^2.

mois d'avril, ils devraient partir eux aussi à la même époque et venir le trouver dans la capitale ; le Saint comptait beaucoup sur le zèle et les grandes ressources apostoliques de Gaspar Berse, leur chef (1). A d'autres Pères de Goa, il recommanda de bien former au collège de Sainte-Foi les jeunes chinois et japonais qu'il se proposait de leur envoyer : « Qu'ils sachent bien le portugais pour servir d'interprètes aux missionnaires ; qu'on laisse toute rigueur avec eux ; ce peuple ne veut être conduit que par la raison. » (2) Au gouverneur de Malaca il adressa ses remercîments pour l'aide qu'il lui avait prêtée dans son expédition apostolique : » Ce pays, ajoutait-il, est tel qu'on le peut désirer pour y réaliser un grand bien dans les âmes : se faire chrétien n'a jusqu'à présent paru étrange à personne. Sans doute, pour ignorer la vérité, les gens s'égarent de bien des manières ; mais la raison chez eux garde ses droits : ce qui n'arriverait pas si la malice y régnait. » Il faisait envisager au gouverneur les avantages commerciaux que le Portugal trouverait à Sakaï, le principal port du Japon, si rapproché de Miyako, et les bénéfices que le commerce pourrait procurer aux japonais, bien pauvres, et nommément aux nouveaux fidèles. (3)

---

(1) 5 nov. 1549. *Cros.* II. 57.
(2) Cros. II. 60.
(3) Lettre du 5 nov. 1549. Cros. II. p. 66. Mr Steichen, des missions étrangères (*Les Daimyo chrétiens*, p. 17) réfute en passant Mr Griffis qui dans « *The Mikado's empire* » prétend que notre saint n'a jamais su prêcher en japonais, et que peu après son arrivée au Japon, il s'appliqua surtout à étendre les relations commerciales et diplomatiques jusqu'à ce que, découragé de la vie de Missionnaire, il quitta le pays. « Méconnaître à ce point le grand Apôtre, c'est prouver qu'on est complètement aveuglé par ses préjugés. » Nous ne songeons pas à faire de la controverse : c'est chose oiseuse d'ailleurs quand on raconte l'histoire en se référant aux sources historiques, aux relations mêmes des missionnaires : nulle part on

Environ 150 personnes reçurent le baptême à Kagoshima (1) ; à Ichikou une quinzaine (2) ; en toute cette année, environ 600. « S'il ne se fit pas plus de chrétiens, écrivait S. François Xavier (3) ce fut parceque le peuple craignait le *Duc* de Satzuma, qui est le seigneur du pays. En effet, les bonzes, ses serviteurs, voyant l'accroissement que prenait notre sainte foi, se rendirent chez lui et lui dirent que s'il laissait ses vassaux se faire chrétiens, il perdrait sa seigneurie et que les pagodes seraient discréditées et ruinées. Plus d'un bonze s'était déclaré convaincu ; mais la crainte de perdre les rentes dont ils jouissent et les nombreux enfants qu'ils instruisent dans leur monastère, mit obstacle à leur conversion. »

Leur destinée et leurs intérêts éternels touchaient peu ces hommes, absorbés dans le présent. A un vieillard, leur supérieur, Xavier (4) demanda : « Quand des navigateurs se rendent d'un port à un autre, quel moment leur est meilleur ? est-ce lorsqu'ils se voient en pleine mer, exposés à la tempête, ou lorsqu'ils sont près d'aborder au port ? Pour moi, répondit le bonze, je ne sais vers quel port je navigue ; pour qui le sait, s'en approcher est meilleur. »

Une funeste doctrine d'absorption dans le néant ou dans le grand Tout aurait cédé devant la doctrine chrétienne de la destinée de l'homme ; mais cette doctrine

---

ne trouve mieux la vérité que dans les correspondances privées ; c'est là qu'on apprend à juger les hommes, comme on les juge dans le commerce de la vie.

(1) Témoignage de Fernandez; Cros, II. 77, Xavier dit 100. *(Mon. Xav.* I. 680).

(2) Témoignage de L. de Almeida. Cros. ib. 82.

(3) Lettre du 20 nov. 1550. *Mon. Xav.* I. 659 ; probablement, cette lettre est datée de Yamaguchi avril 1551. Cfr. *Mon. Xav.* I. 969.

(4) Témoignage de Frôes. Cros. II. 78.

commande la vertu. Or, comme le Saint le disait déjà dans sa première lettre de Kagoshima, c'était le vice et le vice infâme qui régnait parmi les chefs religieux du Japon (1). Il y avait peu d'espoir de voir ces corrupteurs du peuple et de l'enfance obéir à la voix de la raison. Le miracle de la résurrection d'un mort (2) ne les ébranla pas plus que la parole du Saint.

Quant au *Duc* de Satzuma, on le comprit bientôt, il cherchait surtout l'avantage de nouer des relations commerciales avec Goa et le Portugal. Or, comme aucun vaisseau portugais ne parut plus dans ses ports, cette déception et aussi l'influence des bonzes le décidèrent à arrêter les conversions par un édit décrétant la peine de mort contre ceux qui à l'avenir se feraient chrétiens (3).

5. Une année s'était écoulée. « Nous fîmes nos adieux aux chrétiens, écrivait plus tard (4) le saint Apôtre, et eux avec une grande abondance de larmes ils nous dirent aussi adieu; car ils nous aimaient beaucoup, et ils nous rendaient grâce des fatigues que nous avions endurées en leur enseignant la voie du salut Avec eux, demeura Paul (de Sainte-Foi), natif de Kagoshima et très bon chrétien, afin de les instruire. »

« De Kagoshima, écrivait Côme de Torrès (5), le Père

---

(1) Lettre du 5 nov. 1549. *Mon. Xav.* I. 581.
(2) Témoignage du P. Louis de Firando, japonais. *Cros.* II. 75. Il était né de parents chrétiens à Kagoshima. Ib. p. 73.
(3) L'annaliste de Macao. *Cros.* II. 89. Lettre du Saint, le 29 janv. 1552. *Mon. Xav.* I. 680. Le même daïmyo, *Cartas* I. 112, écrivait en 1562 au vice-roi des Indes et au Provincial au sujet de la visite que lui avait faite le frère L. d'Almeida: le vaisseau de Manoël de Mendoza avait abordé à son port de « Mangoo »: il désirait qu'on le favorisât, et accordait liberté de prêcher l'Evangile (*ib.* lettre de L. d'Almeida, 25 oct. 1562, p. 104².)
(4) 29 janv. 1552, de Cochin. *Mon. Xav.* I. 681.
(5) Lettre du 29 sept. 1551. *Cros.* II. 120. *Cartas de Japão* I. 16².

Maître François, dont le cœur est toujours brûlant du feu de la charité, nous fit passer à cent lieues plus loin (1), à Hirado, pour y travailler au salut des âmes. On nous y reçut bien, grâce à la présence des portugais, qui s'y trouvaient depuis deux mois, occupés à charger leur vaisseau. Quelque temps après, le Père Maître François voulut aller explorer le pays et voir à quel endroit il serait plus à propos de semer la parole de Dieu. Il partit donc accompagné du fr. Jean Fernandez. Je demeurai à Hirado, et l'on peut s'imaginer combien il m'en coûta d'être séparé ainsi du Père Maître François, vu surtout que je n'ignorais point à quels périls ils étaient exposés et quelles souffrances ils affrontaient. Ils s'éloignèrent en effet à la fin d'octobre (1550), c'est-à-dire alors que commencent les grands froids et les neiges ; mais tel est le feu d'amour de Dieu et de zèle pour la propagation de la foi, qui brûle dans le cœur de Maître François, que rien ne peut l'arrêter, ni le froid, ni les neiges, ni la crainte d'aller ainsi au milieu de populations inconnues. »

A Hirado on avait baptisé une centaine de néophytes (2) en quelques jours. « Alors déjà, l'un d'entre nous, écrivait plus tard Xavier (3), savait parler la langue du Japon, et grâce au livre (de doctrine chrétienne) que nous avions traduit dans cette langue et qu'on lisait, grâce aussi aux entretiens et aux prédications il s'y fit beaucoup de chrétiens. »

6. On se souvient que Xavier, avant même son arrivée au Japon, avait annoncé son projet de visiter le Souve-

---

(1) 100 lieues japonaises valaient 60 des nôtres. Valignani *Cros.* II. 42

(2) Lettre de S. Fr. Xav. (1551) *Mon. Xav.* I. 660.

(3) Il entend parler du Frère Fernandez.

rain du pays ; il caressait même l'espoir que bientôt s'élèverait dans la capitale une église, dédiée à Notre-Dame de Miyako (1).

Le peu de succès obtenu jusqu'ici dans la région inférieure, que l'on appelait le *Shimo*, pouvait être largement compensé par l'importance d'un mouvement de conversion dans les royaumes du centre : on les appelait le *Kami*, (région supérieure), la *Tenka* (monarchie) ou le *Gokinaï :* là étaient situées les trois villes nobles, Sakaï, Osaka et Miyako; dans la dernière de ces villes résidaient la noblesse d'abord, les patriciens ou *Kougués*, qui avec le *Daïri* (2) ou Souverain de tout le Japon partageaient le gouvernement du pays, et de plus le *Koubosama* ou *Shogoun*, c'est-à-dire le capitaine général du Daïri, qui avec les chevaliers, placés sous le nom de *Yakatas* à la tête des nombreuses forteresses, veillaient à la sécurité du Souverain et de son peuple.

Le Shimo, où Xavier avait prêché jusqu'alors, ne comprenait que neuf provinces, il s'appelait aussi le Kiou-Shiou (royaume de l'Ouest) ou Saïkokou (neuf royaumes); c'était la seconde, au point de vue de l'étendue, des nombreuses îles du Japon, et la seule où jusqu'alors les navigateurs portugais eussent abordé. A l'Est, était une autre île, nommée Shikokou (quatre royaumes).

Bien plus étendue que ces deux îles était la contrée que Xavier se proposait de visiter ; en y ajoutant les deux petites îles de Sado et Oki, elle comprenait 52 provinces ; les cinq plus importantes, où étaient les trois villes nobles, formaient le domaine de la *Tenka*. Le Japon comptait en tout 68 provinces.

---

(1) *Mon. Xav.* I. 654. Ce nom signifie capitale ; aujourd'hui la ville s'appelle Kyôto. La capitale a été transférée à Yedo, dont le nom est aujourd'hui Tôkyô.
(2) Aussi appelé O ou Vô, et encore Teï ô.

L'unité monarchique, que ces quelques notions supposent, avait été, Xavier l'ignorait peut-être, affaiblie si non détruite trois siècles auparavant. Le *Shogoun*, aidé des *yakatas* et des *daïmyo* ou gouverneurs de provinces, s'était révolté contre le Daïri ; puis, les gouverneurs s'étaient révoltés contre le Shogoun ; le résultat de ces révoltes et des guerres civiles presque continuelles était déplorable à certains points de vue : l'autorité du *Daïri* était réduite à peu de chose ; il jouissait des honneurs héréditaires, aussi bien que les *Kougués* ses conseillers ; le pouvoir du Shogoun était circonscrit aux limites de la *Tenka* (1) ; d'autres seigneurs avaient par les armes augmenté l'étendue de leur domaine au détriment de leurs voisins et exerçaient, avec ou sans l'assentiment du Daïri, un pouvoir presque absolu : tels les daïmyo du Bongo et de Suwo, ou pour les désigner par les chefs-lieux, de Funaï et d'Yamaguchi. Rien d'étonnant si les portugais leur donnaient le titre de rois : mais ces rois étaient constamment en armes pour se défendre ou pour conquérir de nouvelles provinces ; c'était la guerre civile en permanence. Quarante ans plus tard l'un d'eux réussira à rétablir une espèce d'unité monarchique à son avantage et se fera souverain véritable de tout le Japon, ne laissant au Daïri et aux cougués que leurs titres et certains honneurs, sans aucune part appréciable dans le gouvernement. A plusieurs égards la situation sera plus favorable alors à l'œuvre de l'Evangile (2).

En 1550, lorsqu'il se rendit vers Miyako, Xavier igno-

---

(1) de là son nom de *Tenkadono* dans les relations portugaises.
(2) Ces notions sont conformes à celles que donnait en 1615 un jésuite de Macao ; il suggérait diverses corrections pour une seconde édition de *l'Historia S. J.* (lib. 7. p. 221. n. 90).

rait les troubles civils dont les royaumes du centre étaient encore une fois le théâtre. Il allait éprouver tous les inconvénients de cette situation.

7. Selon les prévisions du Père de Torrès, le voyage de Hirado jusqu'à la capitale fut en réalité fort pénible ; mais, au témoignage de son compagnon, le frère Fernandez, (1) « rien ne put empêcher l'Apôtre de poursuivre l'exécution de ses desseins pour le service de Dieu. Sur mer, les pirates étaient partout, et nous devions souvent, pour échapper à leurs regards, demeurer cachés à fond de cale dans nos barquettes. Allant par terre, nos peines croissaient. En deux besaces nous portions tout notre bagage : un surplis, trois ou quatre chemises et une vieille couverture, qui nous servait à tous deux la nuit. On ne trouve pas, en effet, de lit dans les hôtelleries du Japon : c'était beaucoup si l'on nous prêtait quelquefois une natte de paille et un oreiller de bois. Arrivant le soir, transis de froid et affamés, à ces auberges, nous n'y trouvions rien, pas même un abri quelconque. A cause des grandes neiges et de la rigueur du froid, nos jambes s'enflaient ; nous faisions des chutes, dans ces mauvais et âpres sentiers des montagnes. Pauvres, mal vêtus, étrangers et reconnus comme tels, nous étions en certains endroits fort mal accueillis, hués par les enfants et parfois poursuivis à coups de pierre. Nous arrivâmes ainsi à Hakata, ville marchande fort peuplée au royaume de Chikouzen. »

« Le Père alla visiter un grand nombre de monastères de la secte *Jenxu (Zen-shou)* ; ces gens là n'admettent que la vie présente, et leur vie est une vie de Sodome. Les bonzes s'imaginèrent que le Père venait de *Tengikou*,

---

(1) Rapport du fr. J. Fernandez. *Cros.* II. 99.

au royaume de Siam, d'où, pensent-ils, leurs dieux sont venus, et le reçurent avec de grandes démonstrations de joie ; ils l'amenèrent à leur supérieur, qui avait comme rang d'évêque parmi eux. Celui-ci nous reçut avec plaisir et nous fit servir quelques fruits. »

« Le Père, dès l'abord, éleva la voix très haut, reprochant, en termes très âpres, et au supérieur et aux autres, l'abominable vice de Sodome qui régnait parmi eux ; il leur reprocha, de même, de laisser entendre au peuple qu'il n'y avait rien après cette vie, et de le tromper en même temps en l'exhortant à faire pour les morts des offrandes, dont ils étaient seuls à profiter. Les bonzes écoutaient et demeuraient stupéfaits de ce qu'un homme, qu'ils n'avaient jamais vu, leur adressât de si vigoureuses réprimandes ; quelques-uns, il est vrai, se riaient ; les autres étaient ébahis. Sans autre compliment, le Père les laissa, et nous continuâmes notre route. »

« Les cinq ou six journées qui suivirent notre départ furent bien rudes... Nous arrivâmes enfin à la noble et populeuse cité de Yamaguchi, chef-lieu du royaume de Suwo... Ici nous obtînmes audience du roi... Il nous fit diverses questions sur notre voyage, sur les pays de l'Inde et de l'Europe ; puis il désira savoir ce qu'était la Loi nouvelle que nous désirions prêcher dans ses Etats. Sur l'ordre du Père François, je lus le récit de la création du monde et l'explication des commandements de Dieu. A propos de l'idolâtrie et des erreurs des japonais, je lus la condamnation des abominables crimes qui rangent l'homme au-dessous de la brute. Le roi s'en émut fort et son visage trahit son émotion ; mais on nous fit signe de partir et nous nous retirâmes sans que le roi eût rien répondu. Pour moi, je tremblais qu'il ne nous fît couper la tête. »

Intrépide prédicateur de la Loi de Dieu, Xavier passa deux mois dans cette ville, alors considérable, puisqu'elle comptait dix mille voisinages (1). Dans les rues, devant la foule, ou bien dans les maisons des notables qui ne se mêlaient pas au peuple, il prêchait les mêmes vérités. Quand le Frère tremblait : « Ne craignez rien, disait le Père ; par le mépris de la mort, nous nous mettons au-dessus de cette gent superbe ; leurs bonzes y perdent de leur crédit, et nous y donnons la preuve que notre doctrine est de Dieu » (2).

Les moqueries, les insultes, provoquées par leur langage bien incorrect, par la pauvreté de leurs vêtements fort usés après une année de séjour, et surtout par une doctrine qui attaquait des vices hideux et trop communs, semblaient ne faire aucune impression sur le grand cœur de Xavier. Cet homme vraiment apostolique les mentionne à peine dans ses lettres. Et c'est par les lettres de ses compagnons que nous savons quelques détails de ses épreuves. Il avait écrit deux mois après son arrivée au Japon (3) : « Nous avons, grâce à la bonté de Dieu Notre Seigneur, des espérances de victoire supérieures à tous les obstacles que l'Ennemi pourra dresser devant nous pour nous faire reculer. Ces obstacles ne laisseront pas d'être grands et nombreux, et nul doute qu'ils ne nous fissent plus d'impression si nous mettions quelque confiance en notre pouvoir ou notre savoir. Ces grands sujets de crainte, ces travaux, ces périls, Dieu notre Seigneur permet, dans sa grande miséricorde, que l'Ennemi nous les mette devant les yeux, afin que nous

---

(1) Ou groupes d'habitations. Voir l'annaliste de Macao dans *Cros* II. 105. Lettre de Xavier, 29 janv. 1552, *Mon. Xav.* p. 681.
(2) Annaliste de Macao, *Cros* II. 105.
(3) 5 nov. 1549, *Mon. Xav.* I. 622

nous humilions, que nous nous abaissions, et que ne pouvant trouver en nos forces un sujet de confiance, nous n'en cherchions qu'en Lui et dans les saints, en qui sa bonté s'épanche. »

Il ne passe pas sous silence son insuccès à Yamaguchi : « Nous demeurâmes bien des jours dans cette ville, écrivait-il (1), nous prêchions dans les rues et dans les maisons ; on se plaisait à entendre lire la vie de Jésus-Christ, et l'on pleurait quand nous en venions à l'histoire de sa Passion : il se faisait cependant peu de chrétiens, et voyant le peu de fruit de nos prédications, nous résolûmes d'aller à Miyako. »

8. Ce fut un voyage de deux mois, et une déception : après avoir affronté les rigueurs de l'hiver et les périls des chemins infestés de brigands parmi les guerres civiles qui ensanglantaient le domaine de la Tenka, Xavier ne put aborder le Daïri. Avec Fernandez et un jeune compagnon japonais, nommé Bernard, il reprit donc par mer le voyage d'Yamaguchi. Au surplus, il avait pu comprendre que l'autorité du Daïri était réduite à peu ; vainement il avait espéré que l'influence de ce souverain déterminerait un grand mouvement en faveur de la foi.

« Grandes furent les épreuves et les souffrances du Père, écrivait Come de Torrès ; mais il anime ainsi, par les œuvres plus que par les paroles, les héritiers de son apostolat, qui ont toujours de quoi rougir en considérant que tout ce qu'ils font est peu de chose en comparaison de ce que fit le Père François » (2).

Quant aux présents que le vice-roi des Indes avait destinés au souverain de Miyako, Xavier jugea pouvoir les

---

(1) 20 janv. 1552. *Mon. Xav.* I. p. 682.
(2) *Historia del progresso* cité, p. 127. *Cartas de Japão.* I. 18, lettre du 29 sept. 1551.

offrir au seigneur d'Yamaguchi. Et enfin, après les tribulations de tant de courses par terre et par mer, il vit s'ouvrir une large issue à la prédication du Christ crucifié. Le seigneur d'Yamaguchi donna pleine liberté de prêcher la sainte loi, (1) établit même les Pères dans

¶ Alem da renda, & campos de que falão as cartas acima, que deu elRei de Búogo aos padres, pera no Facàta, & Búngo fazerem igrejas lhes deu ou tro na cidade de Yamânguche cincoenta legoas de Búngo. A doação se pos aqui pera verem a maneira de suas escrituras, aluaras, & letra. E cada figura destas significa o que vai sobre ella.

---

(1) Il existe un double décret favorable aux missionnaires : un premier, que donne Mr Haas (II. 51) d'après Satow; un second,

une *varela* ou monastère de bonzes, pour y accueillir les habitants désireux de s'instruire. Ils affluèrent. « Après

qu'il donne (ib. 55) en latin et en italien, mais qui se trouve en caractère japonais avec traduction portugaise dans *Cartas*, I. 61; traduit incomplètement dans *Cros*, II. 139. Nous donnons en phototypie la reproduction de cet édit tel qu'il se trouve dans les *Cartas*,

avoir exposé l'Evangile et résolu leurs difficultés, écrivait le Saint (1), nous leur prouvâmes la fausseté de leur culte : chaque jour nous leur posions des questions sur leurs croyances, et faisions valoir des arguments, auxquels ne savaient répondre ni bonzes, ni bonzesses, ni féticheurs quelconques. Nos chrétiens, voyant leurs bonzes muets, se réjouissaient beaucoup et se confirmaient de jour en jour dans notre foi, qu'ils trouvaient si conforme à la raison. »

La première conversion à Yamaguchi fut le fruit de la patience : le frère Fernandez expliquait l'Evangile sur une place publique, quand un païen, pour le rendre ridicule devant la foule, lui cracha au visage ; or, voyant le frère s'essuyer et avec beaucoup de calme continuer sa leçon, un des assistants comprit qu'une loi, qui produit une telle vertu, doit être sainte, et il se déclara chrétien. Dans l'espace de cinq ou six mois (2) il se fit environ cinq cents conversions. Le Seigneur communiqua une merveilleuse force d'âme à ces néophytes ; car, quoique abandonnés à eux-mêmes par la force des circonstances et privés pendant vingt ans de prêtres, ils demeurèrent fidèles au Christ et « jusqu'aujourd'hui, écrivait-on vers 1590, ils sont bons chrétiens » (3).

---

communiqué par le P. Vilela le 28 octobre 1557. A cette date Vilela comprenait assurément le japonais. Contre Mr Haas (t. II. p. 51 sqq.) le P. Dahlmann (*Stimmen*, 1906, p. 225) tient que le terme *Botsu* doit s'interpréter autrement que doctrine de *Bouddha*. S. François-Xavier, dans sa lettre de 1551, (*Mon. Xav.* I. 662) l'interprète « loi de Dieu ».

(1) Lettre de Kagoshima, du 20 novembre 1551. *Mon. Xav.* p. 663.
(2) *Historia del progresso* cité, *Mon. Xav.* I. p. 131.
(3) *Ibid.*, cfr. p. 199, 131. A la page 141, ligne 8, on voit que Valignani commença à rédiger cette histoire une trentaine d'années après le séjour de Xavier au Bongo. Valignani était arrivé comme visiteur en 1579 : dans une lettre datée du 24 janvier 1604, de Macao, (*Epist. Jap. msc.* 1600-1610), il écrivait que la première partie de cette histoire était achevée. Il mourut en 1606.

Xavier augurait favorablement du zèle des fidèles d'Yamaguchi ; il exprime dans une de ses lettres (1) le bonheur qu'il goûta au milieu des japonais, « ses délices », ainsi qu'il les nomme. « Me voici déjà blanchi, mais aussi alerte et aussi robuste que jamais, si fortifiants sont les fruits de joie que l'on recueille dans les travaux employés à cultiver un peuple sensé et désireux d'acquérir la connaissance de la vérité et le salut éternel. A Yamaguchi, dès que le roi nous eût permis de prêcher l'Evangile et que l'on vint en foule nous écouter, la joie de mon âme, une des plus vives que j'aie ressenties, éveilla dans mon corps une animation pareille. Je voyais que par nous Dieu abattait l'audace des bonzes et triomphait de ces implacables ennemis ; je voyais les néophytes, heureux de ces victoires, déployer eux-mêmes un zèle ardent à les étendre et à conduire au baptême les païens qu'ils avaient vaincus ; je les entendais se raconter leurs combats et leurs succès contre la superstition ; j'étais témoin de la jubilation dont ils avaient l'âme remplie ; et un sentiment de bonheur si pénétrant et si doux cavahissait alors mon âme, que j'en perdais le sentiment des fatigues du corps... Si l'on savait à quel point l'esprit du japonais est disposé à recevoir l'Evangile, certes bien des docteurs laisseraient là leurs livres, bien des prêtres leurs bénéfices ; ils échangeraient leur triste et ennuyeuse vie contre une vie pleine de vraies et douces joies. »

Xavier constate plus d'une fois l'esprit de zèle et de prosélytisme qui animait les néophytes, et qui fut d'un si grand secours, surtout quand on eut organisé plus tard l'œuvre des catéchistes. Parmi eux se signala un

---

(1) de Cochin, 29 janvier 1552 (Cros. II. 194.)

japonais, quasi aveugle et qui gagnait sa vie en allant d'une maison à l'autre de la ville, jouant de la viole, racontant des histoires et amusant ses auditeurs par ses bons mots. Doué d'une mémoire excellente, d'une intelligence vive et pénétrante, il suivit Xavier, l'interrogea, s'instruisit et se fit baptiser : Laurent, accueilli plus tard comme frère coadjuteur, aura sa place parmi les catéchistes du Japon (1).

Une dévotion, que Xavier établit dès lors, fut celle du Rosaire. « Les japonais, écrit-il (2), se servaient, étant encore idolâtres, d'une espèce de chapelet pour honorer leur idole ; à présent, ayant compris comment ils doivent adorer Dieu et croire en Jésus-Christ, ils apprennent d'abord à faire leur signe de croix, et ils en demandent l'explication détaillée : celle-ci leur plaît beaucoup ; puis ils disent : *Kyrie eleison, Christe eleison, Kyrie eleison,* et ils demandent encore le sens de ces paroles ; ensuite ils déroulent les grains et à chaque grain ils disent : Jésus, Marie. Le *Pater*, *l'Ave,* le *Credo,* ils les récitent à loisir, se servant d'un écrit. »

9. Tandis que l'œuvre de la Foi chrétienne prospérait à Yamaguchi, un vaisseau portugais, ayant pour capitaine Edouard da Gama, aborda au port de Funaï (Figi, Oita), dans la province du Bongo. Des marchands japonais en donnèrent nouvelle à François, qui aussitôt expédia à Funaï un jeune chrétien, Mathieu, avec une lettre adressée au capitaine (3) ; il y annonçait son arrivée et sa visite au daïmyo ; d'autre part il rappela de Hirado

---

(1) Frôes, *Histoire inédite du Japon* (1519-74) Cros. II. 147 et p. 39. *Mon. Xav.* I. 131.
(2) 29 janv. 1552, Cochin. *Mon. Xav.* I. 693.
(3) *Mon. Xav.* I. 664 ; elle est tirée de Mendez Pinto.

le P. Côme de Torrès, et après lui avoir remis le soin de la fervente chrétienté d'Yamaguchi, encouragé par une lettre du daïmyo (1), il partit avec deux jeunes japonais convertis, Bernard et Mathieu.

Les portugais, débarqués au port de Funaï, firent à Xavier un accueil, digne d'un Nonce du Saint Siège ; et ici, comme à Hirado, les honneurs rendus à sa vertu comme à sa dignité firent la meilleure impression sur les japonais. Sa pauvreté, son humilité, sa patience lui avaient attiré le mépris des esprits superbes et touché peu de cœurs. Il se résigna à se voir entouré de considération ; mais sa pauvreté et sa modestie parurent avec plus d'éclat dans ce contraste.

Un voyageur célèbre, Fernand Mendez Pinto (2), a décrit cette réception de façon dramatique ; encore que nous ne puissions contrôler les détails de son récit par les lettres du Saint et de ses compagnons, ce qu'il raconte au sujet d'une discussion publique en présence du « roi de Bongo » entre Xavier et un bonze, paraît plus que vraisemblable (3) et Mendez en fut témoin ; il avoue même que ses connaissances ne lui permirent pas de suivre certaines parties de la discussion.

Selon ce voyageur, Xavier trouva le prince si favorablement disposé qu'il le pressa de se rendre à la voix

---

(1) *Cros.* II. pag. 152.
(2) Sur sa valeur, comme témoin et comme écrivain voir *Cros* II, 44, 156 ; le P. B. Gago, écrivant au roi Jean III le 10 sept. 1555 (*Cartas de Japaô* I, p. 42) parle d'Edouard da Gama et de la réception qu'il fit à S. François au port du Bongo : « C'est, dit-il, ce qui nous releva dans l'opinion du peuple : il comprit de quelle estime jouissent ceux qui vont, enseignant le chemin du salut. » Le Saint passa près de deux mois au Bongo (septembre-novembre).
(3) Voir Charlevoix, livre I, § 10., Ed. citée II p. 254 et IX p. 18. *Katholische Missionen* 1887. p. 158. Bartoli, *Asia*, parte I, l. 3, n. 23-28 ; 33-38.

de sa conscience. Et comme il ne lui fut pas possible de s'arrêter plus de deux mois au Bongo, décidé qu'il était à s'embarquer sur le vaisseau de Gama afin de rentrer aux Indes, où sa charge de Supérieur de la mission et les lettres de ses frères réclamaient son retour, il pressa plus vivement encore le daïmyo de se convertir et de considérer que de tant de souverains du Japon il ne restait qu'une poignée de cendres, mais que leur âme avait paru devant le Juge suprême, que c'est l'âme qu'il faut sauver : le reste est vanité. Le prince était très affligé du départ du Saint, mais il ne se rendit pas à ses exhortations; la semence évangélique ne tomba cependant pas sur une terre tout à fait stérile ; il sera l'instrument providentiel du progrès de la foi au Bongo ; il se convertira trente ans plus tard et en souvenir du Saint il prendra le nom de François. (1)

Pendant un de leurs derniers entretiens, un serviteur annonça le bonze de Fucatagi (2). C'était l'un des plus fameux lettrés de Fiyenoyama; il avait professé pendant trente ans la doctrine de Shaka et acquis une si grande réputation que ses décisions étaient considérées comme des oracles. Les bonzes de Funaï, craignant de voir la religion nouvelle s'établir sur les ruines de leurs sectes, avaient invité leur savant collègue à venir confondre en présence de la

---

(1) Connu sous le nom de Civan, ou Civandono, il avait en japonais le nom de Otomo Yochihige (Haas I, 201). Civan est une corruption de ce dernier mot, semble-t-il à M. Marnas, des missions étrangères.

(2) Un missionnaire qui ne doute pas de la véracité de Mendez, écrivait de Macao à Rome (24 mars 1620, *Epist. Jap. msc.* 1619-24), au sujet du livre XI, n° 117 de l'*Historia S. J.* Il n'admet pas le nom de Faracondono, que donne Mendez Pinto : il propose Fucatagi, près d'Usuki ; Mendez le disait chef du monastère de Miaï Gimaa. Serait-ce l'école de Homian, dont S. François Xavier parle dans ses lettres et qu'il faut probablement écrire Omiya, ou Miya? (Haas, op. cit. p. 151)

cour le docteur européen ; il sauverait, on n'en doutait point, la cause du culte national. Le prince hésita à laisser le Saint se mesurer avec le célèbre bonze ; mais Xavier insista pour l'entendre ; il mettait sa confiance en Dieu et ne craignait rien.

Le lettré entra; et après avoir rendu ses devoirs au daimyo, il prit sans façon la place d'honneur, que le Père lui cédait par modestie. Il le regarda ensuite fixement et lui demanda, sans sourciller, s'il le reconnaissait : — « Assurément, non, répondit le Saint : car je ne vous ai jamais vu » Le bonze, faisant l'étonné : « Cela est-il possible ? dit-il, tu ne te souviens pas qu'il y a quinze cents ans tu me vendis cinquante lots de soie à Fiyenoyama ? » Et se tournant vers ses collègues, d'un air triomphant : « Je le vois bien, leur dit-il : j'aurai bon marché de cet homme-là ».

Le Père comprit que le bonze croyait à la métempsycose : selon cette doctrine, la faiblesse d'intelligence ou de mémoire est un châtiment que l'âme doit subir en expiation des crimes commis dans une vie antérieure, et sa transmigration dans un cerveau mal constitué est un déshonneur. Si Xavier ne se rappelait point les détails de son commerce de jadis, il devait passer pour un grand coupable.

Le Saint jugea nécessaire, devant une bonzerie qui croyait à la transmigration des âmes, de réfuter d'une façon saisissante cette absurde hypothèse : « Quel âge avez-vous ? » demanda-t-il au lettré. — « Cinquante-deux ans », fut la réponse. — « Eh ! comment se peut-il alors que vous fussiez, il y a quinze cents ans, marchand de soieries ? Et si le Japon, comme vous l'enseignez vous-même, n'a été peuplé qu'il y a neuf cents ans, comment pouvez-vous avoir trafiqué à Fiyenoyama, qui n'existait pas ? » Le bonze fut embarrassé par cette objection, qu'il n'avait pas prévue de la part d'un étranger ; mais il se ressaisit bientôt, et exposa longuement l'enseignement bouddhique de l'éternité du monde, de la migration indéfinie des esprits dans la série des êtres vivants, et autres folles hypothèses de ce genre. Le Saint avec un calme et une dignité qui contrastaient avec l'insolente fougue de l'orateur, réfuta ces théories à la grande satisfaction de l'auditoire (1).

Vaincu de ce côté et croyant être plus heureux sur un terrain pratique, le bonze aborda la morale facile qui avait cours au Japon et que Xavier avait si souvent et si amèrement reprochée à ces docteurs de mensonge : morale criminelle, que la raison et la pudeur désavouent. C'est ce que le Saint fit ressortir, et l'indignation qu'il ressentait se communiqua au daïmyo et à l'auditoire ; aux insultes, dernière ressource du bonze, on mit un terme en lui imposant le silence : « N'étiez-vous bonze, lui dit le prince, je ferais rouler votre tête à vos pieds, » et il le chassa de sa présence.

L'échec du fameux lettré fut le signal d'un soulèvement de la bonzerie de Funaï. Ne se jugeant pas en force pour prendre les armes et détrôner le daïmyo, comme avaient fait récemment ceux d'Yamaguchi, ils jetèrent une espèce d'interdit sur la ville, fermèrent leurs temples, refusèrent les offrandes que l'on portait aux idoles et cessèrent de donner des secours aux nécessiteux. « Les dieux de Japon, disaient-ils, se sont irrités contre les étrangers, qui viennent prêcher ici une loi nouvelle. »

---

(1) M' Haas (I. 226) expose la théorie bouddhiste et croit que le Saint ne l'avait pas bien saisie : de fait, elle ne se laisse pas saisir par la saine raison. D'autre part, dans sa lettre du 29 janvier 1552, Xavier montre l'ignorance des bonzes et des japonais d'alors dans les sciences positives.

Il y eut parmi le peuple une agitation, plus inquiétante encore pour les portugais que pour le prince ; elle alla croissant, si bien que le capitaine Edouard da Gama et son équipage jugèrent prudent de se retirer vers leurs vaisseaux et prièrent le Saint d'y chercher un asile. On le trouva dans la maison d'un pauvre catéchumène, où quelques chrétiens s'étaient assemblés : « Y pensez-vous ? répondit l'apôtre. J'abandonnerais donc mon petit troupeau à la merci des loups ! A Dieu ne plaise que je déshonore ainsi mon ministère et que les bonzes puissent se vanter de m'avoir fait céder devant eux ! Frère, ajouta-t-il en s'adressant au capitaine, ce que vous craignez pour moi n'arrivera pas ; je ne mérite point d'être martyr ; mais quoi qu'il puisse arriver, je ne donnerai pas à mes enfants le scandale d'une telle fuite. Laissez-moi seul, si vous le préférez. »

Il désirait donner toute facilité au bonze pour reprendre la controverse, et le daïmyo se prêta à ce désir. « Les japonais, écrivait le Saint, sont souverainement curieux et avides de s'instruire ; ils ne se fatiguent jamais de s'entretenir de leurs difficultés et de nos réponses : ouïr choses nouvelles, surtout en matière religieuse, c'est leur goût le plus vif ; on nous a dit qu'avant même notre venue, ils étaient en perpétuelles disputes au sujet de leurs sectes et de la prééminence que chacun attribue à la sienne ; mais depuis qu'ils nous ont entendus, laissant tout cela, ils ne disputent plus que sur la loi chrétienne, et c'est chose admirable que dans les maisons et sur les places publiques la Loi de Dieu soit ainsi l'objet des entretiens de tous. Si je voulais entrer dans le détail des questions qu'ils soulèvent, je n'en finirais pas » (1).

---

(1) Lettre du 20 nov. 1551 Mon. Xav. I. 663.

La controverse avec le fameux bonze devait leur plaire. Xavier se présenta donc le lendemain ; mais la plupart des portugais, alors présents au port de Funaï, voulurent lui faire cortège. Les honneurs que l'équipage de Gama rendit au Saint firent une impression profonde ; car il devint manifeste aux japonais que la pauvreté et l'humilité, dans laquelle il avait voulu paraître jusqu'alors, étaient le fait d'une vertu plus haute que tout ce que l'ambition peut inspirer, et qu'elles procédaient de l'amour de Jésus-Christ, dont il prêchait les abaissements divins. Le prince fut vivement frappé ; il se rappelait ce que les bonzes avaient déversé de mépris et de calomnies sur cet homme d'une sainteté si extraordinaire ; il le voyait modeste et aimable parmi les témoignages d'estime que lui rendaient les riches et puissants trafiquants d'Europe. Il ne permit pas à la foule des bonzes d'entrer dans la salle, mais limita sagement leur nombre ; il voulut de plus, à la demande du Père, que le controversiste proposât ses questions et ses difficultés méthodiquement, afin qu'il fût possible de répondre à chacune de point en point.

Le bonze accusa d'abord le Saint de faire injure au culte et aux dieux de la nation : « Il n'y a qu'un seul Dieu, répondit Xavier, un seul Seigneur, créateur du ciel et de la terre, dont la toute-puissance est trop haute pour nos faibles entendements, mais dont les œuvres prouvent qu'il est vraiment le Seigneur suprême. » Et il démontra que d'après leurs livres mêmes, les lettrés devaient conclure que Shaka et leurs autres dieux n'avaient été que des hommes, puissants et riches, auxquels on ne pouvait rendre les hommages dûs à Dieu seul. Le bonze demanda pourquoi Xavier condamnait les lettres de change ou d'indulgence, qu'ils avaient coutume de donner à leurs sectateurs, puisqu'elles enrichissaient les âmes et les sauvaient de l'enfer. » Le ciel, répondit-il, est la récompense des bonnes œuvres et de la fidélité aux commandements du Seigneur ; la foi en Jésus-Christ, le seul envoyé divin, jointe à la charité, c'est-à-dire la Loi chrétienne, voilà le salut pour tous les hommes sans distinction ». Il réfuta la morale aisée de ces lettrés et montra qu'elle était fondée sur l'intérêt et l'avarice, et contraire à la saine raison ; il développa la théorie de la vie chrétienne et de l'abnégation, tant recommandée par le divin Sauveur : « La pauvreté de Jésus-Christ, disait-il, est le partage de ses amis. »

Les discussions se prolongèrent pendant cinq jours. Mendez avoue que les bonzes firent des objections fort subtiles, et qu'il avait de la peine à les suivre, n'ayant pas autant d'étude qu'eux ; car « ils ont naturellement meilleur esprit, ajoute-t-il, que les autres païens de l'Orient, par où il me semble que l'on emploierait beaucoup mieux son temps et sa peine à convertir les japonais qu'à prêcher la foi à Chingala, Comorin et Ceylan ». La controverse les amena cependant à se disputer entre eux, et trois ou quatre fois ils furent sur le point d'en venir aux mains et de se souffleter. Sur quoi le daïmyo se fâcha et dit : « Les choses de Dieu ne doivent pas se discuter à coups de poing, mais avec un zèle fondé sur la douceur, parceque Dieu ne se retire que dans un esprit humble et doux, pour y dormir un sommeil paisible ».

Charmé de la douceur du saint Apôtre, le prince venait à sa rencontre, et le conduisait lui-même à son palais pour les conférences.

Dans une dernière entrevue, les bonzes crurent avoir beau jeu ; ils reprochèrent au Saint d'appeler son Dieu du nom de menteur, et de donner aux apôtres de Jésus-Christ des épithètes avilissantes ; en effet *Deus*, prononcé à la façon portugaise ou espagnole *Deouse*, rappelle le mot japonais *Diousa* (1) qui signifie mensonge ; et dans les Litanies des Saints, que les fidèles récitaient après la messe, le prêtre disait : *Sancte Petre, Sancte Paule* ; or *Sancte* se rapproche du mot japonais qui signifie : infâme. Le Saint s'excusa modestement sur sa connaissance imparfaite de la langue et fit remarquer sur quelle pauvre et fragile raison ses adversaires s'appuyaient, pour prétendre qu'il était un démon incarné et qu'il traitait Dieu de menteur ; au surplus, il se rendit volontiers à l'avis du prince, qui suggéra d'invoquer les Apôtres en disant désormais : *Beate Petre, Beate Paule.*

Il ne parut guère que le bonze et ses collègues cherchassent la vérité. En finissant la dernière conférence, le prince lui dit : « Si l'on veut disputer avec fruit sur la Loi chrétienne, qui est si bien fondée sur la raison, il faut ne pas lui être aussi hostiles que vous. « Et il fit au Saint l'honneur de le conduire à la maison des chrétiens, où il avait coutume de se retirer pour recevoir les catéchumènes de bonne volonté. « Que le feu du ciel tombe sur le daïmyo, disaient les bonzes, puisqu'il se laisse abuser par un sorcier sans nom ! »

« Une des grands objections qu'ils firent à la loi que nous prêchons, écrivait le Saint (2), c'est qu'elle ne leur fut pas manifestée avant notre arrivée au milieu d'eux ; or, s'il est vrai, disait-on, comme vous le prêchez, que ceux qui n'adorent pas Dieu vont en enfer, il faut dire que Dieu n'a pas eu pitié de nos ancêtres, ne leur ayant

---

(1) D'après S. François Xavier, se jouant du nom de *Deous*, ils ajoutaient : *Deous* c'est *Daiouzo,* mensonge (*Mon. Xav.* I. 690).
(2) 20 janv. 1552. *Mon. Xav.* I, 686 et 694.

pas révélé cette loi. Nous leur répondions : « La loi de Dieu est la première de toutes : avant que les lois de la Chine fussent répandues au Japon, les japonais savaient que tuer, voler, rendre faux témoignage et violer les autres commandements, c'est mal, et en témoignage du mal qu'ils faisaient, ils sentaient le remords de la conscience ; car il est écrit dans le cœur de l'homme qu'il faut éviter le mal et faire le bien ; et ainsi les païens savent les commandements de Dieu sans que personne, sinon le Créateur, les leur enseigne... La solution de cette difficulté les aida beaucoup à se faire chrétiens (1). Les bonzes au contraire persuadaient au peuple qu'il lui était impossible de garder les commandements, mais qu'eux s'obligeaient à les garder pour lui ; qu'à ce prix, on devait les honorer et leur donner le nécessaire, et qu'en retour eux le tireraient de l'enfer. Nous signalions cette ruse et ce mensonge et c'est sur cette question de l'enfer que surgirent toutes les discordes entre les bonzes et nous ; il me semble que difficilement nous deviendrons amis... Jadis quand les bonzes et les bonzesses violaient les commandements, on les mettait à mort ; les seigneurs les faisaient décapiter, s'ils commettaient la fornication, s'il mangeaient chose morte, s'ils mentaient, volaient, tuaient, où s'ils buvaient du vin. A présent leur loi est bien relâchée ; car publiquement et sans vergogne ils en violent les prescriptions, et l'impureté la plus

---

(1) Mr Haas (I. 223) semble préférer à l'enseignement du Saint la thèse japonaise, d'après laquelle l'invocation des fotoques délivre les plus grands coupables des peines de l'enfer : c'est mieux comprendre la miséricorde divine, dit-il ! La doctrine de l'Eglise sur le Purgatoire n'est-elle pas digne de la miséricorde divine ? Quant à l'enfer, châtiment de ceux qui sans repentir meurent en état de péché mortel, l'enseignement de Jésus-Christ est très clair. Les infidèles, qui observent la loi naturelle, ne subiront pas les peines positives de l'enfer, encore que sans la foi ils n'entrent pas au ciel.

abominable (1) n'est pas péché selon eux. Le peuple agit de même, à leur exemple : si les bonzes le font, nous le ferons aussi, dit-on, nous qui sommes gens du monde. »

10. Saint François Xavier, on s'en souvient, s'était proposé d'aller dès l'abord à Miyako, la capitale religieuse et politique du Japon : de là, après une entrevue avec le Souverain, il comptait se rendre aux écoles des bonzes de Bandou (2). Il est regrettable qu'il n'ait pas réussi dans ce dernier projet. Il le jugeait si opportun qu'à son avis les futurs missionnaires devaient s'y rendre tout d'abord ; aussi demandait-il à Simon Rodriguez de ne choisir pour cette mission que des hommes éprouvés, et capables de supporter les grands froids du nord et les persécutions des bonzes (3) : « Presque de toutes les parties du Japon, ajoutait-il, on se rend à Bandou pour y étudier la religion. » Cependant, s'il ne put s'y rendre lui-même, il rencontra des bonzes qui avaient fréquenté cette école : « Dans la ville d'Yamaguchi, nous dit-il, un homme s'est fait chrétien, après avoir étudié de longues années à Bandou ; il est tenu pour très lettré. Au lieu de se faire bonze il avait préféré se marier ; il lui avait paru que les lois (religieuses) du pays sont fausses, et il n'y ajoutait aucune foi ; pour lui, il adorait un créateur du monde. Les chrétiens ont été très heureux de sa conversion, parcequ'on le considère comme le plus grand savant de cette ville. Bandou est la plus considérable des écoles : il y en a cependant d'autres... Ces bonzes ont l'esprit

---

(1) « peccam com moços ».
(2) Au dire du frère Laurent, (Miyako 22 juin 1561), Bandou, ou d'après Fróes (Cros II. 44) *Axicanga*, était à 200 lieues au-delà. *Avvisi* IV, 32, et plutôt *Cartas* I. 71². Mr Haas l'identifie avec Kwanto, à Kamakura.
(3) Lettre du 30 janv. 1552, *Mon. Xav.* I, 698.

très délié ; ils s'occupent beaucoup à méditer, et à considérer ce qui adviendra d'eux et quelle sera leur fin ; beaucoup parmi eux concluent qu'ils ne peuvent se sauver dans leurs sectes. Toutes choses doivent dépendre d'un principe, disent-ils ; mais comme ils n'ont aucun livre qui parle de ce principe et de la création, ils ne manifestent pas leur conviction à d'autres : « Nous n'avons, ajoutent-ils, ni livres, ni autorité pour les convaincre. » De pareils bonzes écoutent volontiers notre loi divine » (1).

« Je tâchai, nous dit encore Xavier (2), de savoir ce qu'étaient dans l'idée des japonais *Amida* et *Shaka;* car en déroulant les 180 grains de leur chapelet, ils nomment à chaque grain le fondateur de leur secte ; or Shaka et Amida sont les principaux de ces fondateurs ; les bonzes gris tiennent pour Amida et la majeure partie du peuple l'honore (3) ; les bonzes noirs, au lieu d'honorer Amida, honorent Shaka. Je demandai donc aux chrétiens de me raconter fidèlement la vie de ces deux fondateurs ; à ce qu'en disent les livres, je conclus que ce sont des hommes ; mais des détails absurdes donnent à penser que leur histoire est remplie de fables et d'inventions du démon ; ils vivront mille ans et deux mille ans ; Shaka naîtra huit mille fois, etc. Plaise à Dieu de nous accorder la victoire sur ces deux démons, Shaka et Amida ! »

Il ne paraît pas que sur la partie théorique et sur l'histoire des sectes japonaises le Saint ait trouvé des éclaircissements complets. Arrêtons-nous y quelques moments.

---

(1) Ib. p. 692. Quant aux quatre autres écoles, citées par le Saint dans sa lettre de Kagoshima, 5 nov. 1549, (*Mon. Xav.* I, 598), Mr Haas (I, 161) propose l'orthographe Koya-san, Negoro, Ise, Omiya.
(2) Ib. 628-689.
(3) Le terme *adora* n'a pas pour les espagnols le sens déterminé du culte de latrie.

Valignani, que nous trouverons au Japon trente ans plus tard, décrit plus en détail (1) le mélange qui se fit d'un culte national primitif, celui des *Kamis,* et d'un culte étranger, dû à l'influence chinoise, celui des *fotoques;* mais il n'on signale pas la première origine : « Les chinois, dit-il, avaient reçu le culte *d'Amida* et de *Shaka,* leurs deux principales idoles, de Syon (Siam ?) royaume voisin de la Chine : Shaka fut un philosophe sagace, qui feignant de mener une vie sainte et pénitente, commença à prêcher le culte divin d'Amida, principe de toutes choses, et fin en laquelle toutes choses se résolvent. Son livre ou plutôt ceux qu'écrivirent ses disciples, jouissent du crédit dont jouit parmi nous le texte de la Bible. Cependant cette doctrine est aussi habile qu'ambiguë; on peut y trouver qu'il y a un autre monde où l'âme reçoit sa récompense, ou son châtiment : on peut y trouver aussi que tout finit pour elle avec la vie présente. On peut y trouver la doctrine de l'absorption de l'âme en Amida, et aussi la doctrine de sa transmigration en d'autres corps selon la diversité de ses mérites. Tout y est confus à ce point. Dans un livre postérieur, Shaka rétracta cet enseignement : il ne l'avait donné que pour le peuple ignorant ; sa nouvelle doctrine, plus profonde et plus excellente, destinée aux lettrés, reconnaît qu'il est lui-même Amida et qu'il est venu sauver le monde par ses pénitences. Ce livre, le *Foquequio* (Hokkekyo) est le seul qu'admettent certains bonzes. Multiples sont les sectes, sorties de ces enseignements si confus, et les bonzes eux-mêmes ne savent pas ce qu'ils enseignent et ce qu'ils croient ; et ils varient beaucoup dans leurs opinions ; leur état d'âme se résout cependant en

---

(1) *Monumenta Xaveriana,* I, pp. 111-119.

un seul mot : *gongit*, qui signifie deux choses : *apparence et vérité*. A part une seule secte, celle des Zenshû, tous les bonzes persuadent au peuple qu'il y a un enfer et un paradis ; mais, disent-ils, en invoquant Amida et par la prière : *Namu Amida but, Très saint amida, sauvez-nous,* le peuple se sauve, grâce aux mérites des deux *fotoques* (1).

« Les bonzes furent assez habiles pour respecter le culte primitif des *Kamis* tout en y mêlant le nouveau culte (2) : aussi gagnèrent-ils l'estime du peuple et de ses chefs, qui les comblèrent de richesses et leur bâtirent des temples et des monastères magnifiques. Leur sainteté apparente et leurs cérémonies contribuèrent encore obtenir à leur la faveur populaire. »

« Il y a aussi des bonzesses ou *Bikonis,* qui font profession comme les bonzes de ne point se marier et qui gardent la modestie extérieure aussi bien qu'eux. Mais la vie des uns et des autres est en réalité bien éloignée de répondre à ces beaux dehors. Pour sauver leur crédit, ils introduisirent une abominable coutume ; et depuis, elle sévit par tout le Japon : des mères font périr leurs enfants. »

Cet exposé rapide est dû à un missionnaire célèbre, qui fut envoyé, comme visiteur de la mission, par le Général de la Compagnie de Jésus et qui s'entoura d'informations. Il les rédigeait vers 1600.

Bartoli fait un exposé plus développé des doctrines des bonzes (3) : il écrivait vers 1650 et avait à sa disposi-

---

(1) Mr Haas (I. 295) traduit *Namu Amida Butsu,* Honneur à Amida Bouddha.

(2) D'après Balth. Gago (Goa, 10 déc. 1562, *Cartas,* I, 99^t) il fut introduit 900 ans auparavant ; d'après Mr Steichen (op. cit. p. 9) en 586.

(3) *Asia* l. III ch. 5 et 6.

tion les plus riches matériaux, les relations et les innombrables lettres des missionnaires japonais. Or, il rencontra parmi les enseignements des bonzes plusieurs propositions qui lui permettaient d'énoncer cet avis : « On s'étonnera peut-être, mais je ne puis laisser d'en faire la remarque : aux extrémités du Nouveau-Monde, le démon a voulu singer l'œuvre du Christ et de sa sainte Eglise ; il a mis en fables nos mystères, y compris l'insondable mystère de l'auguste Trinité, il a transformé nos sacrements en rites superstitieux et nos cérémonies en un culte sacrilège : il a voulu que si jamais la connaissance de Jésus-Christ pénétrait jusque-là, on ne pût distinguer le profane du sacré, le faux du vrai. Le *Shaka* (1) du Japonais est une contrefaçon du Messie ; ils le disent né d'une reine vierge. »

Il ne manque pas de points de contact, on le voit, entre le christianisme et les doctrines religieuses bouddhiques du Japon ; il y en a d'autres : vie monastique, confession, pénitence, célibat, relevailles après 40 jours, anges (tennin), indulgences, ces diverses institutions ou croyances chrétiennes font partie, mais combien dénaturées ! des pratiques religieuses japonaises.

Charlevoix, qui a utilisé les précieux ouvrages de Bartoli, n'attribue pas comme lui à l'Esprit déchu, mais à une influence plus acceptable ou plus directe les éléments chrétiens de la doctrine des bonzes (2). Au sujet du Daïri Fitatzou (572 après J.-Ch.) et d'un rapprochement, qui s'offre naturellement à la pensée, entre la légende de sa naissance et notre mystère de l'Incarnation de Notre Seigneur, il s'exprime ainsi : « Il est

---

(1) Ce nom correspond à celui de *Çakiamouni*, le Bouddha. *Saint François Xavier au Japon*, (*Katholische missionen*, 1887 p. 160 note).
(2) Ed. 1737 t. II, p. 30 cfr. t. I. pp. 327, 328, 341.

bon d'observer que dans le sixième siècle des missionnaires nestoriens de Syrie, et selon quelques-uns, des arméniens (1) pénétrèrent dans les contrées les plus septentrionales de l'Asie. Les japonais peuvent bien avoir appris alors quelque chose de nos mystères par les lamas de Tartarie, qui avaient connu ces prédicateurs. »

Etait-ce une conjecture vaine ?

Nous avons entendu Fernandez, le compagnon de S. François Xavier, nous dire que les bonzes le croyaient « venu de *Tengicou* (2), au royaume de Siam, d'oú sont venus leurs dieux. » Ce nom prend dans les lettres du temps diverses formes.

Quel en est le sens véritable ? Polanco qui composa son *Chronicon S. J.* de toutes les lettres envoyées à Rome, est-il fondé à dire que les japonais comprenaient sous ce terme de *Tengicou* ce qui vient du ciel, quelque chose de divin, de révélé par Dieu (3). Il semble (4) plutôt que le mot désigne l'Occident, les pays inconnus situés

---

(1) Cfr. Lettre de Nic. Lancilotti, sur la Chine *Sel. Ind. ep.* p. 65. Garrucci, *Storia dell' arte Christiana*, t. I, p. 415 ; il cite le P. Gual, O. F M. et Abel de Rémusat : *Mélanges Asiatiques*.

(2) *Mon. Xav.* I, 477-478.

(3) *Chengicum* 1em e cœlo venientem interpretantur. (*Mon. Xav.* 478 note).

Chengico (*Mon. Xav.* 488, 494, 499) : c'est un pays situé à 3 années de voyage du Japon, comme les bonzes l'ont dit à Paul de Ste-Foi ; ailleurs il s'écrit : *Chynquinquo, Chincico, Chingigo, Chinzinquo*. Le frère Laurent japonais, que Valignani reconnaît avoir été et être encore un grand instrument de conversion et un très docte catéchiste, écrit (2 juin 1560 *Nuovi Avvisi*, 4ª parte, Venezia 1564, p. 31ᵇ *Cartas de Japão* p. 71) qu'un bonze de Miyako, fervent de Shaca, lui disait avoir rêvé dix ans auparavant qu'il viendrait des Pères du *Chencico* pour prêcher les choses de la vie future. Enfin, comme nous l'apprendra le P. de Torrès, on appelait nos missionnaires *Tenchicougis*, ce qu'il interprète : gens d'Europe.

(4) Cfr. Mr Haas, op. cit. I, p. 44.

au-delà de la Chine ou des Indes. Les japonais, dans leurs connaissances géographiques fort élémentaires, comme le dit Frôes (1), « divisaient la terre en trois parties, le Japon, la Chine et Siam : » le Tenjicou était le pays inconnu de l'Ouest.

Le premier missionnaire qui prêcha la foi à Miyako et à Sakaï, le Père Gaspar Vilela écrivait, après quatre ans de séjour dans cette partie du Japon (2), que les superstitions de ce peuple lui rappelaient celles de l'île de Ceylan, où il avait séjourné : « c'est du royaume de Sion (Siam), dit-il, qu'un docteur indien apporta au Japon les superstitieuses doctrines des brahmes. » A ses frères des Indes Vilela donnait le conseil de se préparer à les réfuter, puisqu'aux Indes on en trouvait la source première.

A qui veut s'éclairer sur la question de l'origine des religions des Indes, de la Chine et du Japon (3), les ouvrages indianistes ne manquent pas aujourd'hui. Or, quelque difficulté que l'on rencontre à fixer la chronologie des écrits bouddhistes et brahmaniques, on se défend difficilement de croire que les religions indiennes ne se soient, dans la suite des temps, pénétrées de certains enseignements juifs et chrétiens. L'histoire évangélique sans doute y a été défigurée, et c'est à raison des énormes aberrations du Vishnouïsme transformé que certains écrivains (4) avaient nié tout rapport entre les deux

---

(1) 20 fév. 1565 *Cartas de Japâo* I. 172².

(2) Sakaï, 5 cal. maii 1563 Maffei, p. 391. Une lettre du même, du 27 avril 1563 (*Cartas* I. 137¹) ne renferme aucun conseil semblable.

(3) Jacolliot, (*la Bible dans l'Inde* 1868-73) prétendait que le christianisme, ses maximes et même la vie de J.-Ch. nous viennent de l'Inde.

(4) Le premier semble avoir été le P. Carme Paulin de S. Barthélemy (1791), *Systema brahmanicum*. Voir F. Nève. *Des éléments étrangers du mythe et du culte indien de Krishna*. Paris 1876.

religions ; mais le christianisme n'est responsable en rien des excès et des erreurs qui se sont propagées aux Indes et au Japon avec les fêtes et les pratiques des bouddhistes. D'après Abel Rémusat (1) c'est en l'année 804 après Jésus-Christ qu'une ambassade japonaise s'étant rendue en Chine, un japonais Cobou-daïsi s'y lia avec deux brahmes indiens, dont l'un se nommait Asuri ; à son retour, il convertit au bouddhisme le Daïri lui-même et composa un livre où sont exposés les dix dogmes fondamentaux de la loi de Shaka ; il mourut en 835 après avoir obtenu du Daïri la création de trois chaires pour l'explication de la religion (2). .

Un témoignage intéressant dans la question qui nous occupe est celui que rendirent au christianisme les bonzes de cinq sectes différentes de Miyako. Le frère Laurent (3) nous apprend donc qu'après avoir prétendu d'abord que notre religion était une invention du démon, mieux éclairés ils changèrent de langage. « A présent, dit-il, ceux de la secte du *Semgogiu* disent que notre doctrine est celle de *Nichi*, qu'ils prêchent eux-mêmes ; les sectateurs de *Jenxu* disent que c'est celle de *Fomben*, qui est la leur et qu'ils ont apprise dans de longues méditations ; de plus les sectateurs de *Foquexo* soutiennent que notre doctrine est celle de *Mio ;* ceux de *Zondoxu*, celle d'Amida ; et ceux de *Xynto* affirment y trouver celle de *Coccuyo* (4) ; de façon que tous avouent que notre doc-

---

(1) *Nouveaux mélanges asiatiques*. Paris 1829 t. II, p. 275.

(2) Une relation de L. Frôes (16 .oct. 1578) donne Caxo, disciple de Shaka, comme fondateur au Jengico de la secte des Jenxus (Zenshu), très florissante au Japon. (*Cartas de Japão*, t. I, p. 421²) : Daruma serait le fondateur de la secte en Chine.

(3) 2 janv. 1561 *Avvisi IV*, p. 31. *Cartas de Japaô*, 69⁵-71².

(4) D'après Mr Haas op. cit. II, 131, ces diverses sectes, dont les noms sont donnés d'après la lettre manuscrite de Laurent, sont faciles à

trine est le fondement de leurs sectes, et ils ne sont pas loin de dire que ce que nous prêchons est la loi véritable du Créateur de l'univers. Nous nous confions dans son immense miséricorde : il leur donnera la grâce de le connaître, de l'aimer et de le louer. Ainsi soit-il. »

Plus tard un missionnaire (1) racontant la conversion d'un bonze aux environs d'Yamaguchi, nous révèle la doctrine de la secte des *Icoxos,* dont le bonze était un des chefs (2) : « Cette secte est la plus nombreuse, nous dit-il ; elle enseigne à ces malheureux japonais que pour sauver leur âme, ils n'ont pas autre chose à faire que d'invoquer le nom d'une idole en criant : *Namu, Amida but,* c'est-à-dire, Sauvez-nous, Amida, rédempteur. Grâce à cela, ils se jettent à bride abattue dans toutes les abominations et tous les péchés du monde, affirmant que c'est faire injure à Amida de songer à nous sauver par nos œuvres, puisque Amida, par les pénitences qu'il fit pour sauver le genre humain, acquit tant de mérites qu'il n'est plus besoin d'aucune satisfaction pour n'importe quel crime, si grand qu'il soit. »

Il ne faut pas s'étonner que les missionnaires (3) et surtout Bartoli aient essayé d'établir l'identité de cette doctrine avec celle de Luther sur la foi sans les œuvres.

---

identifier avec celles d'aujourd'hui. Il ne mentionne pas la fin de la lettre : elle a son importance dans la question. « Notre *Fombun* et votre Dieu, disait le bonze Nichijoshonin à Laurent, c'est tout un. » (*Cartas I,* 264^1).

(1) Fr. Cabral 31 mai 1574. *Avvisi V,* p. 64^2 et 61^2.
(2) Ou *cogimotto* en japonais.
(3) Cabral, 22 sept. 1581. C. I, 310^2. Voir Pagès, *Histoire de la religion chrétienne au Japon* 1870 tome II, annexes, p. 62. Un persécuteur objectait (en 1604) à un chrétien martyr de Yagiro l'identité de doctrine entre la foi au Christ rédempteur et la croyance japonaise : il condamnait celle-ci comme insuffisante à assurer le salut. La réponse était facile pour un catholique.

A tout le moins, il ne nous semble pas téméraire de croire qu'il y a eu dans les religions indiennes, chinoises et japonaises, une infiltration des doctrines révélées et des institutions du christianisme : reçues d'une même source, nestorienne peut-être, modifiées au cours des siècles dans les diverses sectes que suscitèrent l'erreur et l'ambition, ces doctrines et ces institutions se reconnaissent encore, quoique défigurées et bien différentes des nôtres, dans les cultes idolâtres du Japon. Il leur est arrivé ce qui arriva dans une certaine mesure, bien moindre, au sein de l'Eglise même, aux églises schismatiques, grecque, russe et protestantes : à mesure que celles-ci se sont éloignées de leur origine, elles ont été fécondes en erreurs, elles ont multiplié leurs sectes et perdu le caractère d'unité et d'immutabilité, qui est le privilège de l'Eglise véritable. Pareillement, dans le Japon, redevables aux nestoriens de certaines données de la révélation du Christ, les lettrés ont dénaturé et perverti à leur guise des mystères et des usages, que l'Eglise catholique garde toujours immuables, toujours dignes de son divin fondateur (1).

---

(1) Charberlain, *Things Japonese* et Arnold, *Japonica*, ont traité les rapports entre le christianisme et les cultes japonais : Hildreth, *Japan as is was and it*, et Seydel surtout ont étudié la question. Elle reste bien obscure. M⁽ʳ⁾ Haas (I. 87) admet comme *vraisemblables* les infiltrations chrétiennes dans le bouddhisme japonais. « D'autre part, dit-il, avant Clément d'Alexandrie, nul écrivain chrétien ne fait mention du *bouddha*. C'est ce qui rend peu vraisemblable l'hypothèse, d'après laquelle nos saints Evangiles auraient fait des emprunts au bouddhisme. » Baronius (ad annum 277), écrivant les origines du manichéisme, cite S. Jérôme et S. Cyrille de Jérusalem, d'après lesquels Térébinthe voyagea sous le nom de *Bouddha* en Perse : son disciple *Manès* eut un disciple du même nom. (Voir la discussion de S. Archelaus, évêque de Mésopotamie contre cette hérésie dans Gualandus III, 605). M⁽ʳ⁾ L. de la Vallée, dans la *Revue biblique*, juillet 1906, nous offre un article aussi

La question n'est pas encore pleinement élucidée aujourd'hui. Un prêtre des Missions étrangères, au Japon depuis 1866, et qui a étudié le bouddhisme pendant vingt-huit ans auprès des bonzes les plus renommés de Kyôto, répondait récemment sur la question de l'infiltration de doctrines catholiques dans le bouddhisme :

« *Tout, tout absolument porte à la croire, sans qu'on puisse, hélas ! en saisir les preuves sur le fait. E. Burnouf, dans son Introduction au bouddhisme de l'Inde, exposant les données du Mahayana, les Sutras de grand développement, (au Japon le Daijô), et montrant leur variation d'avec les Sutras simples, Hinayana, qui sont sûrement les textes du bouddhisme primitif, insiste pour montrer que les suppositions d'influences chrétiennes sont réellement fondées, mais sans pouvoir en donner de preuves positives.*

» Ma conviction est que ces preuves existent dans les documents et textes conservés au Thibet, au Nepault, encore si impénétrables. Là s'est faite la jonction de l'apostolat nestorien avec le Mahayana. En 1904, le fils du chef de la principale secte japonaise dite de Shinshu ou Hon-ganji, était parti pour le Thibet avec l'intention d'étudier ces documents ; il n'alla que jusqu'à Madras, ayant été rappelé subitement par la mort de son père, le fameux Otani Kôson. Peut-être sa haute dignité lui eût-elle donné entrée et accès auprès de ces trésors.

« *En tout cas, pour moi pauvre ignorant, qui n'ai fait qu'écouter mes amis les bonzes depuis vingt-huit ans, mais sans avoir sous la main les trésors de livres publiés avec documents par nos indianistes, il me reste comme conviction dans l'esprit que Dengyô Daishi (767-822), fondateur de Hiyezan et de tout le bouddhisme au Japon, et Kôbô Daishi (774-835), qui passèrent*

---

savant qu'intéressant sur *Le bouddhisme et les évangiles canoniques*: il croit qu'il n'y a pas lieu de répondre affirmativement à la question : « infiltration bouddhique ? »

*plusieurs années en Chine (802-805) à Sing-Ngan-fu, où quatre églises chrétiennes étaient florissantes sous la protection des Tai-Tsung, au VII*e *siècle, en ont certainement subi des impressions et admis des mélanges quelconques, par les rapports qu'ils ont eus nécessairement, étant venus là pour étudier les religions. Témoin le rite du Kwanchô, baptême bouddhique, que Dengyô Daishi rapporte de Chine et administre aussitôt à l'empereur du Japon, aux cloîtres de Takao près de Kyôto...; témoin cette psalmodie, rapportée des monts Tien-Tai de Chine,... notre chant grégorien, dirait-on en entrant aux offices de Honganji. Enfin des témoins sérieux, trois bonzes de rang, employés au secrétariat de Hon-ganji, m'ont assuré en 1885, qu'il y avait un exemplaire d'un livre d'Evangile, écrit de la main de Shinran Shônin, (1174-1263), fondateur du Shinshu, cette grande secte qui n'est pas du bouddhisme, mais comme une singerie du Christianisme... Toutes les autres sectes le lui reprochaient assez au concile (Kiodoshoku) en 1872 : j'en ai encore la copie ici entre les mains. »* (La secte de Shinshu ou Honganji, est considérée comme le protestantisme du bouddhisme).

« *Au onzième siècle chrétien, le bouddhisme subit une transformation profonde dans le nord de l'Inde, où déjà, par la Perse, la prédication évangélique avait sûrement pénétré. Burnouf n'avait pas encore de données précises sur ce sujet ; les renseignements étaient trop rares à son époque, pour parler du Christianisme. Mais tous les autres Indianistes, Rhys Davids entre autres, si rationaliste, on le sait, en voyant toutes ces inventions du Mahayana dans la suite des siècles, les cinq bouddhas de contemplation, (Dhyani Bouddhas, dont Amida est le clou, ou même le Adi Bouddha, Bouddha primordial,...) est bien forcé de dire : « rien d'impossible que toutes ces sortes de divinités ne dussent leur existence à l'influence du Christianisme venu de la Perse. »* (Rhys Davids bouddhism. Pag. 207).

« *Voilà tout ce que je puis vous dire ; faute de livres de nos savants, mes notions sont bien limitées, mais le jour se fera sur cette question sûrement ».*

Et un autre missionnaire ajoute la considération suivante.

« *Ce qui se passe aujourd'hui au Japon donne l'idée de ce qui a dû se passer autrefois. Au contact des idées chrétiennes et européennes le bouddhisme au Japon subit un changement plus profond qu'il n'avait jamais fait jusqu'à maintenant. Tout ce qui était croyances ou pratiques superstitieuses, puériles, est en voie de disparaître ; il ne restera bientôt plus que la doctrine panthéiste, revêtue des formes transcendentales de la philosophie allemande. Le « nouveau bouddhisme, » comme on l'appelle, réduit au panthéisme et au culte de la Nature, est combiné de manière à ne pas paraître en retard sur la civilisation contemporaine : c'est un bouddhisme civilisé.*

Evidemment il y a beaucoup de ressemblances avec la doctrine catholique ; plus de la moitié, dans les deux religions, se ressemble ; mais personne ne s'aviserait de dire aux Catholiques : c'est vous qui avez imité les bouddhistes ; il n'y a pas encore assez longtemps. Plus tard, qui sait ? quelqu'un le dira peut-être. Il faut espérer qu'avant ce temps-là la preuve sera faite que pour le passé il en fut de même. La vérité n'a rien emprunté à l'erreur ; c'est l'erreur qui est et ne peut être qu'une corruption de la vérité.

11. Revenons à S. François Xavier. Il passa un peu plus de deux ans au Japon et y laissa Come de Torrès et le frère Fernandez.

Qu'était-il advenu de Paul de Sainte-Foi, le premier japonais converti ? Nous avons entendu le Saint faire plus d'une fois son éloge ; il l'avait, ainsi qu'il l'écrivait un an et demi plus tard (1), chargé d'instruire les

---

(1) 29 janv. 1552. *Mon. Xav.* I 681.

néophytes de Kagoshima, car il était lui-même très bon chrétien. Depuis lors il disparaît de l'histoire. Dix ans plus tard, un missionnaire se rendra dans cette ville (1) ; il y trouvera un petit noyau de chrétiens, baptisés par Maître François ; ils parleront des miracles, opérés par le Saint, des prières et autres écrits qu'il leur avait laissés, mais le souvenir de Paul de Ste-Foi semblera effacé. Bartoli (2) nous dit qu'il plut au Seigneur de l'appeler à lui, moins de six mois après le départ du Saint.

Le lendemain de son entrevue avec les bonzes du Bongo, le 20 novembre 1551, Xavier prit congé du Souverain et s'embarqua au port de Funaï. Il était accompagné de quelques chrétiens japonais (3), qu'il se proposait d'envoyer à Rome pour informer S. Ignace des belles espérances que donnait la chrétienté naissante. Au Bongo même, il avait fait quelques chrétiens et laissait beaucoup de catéchumènes disposés à recevoir le baptême, mais encore insuffisamment instruits (4). Un envoyé du Souverain se rendait avec Xavier à Goa pour offrir au vice-roi des Indes les présents du Japon.

Quant à lui, après avoir pourvu aux intérêts des vastes missions qui lui étaient confiées, il pénétrerait en Chine.

---

(1) L. d'Almeida, de Yokoseura 25 oct. 1562 *Cartas* I 105².

(2) *Asia* I, l. 3 n° 12, id. cit. p. 52. Voir cependant Cros II, 95-97. Dans les *Ordinationes pro Japonia*, 25 févr. 1612 (msc. de 19 pp. Arch. S. J.) l'auteur confirme le témoignage du P. Frôcs, cité par Cros.

(3) Valignani, *Mon. Xav.* I, 141 Les *Monumenta Ignatiana* (sér. 4, t. 1. p. 166) donnent d'intéressants détails sur Bernard, japonais envoyé à Rome, avec le fr. scolastique Fr. Fernandez et sur la charité que S. Ignace lui témoigna : il mourut en Portugal sur la voie du retour au Japon.

(4) C'est le témoignage, que Mr Haas (op. cit. I, 204) n'a pas aperçu dans la lettre du fr. d'Alcaceva, de Goa 1554 (*Cartas*, I, 24¹). Il y avait selon le frère en octobre 1553 de 600 à 700 chrétiens baptisés par le P. Gago, arrivé là le 4 février 1553.

« Les japonais, écrivait-on (1), méprisent les chinois, pour tout ce qui regarde les choses de la guerre ; ils les tiennent pour mous et efféminés ; mais quant aux lettres et à la science, ils les ont en haute estime : c'est d'eux qu'ils ont reçu leurs lois et leur littérature. Aussi maintes fois objectèrent-ils au Père François, tout convaincus qu'ils étaient par ses raisonnements : « Si la loi que vous prêchez est la vraie loi, il n'est pas possible qu'elle soit ignorée des lettrés de Chine. » Si je pouvais convertir la Chine, se disait Xavier, j'aurais plus de crédit auprès des japonais. »

A Malaca, pendant sa traversée du Japon à Goa, Xavier trouva une lettre de son bien-aimé Père Ignace. Dans une effusion d'amour (2) : « Dieu Notre Seigneur sait, répondit-il, combien mon âme a été consolée en recevant des nouvelles d'une santé et d'une vie, qui me sont si chères. Entre tant de saintes et consolantes paroles, je n'ai pu lire sans pleurer les dernières de votre lettre : « Tout à vous, sans pouvoir vous oublier jamais : *Ignace* » ; comme je les lus en pleurant, ainsi encore je pleure en les transcrivant, et je me rappelle le souvenir du temps passé, le grand amour que toujours vous eûtes, que vous avez encore pour moi, et je considère aussi que si Dieu Notre-Seigneur m'a délivré des grandes fatigues et des périls du Japon, je le dois aux saintes prières de votre charité. Jamais, (ajoute-t-il) je ne pourrai écrire tout ce que je dois aux japonais : c'est parmi les dangers et les labeurs du Japon que Notre-Seigneur m'a bien fait connaître les maux infinis de mon âme, et combien

---

(1) Valignani *Mon. Xav.* I, 139.
(2) *Mon. Xav.* I, 667. Lettre du 29 janv. Cochin. Nous avons publié une phototypie de cette lettre, de la main du Saint, dans les *Selectae Indiarum epistolae*.

j'ai besoin de quelqu'un qui veille sur moi ». Dans son humilité le Saint exprimait le désir d'être relevé de sa charge de supérieur ; dans son amour pour Saint Ignace, il caressait la pensée de le revoir avant d'achever sa vie. Il lui exposait ensuite sa pensée sur les missions de la Chine et du Japon : « Le Japon, écrit-il, me semble très disposé pour que le christianisme s'y maintienne ; aussi sur un tel sol, tout travail est bien employé. J'ai donc grande espérance que votre sainte charité nous enverra pour cela de saints ouvriers ; la foi cependant ne s'y maintiendra pas sans de grands travaux.... La chrétienté de Yamaguchi grandira beaucoup, je l'espère ; les chrétiens y sont nombreux, beaucoup parmi eux sont excellents, et il en vient chaque jour de nouveaux. J'ai aussi bon espoir que Dieu Notre Seigneur ne permettra pas que le P. Côme de Torrès et Jean Fernandez soient assassinés ; les plus grands périls sont passés, et beaucoup de chrétiens, plusieurs desquels sont personnes distinguées, les gardent, nuit et jour, avec sollicitude »…. Enfin il demandait des missionnaires pour cette chère chrétienté : « Des hommes rompus aux joutes de la philosophie seront précieux au Japon, parcequ'ils sauront vite mettre en contradiction les bonzes et leurs sophismes, et ces gens là demeurent bien honteux quand on les enferre dans une contradiction. Les Pères souffriront beaucoup du froid. Bandou, l'école principale du pays, est très au nord ; c'est là qu'il faudra les envoyer, parceque les séculiers, quand on leur prêche, nous objectent qu'ils ont aussi des écoles et des lettrés. Ceux qu'on y enverra seront très persécutés ;… ils le seront surtout quand ils s'élèveront contre un infâme péché, très général parmi les bonzes…. J'avais pensé que des flamands ou des

COXIE PINXIT.

Ancienne église S. J. Malines.

allemands, sachant le castillan ou le portugais, seraient bons pour ce pays ; ils supporteraient aisément les grandes fatigues et aussi les grands froids de Bandou ; je crois qu'il y en a beaucoup dans nos collèges d'Espagne et d'Italie ; ne pouvant guère prêcher là, ils pourraient faire grand fruit au Japon » (1).

Il ajoutait : « Si rien, dans l'Inde, ne vient traverser mon dessein, j'espère aller en Chine, cette année 1552, pour le plus grand service de Dieu Notre Seigneur, aussi bien au point de vue des missions du Japon que de la Chine même... Il n'y a là qu'un roi ; il est fort bien obéi, la paix y est stable... il n'y a pas de guerre chez eux. »

Xavier, nous l'avons dit plus haut, s'était proposé d'envoyer au Japon le grand apôtre d'Ormuz, Gaspar Berse, flamand ; il l'avait rappelé dans ce dessein. Mais la situation des Indes lui sembla réclamer la présence de cet homme si bien doué ; il le nomma recteur de Goa et provincial, et lui laissa pour son gouvernement de longues et admirables instructions (2). Gaspar Berse devait, hélas ! bientôt mourir (octobre 1553) ; mais ceux qui le connurent de plus près, diront au lendemain de sa mort : Si Maître Gaspar eût longtemps survécu à Maître François, on eût vu l'Apôtre des Indes revivre en sa personne (2).

12. Ce fut donc Côme de Torrès qui demeura pour quelques années chargé de la succession du Saint ; mais Xavier, en s'embarquant à Goa (15 avril 1552) pour la

---

(1) Cfr. Lettre du 7 avril 1552 à Simon Rodriguez. *Mon. Xav.* I. 727.
(2) Cros, II. 254-299. Le P. van Nieuwenhoff édita en 1870 : *Gaspar Berse of de Nederlandsche Franciscus Xaverius*. Rotterdam. On avait latinisé ce nom : Barzaeus.
(3) Cros, II. 290. *Selectae Indiarum epistolae* p. 191-193.

Chine, prit comme compagnons jusqu'à Malaca le Père Balthazar Gago et les frères Edouard da Silva et Pierre d'Alcaceva, destinés au Japon. « Plaise à Dieu, écrivait-il (1) à Gaspar Berse, de les conduire saints et saufs à Yamaguchi ! Vous donnerez auprès de Dieu (dans la sainte messe) un souvenir spécial aux Pères et Frères qui sont au Japon ; car, sachez-le, nous avons grand besoin de l'aide de Dieu. Gardez-vous d'y envoyer un Père qui ne soit pas docte ; quant aux frères, qu'ils soient intelligents, afin de pouvoir apprendre la langue. Envoyez-leur des aumônes. A Jean le japonais, qui conduira les nôtres jusqu'à Yamaguchi, procurez une aumône de 30 pardàos ; cela l'aidera à vivre, quoique non pas sans travailler. »

Plein de sollicitude pour la persévérance de l'interprète japonais, Xavier lui écrivait ce billet touchant : (2) « Jean, mon fils, j'écris au Père Maître Gaspar (Berse) qu'il te procure une aumône à Goa, afin que tu l'emploies à quelque négoce et que tu puisses retourner dans ta patrie avec quelque argent... Tu serviras très bien les Pères qui vont au Japon et tu les conduiras jusqu'à Yamaguchi. Confesse-toi très souvent afin que Dieu t'aide. Recommande-toi à Dieu et garde-toi de commettre des péchés, parceque, si tu offenses Dieu, tu seras bien châtié en ce monde ou en l'autre ; garde-toi donc de faire des choses qui te conduiraient en enfer. Recommande-moi beaucoup, quand tu seras arrivé au Japon, à Marc et à

---

(1) Lettre du 21 juillet ; *Singapore* (Symga pura) *Mon. Xav.* I. 767.
(2) 22 jul. 1552. *Mon. Xav.* I. p. 775. Avec Paul (de Ste-Foi), il salue un autre néophyte japonais Marc. On le voit, c'est bien autre chose que la « Mariolâtrie » que S. François inculquait à ce japonais. Il est déplorable que des écrivains protestants osent porter semblable accusation contre nous. Est-ce que la liturgie catholique officielle y prête le moindre prétexte ?

Paul. Dieu te fasse saint, bien heureux et te reçoive dans la gloire du paradis. »

Xavier, il nous l'a dit, avait confiance en l'avenir de l'Eglise au Japon. Et cependant il s'y était passé des événements qui auraient découragé tout autre, moins au courant du caractère et de la situation de ce peuple. Entendons à ce sujet le frère Jean Fernandez (1) et le Père Côme de Torrès (2), et d'abord Xavier (3) lui-même, qui reçut leurs lettres avant de quitter le port de Funaï : « Tandis que j'étais au Bongo, le démon excita grande agitation de guerre à Yamaguchi : un puissant seigneur, vassal du *Duc,* se révolta contre lui et lui livra combat. Voyant qu'il ne pouvait échapper, le *Duc,* pour ne pas tomber entre les mains du vassal rebelle, se détermina à se donner la mort à lui-même et à son fils qui l'accompagnait : il fit d'abord tuer son fils, encore enfant, ensuite s'ouvrit le ventre avec une dague. Ainsi qu'il l'avait recommandé aux siens, les deux cadavres furent brûlés et soustraits à toute injure. Ce que le P. Côme de Torrès et le frère Jean Fernandez ont couru de périls pendant cette révolution, vous le verrez par les lettres qu'ils m'écrivirent et que je vous envoie. » — « Quand vous eûtes quitté la ville, lui écrivait Fernandez, des japonais vinrent tout triomphants nous fatiguer de questions. Vous sachant loin d'ici, ils se figuraient qu'il n'y aurait personne en état de leur répondre. Mais Côme de Torrès, avec l'aide de Dieu, les a réduits et humiliés : je lui servais d'interprète, il a résolu toutes leurs objections ». Elles roulaient sur la création, sur la spiritualité

---

(1) Lettre du 20 oct. 1551 d'Yamaguchi : *Cros.* II, p. 159. Maffei *Selectarum Epist. ex India libri quatuor* p. 343. *Cartas de Japão* p. 19.
(2) 20 oct. 1551. Cros. II. 157. *Cartas de Japão* p. 18[8].
(3) 29 janv. 1552. *Mon. Xav.* I. 691.

de notre âme et de Dieu, sur les mauvais esprits, sur les mérites et sur les récompenses et châtiments. « La maison ne désemplissait pas. Les bonzes nous persécutent et nous calomnient. A cela s'ajoutent les maux de la guerre civile. » — « Le 28 septembre, écrivait Torrès, après avoir mis en sûreté notre petit mobilier, j'envoyai un exprès chez Catondono (1), l'un de nos amis, pour savoir ce que nous avions à faire. Il nous pressa de nous sauver chez lui : en chemin, nous rencontrâmes des gens armés, qui en passant se disaient les uns aux autres : « Tuons ces *Tenchicujins* (2) ! c'est à cause du mal qu'ils disent de nos *Fotoques* (dieux) que s'est élevée cette guerre. » Notre ami chargea un bonze de nous conduire à un monastère, qu'il soutient d'une rente annuelle. Nous eûmes bien de la peine à nous y faire recevoir. Pendant les deux jours que nous y demeurâmes cachés, bien des maisons et des monastères ont été pillés et brûlés. Nous rentrâmes enfin chez notre ami, il y a cinq jours... La situation est bien critique : tous les jours, meurtres et pillages. Nous attendons qu'il y ait un nouveau roi. »

Xavier complétait ces détails et renseignait ses frères d'Europe sur l'issue de la révolution. Une députation se rendit chez le daïmyo du Bongo, lui proposant de mettre un de ses frères à la place du daïmyo défunt (3).

---

(1) D'après Mr Haas (op cit. I. p. 210 et p. 190, note 8) et Satow, qui a lu, dans la traduction de Maffei, Naetondono, il s'agit de Naito Takaharu, qui livra plus tard la ville à Mori Motonari, si hostile aux chrétiens et cité souvent par les missionnaires sous le nom de Morindono.

(2) (européens). L'édition des *Cartas de Japão* porte *Chensicus*. (*Cartas* I. p. 18^2). Le P. de Torrès dit avoir fait encore plus de cinquante chrétiens à Yamaguchi (ib.).

(3) Fernandez l'appelle *Vochidono*, dans le texte traduit par le P. Cros. II 163. Le texte portugais (*Cartas, I*, 25^2) ne donne pas le nom : c'était Yoshitaka (Haas, II, 62).

La proposition fut pleinement agréée. « Le roi de Bongo, ajoutait le Saint, a de vastes Etats et d'excellentes troupes ; il est très affectionné aux portugais... Le roi, son frère, à peine entré en possession de ses Etats, s'est engagé à accorder toute faveur au Père Torrès et au frère Fernandez. »

Tout semblait apaisé et la situation assurée à Yamaguchi et dans le royaume de Suwo, quand le Père Balthasar Gago y arriva avec ses deux compagnons.

Ils avaient fait route avec Xavier jusqu'à Malaca et de là, avant que le Saint ne s'embarquât pour la Chine, ils avaient fait voile vers leur mission. Abordant à Kagoshima le 14 août 1552 (1), ils y furent reçus par le gouverneur de la ville avec une bienveillance inattendue, et furent très généreusement traités pendant huit jours.

Le 7 septembre, accompagnés du frère J. Fernandez que Côme de Torrès leur avait envoyé comme interprète, ils offrirent au daïmyo du Bongo les riches présents du vice-roi des Indes, et célébrèrent dans la fervente communauté d'Yamaguchi les saintes fêtes de Noël : les fidèles se plurent à écouter les récits évangéliques de la naissance du Sauveur, et les messes de minuit suivirent ; ces cérémonies remplirent nos fidèles d'une sainte joie ; ils étaient plus de 1500 (2). Au Bongo où se fixa le P. Balthasar, on en compta bientôt 700, à Hirado environ 200. « Quant à la ville de Kagoshima, la première où avait abordé le Père François, « elle compte, écrivait le Fr. d'Alcaceva, un bon nombre de chrétiens :

---

(1) Lettre de P. d'Alcaceva, de Goa 1554. *Epist. Japan.* Lovanii 1570, p. 68-86 et *Cartas* I. 23-28. Mr Haas suppose avec raison que *Tanúxuma* doit s'interpréter Kagoshima et non Tanegashima (op. cit. II. p. 15). L'édition latine porte Gangassima.

(2) *Cartas* p. 27^s.

ils seraient bien plus nombreux s'il y avait des ouvriers apostoliques. Je tiens pour moi qu'il n'y a pas de pays où l'ouvrier apostolique puisse recueillir plus de fruit. »

La frère fut envoyé en février 1553 à Hirado ; là il s'embarquerait pour Goa afin de hâter l'arrivée de nouveaux missionnaires. Il n'avait quitté le Bongo que depuis deux jours, lorsque là aussi éclata une sédition, qui mit l'œuvre de l'Evangile en grand danger. « Trois seigneurs (1), écrit-il, avaient tramé une conspiration contre le roi ; le second jour de carême, les troubles et l'émeute en vinrent au point que nos chrétiens proposèrent aux Pères de se retirer de la ville : bientôt elle serait livrée au feu et au pillage. Le P. Balthasar dépêcha le frère Fernandez vers le roi pour l'engager à mettre sa confiance en Notre Seigneur. Bien difficile lui fut l'accès du palais ; à travers amis et ennemis il y arriva cependant et donna courage et bon conseil au prince. (2) Pendant ce temps le fils d'un des chefs de la révolte accourut chez nous cherchant un refuge dans notre église ; il y demeura trois jours. La révolte fut heureusement comprimée ; le roi fit exécuter les trois seigneurs rebelles, leurs femmes et enfants, ainsi que leurs adhérents. On mit le feu à leurs palais, mais l'incendie se

---

(1) Dans l'édition latine (*Epist. Japan.*) on les nomme : Lotormidono, Scimandono et Nacacaudono. Le P. Bartoli (*Asia* l. 8 ch. 3) les nomme Fatorindono, Envacatandono, Hichimandono, c.-à-d. les seigneurs (dono) de Fatori, etc. Les *Cartas de Japão* p. 24⁴ donnent les mêmes noms que Bartoli, dans la lettre du fr. d'Alcaceva.

(2) Mr Haas blâme le développement poétique de cet événement par Charlevoix (t. II. p. 298) qui veut montrer comment Fernandez « par son intrépidité sauva l'Etat » Ce qui est plus blâmable, semble-t-il, c'est qu'il a omis les détails de couleur locale, ajoutés par Fernandez.

propagea et dévora plus de 300 maisons ; la nôtre, qui renfermait les objets du culte, fut épargnée par le feu ; le roi fut très heureux de l'apprendre. »

« Peu de temps après, comme le Père Balthazar s'était fixé dans une maison de bonze, la fureur de cette race superstitieuse se déchaîna contre nous : à nos prédications, ces lettrés n'opposaient qu'injures et clameurs ; au peuple ils disaient : « Tout ce que prétendent ces Pères du *Chincico* n'est que mensonge ; or, *Chincico* signifie : chose venue du ciel (1). Réfutés et confondus dans les disputes du jour, nos adversaires se vengeaient la nuit en lançant des pierres dans notre demeure. Le roi intervint, et la crainte mit un terme à ces vexations ; il donna ordre aux notables de notre voisinage de placer des gardes devant notre maison et de faire punir sévèrement les émeutiers. Depuis lors, le nombre de nos chrétiens s'accroît de jour en jour au grand dépit des bonzes ; et non seulement ils pratiquent ostensiblement leur religion, mais ils font du zèle et amènent de nouveaux néophytes. »

Le frère ajoute quelques détails sur l'esprit de charité évangélique, qui les animait :

« Les bonzes ont prétendu que les japonais se font chrétiens pour ne pas devoir porter d'offrandes aux idoles. Nos chrétiens d'Yamaguchi, en l'apprenant, ont dit au Père de Torrès que, puisque nous n'acceptons pas d'argent, il leur semblait bon de placer un tronc, à l'entrée de notre église ; les fidèles y porteraient leurs aumônes selon leurs moyens, et on les distribuerait aux pauvres, tant chrétiens que païens. Une fois par mois aussi, ils donnent à manger aux pauvres : à cet effet, ils apportent du riz

---

(1) *Cartas de Japão* p. 25. Nous abrégeons sa lettre : il raconte maintes conversions. Mr Haas (op. cit. II. 22) rejette la traduction de Tengicou, donnée par d'Alcaceva.

chez nous, et au jour marqué, il y en a toujours plus qu'il n'en faut pour nourrir la foule ; on prêche à cette occasion sur les commandements de Dieu. Je me trouvai là quelque fois, et je fus charmé de la charité avec laquelle se fait cette œuvre de miséricorde. »

« Nos fidèles ont aussi établi dans notre propriété, qui est fort grande, un cimetière où les plus considérables d'entre eux se rendent pour honorer les trépassés. Pendant le carême, beaucoup de chrétiens ont observé un jeûne très rigoureux : ce qui leur est très pénible, vu leur habitude de manger dès le matin. »

« Le P. Côme de Torrès, qui reste à Yamaguchi, sait déjà très bien la langue, et le Fr. Edouard da Silva, qui demeure avec lui, la saura dans un an : car il apprend bien. Ils ont dans leur compagnie un japonais (Laurent) qui voit très peu ; mais comme il sait très bien par cœur les choses de la foi, ils en reçoivent très bon service ; car dès que le Père commence une discussion importante, il intervient, et le Père le laisse continuer, parcequ'il a bonne langue et bon jugement. Ils ont aussi avec eux un petit jeune homme qui, sachant lire nos caractères d'Europe, lit d'ordinaire aux catéchumènes la vie de Jésus-Christ. »

13. C'étaient donc des épreuves et des persécutions, mais aussi de consolants progrès de la foi que le Fr. d'Alcaceva allait raconter à ses frères de Goa. Verrait-il encore Xavier ? « Je partis (de Hirado), écrit-il, le 19 octobre 1553 (1) sur un vaisseau qui allait en Chine. J'y arrivai le cœur plein du désir de voir notre Père, Maître François ; je me promettais une grande consolation de cette entrevue et aussi d'avoir à lui dire tout ce que

---

(1) *Cros.* II. 361. *Cartas* I. p. 27².

Notre Seigneur opérait de merveilles de grâces au Japon, par le ministère de la Compagnie ; mais dans le port où nous débarquâmes, j'appris que sa sainte âme était passée de la vie présente à la vie glorieuse. »

Il n'appartient pas à notre sujet de faire le récit de la mort du saint. C'est dans l'île quasi-déserte de Sanshan, en vue des côtes de la Chine, que le grand Apôtre avait succombé à l'âge de 46 ans et demi, le dimanche 27 novembre 1552 (1). La nouvelle n'était pas encore arrivée au Japon un an plus tard ; elle n'arriva aux Indes qu'après plusieurs mois, lorsque un vaisseau portugais porta à Malaca le corps du saint, miraculeusement conservé. C'est là que le frère d'Alcaceva retrouva la dépouille de son saint supérieur ; il l'accompagna lorsque, toujours intacte et sans corruption, elle fut transportée à Goa.

« O mes très chers frères, écrivait-il (2), qui donc pourrait raconter les grands prodiges que Dieu a opérés par son serviteur ? Que de choses j'ai vues de mes yeux et ouï dire à d'autres du Père Maître François !... Mais Dieu a voulu lui donner la récompense due à ceux qui pour son amour se laissent eux-mêmes et s'exposent à tous les travaux, à toutes les adversités, à toutes les souffrances. »

Huit mois après le décès du Saint, de Rome où la nouvelle n'était pas encore parvenue, S. Ignace lui écrivait, lui faisant part de ses intentions (3) : il devrait

---

(1) *Cros.* II. pp. 310-357. Au frère d'Alcaceva on avait dit que le Saint était décédé « a dous dias de dezembro » (1552), à minuit.

(2) *Cros.* II. 361.

(3) Lettre du 28 juin 1553 (*Cartas de S. Ignacio* t. III. p. 227). Valignani, le 8 juin 1576, trouvait cette lettre à Goa et l'envoyait au Père Général Mercurien pour faire valoir l'importance d'un bon choix de missionnaires (*Epist. Jap. msc.* 1565-79).

« Mando a v. P. una l..ra de Mº P. Ignatio scritta al P. Mº Francº pche v. P. vegga l'estimatione (che qto s. Pe teneva) tanto delli soggetti che dovevano venire all'India come d'una prsona, che

rentrer en Europe, ferait lui-même en Portugal choix des missionnaires destinés aux Indes et au Japon, et enflammerait les âmes du feu sacré. Le secrétaire de S. Ignace ajoutait que tout le monde considérait le retour de Xavier comme très avantageux au progrès de la mission : le fondateur de la petite Compagnie de Jésus avait même formé le dessein de lui remettre le gouvernement de l'Ordre.

Nous croyons intéressant de clore ce chapitre par le témoignage, qu'un pasteur protestant (1) de Tokyo rendait naguère aux grandes vertus du premier Apôtre du Japon. Puissent les missionnaires de notre époque, puissent même les prédicateurs des sectes protestantes, répandues dans ce pays si riche d'avenir, comprendre comment, à son exemple, les disciples de Jésus-Christ doivent travailler à l'œuvre de l'Evangile !

« Tous ceux, écrivait Mr Haas, qui envisageront sans préjugés les travaux de cet infatigable missionnaire, avoueront qu'il porte à bon droit le glorieux nom d'apôtre. Xavier n'était pas seulement un disciple de Loyola, auquel il demeurait attaché avec un respect religieux ; il n'était pas seulement un disciple de la Compagnie de Jésus, à laquelle il écrivait un jour : *Si oblitus unquam fuero tui, societas Jesu, oblivioni detur dextera mea* ; il était disciple de Jésus lui-même. Il se forma à

---

assistette p. l'India in Portogallo : poi che ordina al istesso P^e M^o Fran^o che dall'India vadi in Europa per elegere li soggetti che li paressero piu al proposito, et apresso l'ordina che si resti in Portogallo, parendogli la sua presenza tanto necessaria in quel luogo che dice che di là potra anc^a governare l'India, parendo quello megliore per queste provincie. »

(1) op. cit. I. p. 232. Il réfute l'appréciation d'un protestant anglais Venn. De même, Mr Steichen, des missions étrangères (*Les daïmyo chrétiens*, Hongkong, 1904, p. 17) réfute Mr Griffis, que des préjugés confessionnels ont aveuglé dans son jugement sur St François Xavier.

son image ; il apprit de lui, mieux que beaucoup d'autres, l'humilité, le désintéressement, l'abnégation, le renoncement à lui-même, le dévouement qui se sacrifie et l'amour qui se donne aux plus petits. Sa piété et son union de cœur avec Jésus l'avaient fait pénétrer dans les secrets du règne de Dieu. Toute sa conduite montre qu'il se sentait appelé, non par les hommes mais par Jésus-Christ, par Dieu, à prêcher ce qu'il avait vu et entendu : messager et envoyé divin, il était chargé d'annoncer l'Evangile aux idolâtres. C'est ce qui lui donnait un courage héroïque, que rien n'effrayait, par même la mort ; il craignait Dieu, Dieu seul ; aussi bien ne redoutait-il aucun danger et bravait-il joyeusement les plus redoutables ; plein d'un zèle de feu, il travailla, sans se lasser jamais, tant qu'il fit jour pour lui, *donec dies est*, ainsi que s'exprimait Jésus : il eut la perspective et la confiance du succès, et c'est là le gage de la victoire. Doué d'une intelligence claire et pénétrante, magnanime et susceptible d'enthousiasme, doux et affable autant qu'énergique, plein d'humilité et aussi de confiance, il était un instrument digne des grands desseins de Dieu.... Sa conception de la doctrine du Christ était celle que tient l'Eglise catholique, sa vertu celle de son Ordre : ce ne doit pas être là, (ajoute l'impartial historien) une raison à un protestant de méconnaître la vérité. Oui, Xavier était un homme de Dieu, il portait sur son front cette parole : « C'est le Seigneur qui m'envoie. »

Aujourd'hui encore, (un des meilleurs missionnaires actuels du Japon (1) l'atteste) « non seulement nos chrétiens, mais tous les japonais connaissent S. François Xavier, et ils se font gloire d'un si grand homme. »

---

(1) Lettre du P. Ligneul, Tokyo, 22 août 1905. Le nom japonisé du Saint était *Francousou Saberious*.

LIVRE II.

Les premiers successeurs de Saint François Xavier

1553-72

1. Melchior Nugnez — 2. Nouveaux troubles au Japon
3. Résidence de Funaï, Louis d'Almeida, les catéchistes
4. Progrès de la foi au Bongo
5. Nouveaux missionnaires — 6. Vilela à Miyako
7. Sakaï et les environs
8. Nouveaux troubles ; gouvernement du Japon
9. Imori — 10. Louis Frôes
11. Nobunaga
12. Premiers chrétiens de Miyako
13. Nobunaga, fléau des bonzes — 14. Dario Takayama
15. Le Père Organtino

---

1. En vertu des ordres de Xavier, le Père Melchior Nugnez devenait, par le décès du P. Gaspar Berse, provincial des Indes et du Japon ; il écrivit à S. Ignace des détails sur la maladie, la mort et les funérailles du saint Apôtre (1) comme aussi sur un premier procès d'informations canoniques au sujet de ses miracles. Il

---

(1) Le 4 déc. 1554. *Sel. Ind. epist.* p. 174. *Epist. Japan.* pp. 86-103. Valignani *Mon. Xav.* I. p. 198.

ajoutait que les nouvelles récentes des progrès de la foi au Japon (1) et les dispositions si favorables de trois daïmyo, et nommément de celui du Bongo, l'engageaient à se porter sans retard au secours de cette chrétienté ; un portugais riche, bien connu au Japon, Fernand Mendez, lui offrait de quatre à cinq mille ducats pour construire au Bongo un temple du Sauveur : le vice-roi des Indes le chargeait aussi de présents pour le protecteur des missionnaires, et d'ornements précieux pour rehausser la splendeur du culte.

Avec le Père Gaspar Vilela, cinq frères, cinq jeunes orphelins du collège de Goa et Fernand Mendez (2), Nugnez s'embarqua le 15 avril 1555 à Malaca (3). Longue et pleine de souffrances fut la traversée. Echouant d'abord près de Singapore, puis attaqués par des pirates maures, ballottés par les tempêtes, les missionnaires arrivèrent enfin à l'île de Sanshan vers la mi-juillet. Il y fallut attendre une époque favorable pour faire voile vers le Japon. Nugnez en fut fort contrarié ; car une lettre

---

(1) Ib. p. 93. Il évaluait à plus de 4000 les chrétiens du Japon.
(2) Ib. p. 98. *Chron. Polanci* dans les *Mon. hist. S. J.* t. IV, p. 652 t. VI, p. 823.
(3) Lettres de Nugnez, 23 sept. 1555 de Macao. (*Epist. Japan.* p. 127-144) et 23 nov. 1555. (*Cartas* I. 32^s). Nugnez est le premier jésuite qui fut admis à pénétrer en Chine même : à Canton, il put consoler, sans réussir à les délivrer, Mathieu de Britto et d'autres portugais faits prisonniers dans la guerre contre les chinois ; cfr. lettre de Frôes, Malaca, 7 janv. 1556 (*Cartas* I. 37^s) et lettre de Nugnez, 3 déc. 1554. *Sel. Ind. Epist.* p. 177. Dans une lettre de 1585 à l'archevêque d'Evora (*Cartas*. II. 170) Valignani nous apprend que deux jésuites portugais, après deux années d'étude de la langue, sont entrés dans la province de Cantâo, habillés à la chinoise : grâce à une mappemonde et à une horloge, ils ont été favorisés par le mandarin suprême (Tutan) et, avec un traité chinois sur la foi, ils ont instruit et puis baptisé quelques chinois : deux Pères leur seront adjoints. Ils évitaient toute relation avec les trafiquants portugais « odieux voleurs d'enfants. »

du daïmyo de Hirado le pressait de venir promouvoir l'œuvre de Xavier et de Balthasa Gago : « Le Père Maître François, ainsi écrivait Takanobu (1), est venu naguère ici et a baptisé quelques-uns de mes sujets : ce qui m'a été fort agréable ; je l'ai favorisé de toutes manières et protégé contre la malveillance. Deux fois aussi le Père, qui réside au Bongo, est venu nous visiter : il a amené à la foi du Christ beaucoup de notables et quelques-uns de mes proches. Moi-même je l'ai écouté un certain nombre de fois. Son enseignement m'a plu beaucoup, comme aussi ce qu'il prêchait à mon peuple : je garde en mon cœur ce que j'ai entendu de lui et ne me sens pas éloigné d'embrasser la foi. Il me serait fort agréable de recevoir votre Révérence ; j'ai mal gardé une première fois ma promesse : cela n'aura plus lieu. Je vous aiderai de tout mon pouvoir pour le service du Seigneur. »

Il y avait, la suite le montrera, peu de sincérité dans ces belles promesses du daïmyo.

2. En ce temps même, de nouveaux bouleversements se produisaient dans les chrétientés d'Yamaguchi et du Bongo : si grande était l'instabilité de la situation que nulle part il ne semblait possible de jouir de la paix pendant deux ans.

A Yamaguchi, Côme de Torrès avec le frère Edouard da Silva et le catéchiste japonais Laurent, avaient fait des conversions remarquables : Naïtondono (2), gouverneur de la ville, avec ses deux fils, un grand seigneur avec

---

(1) 16 oct. 1555. *Lettr. japan.* 154. *Maffei* 348 *Cartas de Japão* I. 37. Ce daïmyo était Matsuura Takanobu (Haas, II. 39).

(2) L. Frões, Malaca, 7 janv. 1556, *Cartas de Japão* I. 37ˢ. Ce gouverneur se nommait Naïto Takahuru (Haas, II. 45).

trois cents de ses sujets, d'autres notables et lettrés, et parmi eux deux bonzes venus de Miyako avaient reçu le baptême. A une lieue d'Yamaguchi, dans Alienom, soixante, et à une seconde visite du catéchiste, trois cents ouvriers de la campagne s'étaient faits chrétiens ; Dieu accordait à la confiance des néophytes des grâces miraculeuses, et des guérisons inespérées accompagnaient la réception des sacrements ; il donnait à ces pauvres païens des signes de sa puissance, en confirmation de leur foi : *signa infidelibus* (S. Paul). Les relations des missionnaires fournissent à cet égard des témoignages nombreux et incontestables (1).

Yamaguchi comptait 2000 chrétiens. Au Bongo 1500, à Hirado 500 (2) fidèles consolaient le zèle des Pères.

Or une nouvelle conspiration (mai 1556) éclata contre le daïmyo d'Yamaguchi (3) ; il fut mis à mort ; la ville fut mise à feu et à sang ; à peine quelques édifices échappèrent à l'incendie. Sur les instances des fidèles, les Pères se rendent au Bongo, à Funaï ; le P. Balthasar et le Fr. Fernandez sont détachés de la petite communauté à la demande du daïmyo de Hirado, pour y fortifier la jeune chrétienté.

Yamaguchi étant rendu au calme, les chrétiens insistent pour le retour des Pères ; mais le daïmyo du Bongo le juge peu opportun ; il prétexte les grands froids : en

---

(1) Lettres du Fr. d'Alcaceva 1554 *Epist. jap.* p. 82 d'Ed. da Sylva, 10 sept. 1555. *Ib.* p. 114. pp. 150, 165. Vilela 1557, *Maffei* p. 353. Voir ces lettres dans *Cartas* I. 23², 42³-54.

(2) Lettre de Balth. Gago, 23 sept. 1555. *Epist. japan.* p. 122, 125 *Cartas* I. 39¹.

(3) Relation de M. Nugnez, 8 janv. 1558, *Epist. jap.* 154-171. *Cartas* I. 47-51. Le traducteur latin nomme *Nuchaianus* le prétendant ; le texte portugais porte : hum contrairo de Yamaguchi, *da terra de Sacay* (Sachaianus ?) Lettre de Côme de Torrès, VI id. sept. 1557, dans *Maffei* 349, ou plutôt 7 nov. dans *Cartas* I 51²-52¹.

réalité (1) c'est qu'il réunit une armée pour venger la mort de son frère d'Yamaguchi. Le Daïri interpose sa médiation et lui confirme la cession de la plus grande partie des terres de ses ennemis. Maître dès lors de cinq provinces, le daïmyo du Bongo usa de sa puissance pour le progrès de l'Evangile (2).

La paix était cependant loin d'être définitivement rétablie à Yamaguchi. Morindono (3), le daïmyo du Nagato, était en guerre avec celui du Bongo, aux dépens duquel il cherchait à étendre sa puissance. Les chrétiens furent dispersés; leur centre de réunion fut donné aux bonzes, puis réclamé par quelques fidèles courageux, (4) qui construisirent une nouvelle église. Côme de Torrès fut instamment prié de leur envoyer un Père, mais de nouveaux troubles l'empêchèrent d'accéder à ce désir. La chrétienté restera près de vingt ans privée de missionnaire à demeure; les fidèles ne cesseront cependant pas de se réunir les dimanches (5) pour célébrer le jour du Seigneur : un chrétien leur lisait l'Ecriture Sainte, alors déjà traduite en grande partie en japonais.

C'est au milieu des troubles que le P. Melchior Nugnez aborda avec ses compagnons (juin 1556). Ce fut une indicible consolation pour lui de voir les missionnaires, de

---

(1) Lettre de Vilela, Hirado, 28 oct. 1557, *Cartas* I. 55.
(2) Ces événements sont racontés d'après les lettres dans la nouvelle édition (Bilbao, 1887) des *Varones ilustres* t. I. pp. 93-94. Il est cependant indispensable de les contrôler dans les sources japonaises, ainsi que l'a fait Mr Haas, ouvr. cité 2e volume, 3e chapitre. Les missionnaires ignoraient le détail de ces guerres.
(3) Mori Motonari, d'après Mr Haas, op. cit. II, p. 67.
(4) Lettre citée de Vilela, 28 oct. 1557, *Cartas* I. p. 59^1.
(5) Fernandez, 8 oct. 1561 *Cartas* I. p. 82^1. Arias Sanchez, 11 oct. 1562, p. 103. L. Frôes 15 nov. 1563, p. 131. Mexia, 6 janv. 1584, II. p. 126^1.

soulager leur pauvreté : « En vérité, écrivait-il (1), au Japon l'on voit s'accomplir, mais au prix de quelles souffrances ! la parole du Seigneur, *Pauperes evangelizantur* : ce sont surtout des pauvres, des ouvriers, des malades, que l'on a gagnés à l'Evangile ; les bonzes superbes et les riches, qui mettent dans les jouissances terrestres et dans leur science tout leur bonheur et toutes les espérances, Dieu les a laissés à leur aveuglement volontaire. A Yamaguchi cependant, les convertis appartiennent en grand nombre aux classes élevées, et l'Eglise y est pleine d'avenir. Le Père de Torrès, en me racontant les épreuves de ses chrétiens, pleurait sur ces malheureux dispersés, comme un père sur ses propres enfants, et dans l'angoisse de son cœur il comparait ses tribulations à celles du saint homme Job... La vie que ce bon vieillard mène au Japon est bien dure : depuis huit ans, il n'a point mangé de viande, jamais de pain ni de poisson frais. Sa seule nourriture est du riz, préparé à la façon japonaise, peu appétissante vraiment, et du poisson salé avec des légumes. Il y est si habitué qu'il serait malade, pense-t-il, s'il mangeait de la viande.

« Je me suis rendu à un monastère de bonzes, (écrivait encore Nugnez) ; je n'y fus accueilli que par des injures et des railleries ; c'est de leur part que le Père François a rencontré la plus terrible opposition ; sa grandeur d'âme et son mépris de la mort lui ont mérité ainsi le nom de Saint.

« Ce qui manque surtout au Japon, c'est l'organisation de la justice; il n'y a point de tribunaux, les seigneurs comme les rois exercent sur leurs sujets un pouvoir absolu et tyrannique ; de là tant de violences, et chez les

---

(1) 8 ou 10 janv. 1558, de Cochin, *Epist. Jap.* p. 154-171, *Cartas*, I, 47.

sujets, s'ils ne peuvent se venger, une patience qui se résigne à tout. Puisse l'Evangile y faire régner l'ordre et la paix ! Mais la crainte de nouveaux troubles arrête constamment notre œuvre. »

Nugnez ne demeura pas longtemps au Japon ; il ne put persuader au daïmyo du Bongo de recevoir le baptême et de professer ouvertement sa foi. Après avoir pris de concert avec le P. Côme de Torres diverses dispositions, il fit voile pour Goa (novembre 1556). « Nous lui fîmes nos adieux, écrit Vilela, avec l'espérance de le revoir au ciel plus joyeux, lui et nous, que nous ne l'étions au moment de son départ pour les Indes. » (1)

3. A Funaï se trouvaient réunis Côme de Torrès, Balthasar Gago et Gaspar Vilela, prêtres, les frères Fernandez da Sylva, Guillaume Pereira et trois japonais.

Un portugais, riche commerçant, s'était adjoint à eux ; c'était Louis de Almeida. Après avoir aidé les missionnaires de ses aumônes, il s'était laissé émouvoir du sort des enfants que des parents dénaturés abandonnaient en grand nombre et mettaient même à mort, et il avait élevé un asile pour recueillir ces pauvres petits êtres ; le daïmyo, non content d'agréer cette œuvre si nouvelle au Japon, avait même porté une loi, prohibant de faire mourir les nouveaux-nés. Almeida, qui n'était pas sans quelque connaissance de la médecine, bâtit aussi un hôpital, institution tout aussi nouvelle ; une partie en était affectée aux lépreux, dont le nombre est fort grand au Japon (2), une autre à diverses maladies moins graves ; et enfin après avoir consacré à ces œuvres de miséricorde corporelle les richesses acquises par le négoce en

---

(1) Lettre de G. Vilela, 29 oct. 1557, *Maffei*, 351, *Cartas*, I, p. 54².
(2) Ib. p. 55⁴.

Chine et au Japon, à l'âge de trente ans il fut reçu par Nugnez dans la Compagnie. Longtemps il se dévouera à ces œuvres et à celle de l'Evangile, bâtira bien des églises, fera beaucoup de conversions et recevra plus tard les saints ordres à Macao (1).

Hélas ! ces œuvres charitables n'auront que peu d'efficacité pour toucher les riches et les grands seigneurs. Elles attireront les humbles et les malheureux, mais jetteront un certain discrédit sur la chrétienté : d'après un missionnaire (2), pendant 20 ans un seul chevalier *(fidalgo, samuraï)* se fit chrétien à Funaï, et, une fois guéri, il n'osait venir à l'église se mêler aux petites gens. Longtemps notre sainte religion sera considérée comme celle des ulcéreux et des misérables.

Les missionnaires étaient peu nombreux ; mais les catéchistes rendaient les meilleurs services et suppléaient au petit nombre de prédicateurs de l'Evangile. Dès le principe, on l'avait remarqué : autant les japonais étaient avides d'entendre prêcher la loi de Jésus-Christ, autant les néophytes étaient désireux de la faire connaître autour d'eux ; ils devenaient apôtres et catéchistes, et l'on ne pouvait suffire à baptiser ceux qu'ils gagnaient au règne du Christ.

Laurent, le converti de S. François Xavier, allait, sur le désir du P. Côme de Torrès, par les froids les plus rigoureux, visiter les chrétiens d'Alienom (3) ; il les trouvait fidèles à s'interroger, à s'instruire les uns et les autres, et quoique ces campagnards fussent absolu-

---

(1) En 1580. (Bartoli *Asia* II 95 *Cartas* I 459).
(2) Cabral (voir Haas op. cit. II 79 et *Cartas* I 357^2) le 9 septembre 1576. Carrión, 1579 ; *Cartas* I. 436^3.
(3) Cette localité s'écrit Alianco dans *Epist. jap.* p. 106 (Mr Haas n'a pu l'identifier) ; elle s'écrit Alienom dans les *Cartas* I. 43^3 et est située à 1 lieue d'Yamaguchi.

ment illettrés, ils décourageaient un bonze par la netteté de leurs réponses et le forçaient à se retirer, honteux de ne pouvoir les vaincre ; mais, écrivait le frère da Silva (1), « la facilité à apprendre la doctrine chrétienne et la fidélité tenace à la retenir sont chose commune parmi nos fidèles. » Laurent, admis comme frère dans la Compagnie dès 1551, sera pendant trente ans le compagnon des Pères Balthasar Gago, Gaspar de Vilela, Côme de Torrès et de leurs successeurs : « Je n'ai vu personne, écrira le P Frôes (2), qui sache prêcher devant les grands et les gens de qualité, comme le fait le frère Laurent. » Le frère Louis de Almeida lui rend cet intéressant (3) témoignage : « La grâce et la facilité de sa parole, la clarté de son raisonnement, la vivacité de son action, quand il prêche l'existence d'un seul Dieu, créateur du ciel et de la terre, ou bien la fausseté et l'impuissance des idoles, m'offrent la vivante image d'un véritable apôtre et d'un saint. Il met sa conviction dans les esprits, dans les cœurs de ses auditeurs ; pour mieux les persuader, il prend la personne d'un païen, argumente contre lui-même et dénoue les difficultés avec une aisance et une clarté, qui tiennent son infatigable auditoire attentif pendant trois heures. »

Ce n'est pas un exemple isolé du prosélytisme japonais. Entendons un autre jeune catéchiste, le frère Damien, nous exposer avec une humilité touchante sa collaboration à l'œuvre de l'Evangile (4) : « Après que, par la

---

(1) 16 oct. 1555 *Epist. Jap.* p. 106.
(2) *Varones ilustres*, t. I, p. 201.
(3) *I.* p. 200.
(4) Lettre msc. japonaise avec traduction portugaise de sa main. Miyako Noël 1564. Nous donnons en phototypie la fin de cette pièce, intéressante pour les japonologues.

miséricorde de notre Sauveur Jésus-Christ, les Pères furent arrivés dans ces royaumes du Japon et que beaucoup de gens, obstinés jadis et pleins de péché, furent entrés dans l'assemblée des saints, je fus aussi, moi indigne, tiré du milieu du paganisme, et à l'âge de dix-sept ans, je reçus le baptême par le ministère du R. P. Balthasar Gago. A présent, voilà bientôt neuf ans que je fus élevé à l'honneur de servir les Pères comme cuisinier, et puis je fus reçu dans leur Compagnie, grâce qui surpasse mon entendement. Il y a six ans, le P. Gaspar Vilela, se rendant à Miyako avec le frère japonais Laurent, me prit comme compagnon ; puis je fus pendant un an au Bongo avec le R. P. Côme de Torrès. Raconter ce qui se passa à Miyako et les travaux, les souffrances, que le P. Vilela endura, aucune plume n'y suffirait ; quant à moi, pauvre pécheur, je me livrais au mal et à la désobéissance, et le miséricordieux Sauveur, auquel je demandais pardon, me faisait part des mérites de sa passion et de sa croix. Ah ! mes frères, priez afin que ma confiance en lui et dans les saints ne défaille pas. Après un an de séjour au Bongo, je fus envoyé avec le frère Louis (de Almeida) à Hakata et à Shimabara, où dans l'espace de deux mois 13oo personnes furent baptisées. L'an dernier, en septembre, Dieu notre Seigneur m'envoya de nouveau par l'intermédiaire du P. de Torrès à Miyako, où je suis à présent avec le R. P. Vilela ; en beaucoup de royaumes de ce côté-ci la foi se répand et le nombre des chrétiens augmente. »

Le frère Jean Fernandez (1) fait en ces termes l'éloge de l'humble Damien : « Dans la vertu d'obéissance, dans le désir de se mortifier et dans la maturité de sa con-

---

(1) 8 octobre 1561. *Avvisi ;* IV p. 11ª *Cartas de Japão* p. 77ª.

Fac-similé partiel du manuscrit du Frère Damien.

versation et de sa conduite, le japonais Damien ne se voit surpassé par aucun de nos frères portugais. Agé aujourd'hui de vingt ans, il est portier et a soin d'instruire les enfants des chrétiens, il leur apprend à lire le japonais. En effet le Père Côme de Torrès a voulu qu'ils reçussent l'instruction chez nous ; car à l'école des bonzes ils apprenaient tous les vices. Grâce à Damien, ils sont à présent mieux instruits après dix mois qu'ils ne l'étaient auparavant après deux ans ; à voir leurs bonnes mœurs et leur modestie, on croirait voir des anges plutôt que des enfants de japonais. »

Voici, d'après les relations de cette époque, d'autres exemples du zèle des néophytes. « Attirés par la réputation de Balthasar Gago, (car elle se répand bien loin avec la nouvelle des succès du culte étranger) deux bonzes, des plus doctes et des plus honorés de Miyako, sont venus jusqu'à Funaï pour engager avec lui la controverse religieuse. Elle a été très subtile de la part de l'un d'eux, et le Père admirait son talent et ses connaissances. Après de longues et difficiles discussions, Dieu lui fit la grâce de la foi ; or, comme au cours de ces entretiens on lui avait allégué des passages de S. Paul, il désira savoir l'histoire du Saint ; apprenant qu'après avoir été persécuteur du Christ il avait été choisi comme instrument et vase d'élection, et qu'après avoir porté bien loin le nom divin du Sauveur il était mort martyr de sa foi : » Puisque je l'ai imité avant ma conversion, dit-il, je vous prie de me donner le nom de Paul, afin que je me propose aussi de l'imiter dans son amour pour Jésus. » Son compagnon, à son tour, sollicita le nom de Barnabé, parceque ce Saint a été le compagnon et l'associé de S. Paul dans l'œuvre de l'Evangile » (1).

Un homme de quarante ans, très versé dans la loi des *Zenshû*, se convertit ; il prend lui aussi le nom de Paul ; prédicateur insigne, il ne laisse passer aucune occasion de condamner ses erreurs, et de faire connaître la vraie foi. Il aide désormais les missionnaires à traduire en sa langue des traités de controverse, il accompagne les Pères jusqu'à l'île de Hirado, à huit journées de distance, et enseigne le catéchisme. Un autre, âgé de cinquante ans, converti par le catéchiste Antoine, et qui a pris le nom de Luc, invite le Père Balthasar avec le frère Fernandez et ses deux catéchistes, à venir à Koutami, sa patrie : tous ses proches parents, au nombre de 60, et d'autres habitants se convertissent, et il n'est pas de chrétiens plus fervents, écrit le frère da Silva, que les 120 chrétiens de Koutami (2). A Takal comme à Sikido, il y a 60 chrétiens ; ailleurs encore, il s'en trouve ; ils sont souvent fort isolés.

Sont-ils abandonnés ? Non ; si les Pères, si les catéchistes ne peuvent présider à leurs réunions du dimanche, « dans chaque église naissante, un chrétien est désigné, que les néophytes honorent et qu'ils reconnaissent comme chef de la prière ; celui-ci fait l'exhortation. Ceux que l'on a constitués dans cette dignité viennent souvent à Funaï pour entendre la messe et le sermon, et être mis à même de mieux instruire les néophytes ; par la grâce de Dieu, ils font du progrès. A Funaï même, un chrétien septuagénaire a pris domicile avec des amis probes ;

---

(1) Frôes, de Malaca 7 janv. 1556, *Cartas* I. 38^1.
(2) Lettre d'Ed. da Silva, 20 sept. 1555 *Cartas* I. 43^1-47^2. *Epist. jap.* p. 111-113, 126. Mr Haas a lu dans Maffei Jacali, dont il propose de faire Yakura ?

et avec ceux qui viennent à notre demeure ils s'entretiennent de religion. Le soir, au signal donné, on dit les prières, les litanies de la Ste Vierge ; on prie pour la conversion du Japon (1). Les honneurs funèbres, que nous rendons sans distinction au plus pauvre de nos fidèles comme aux riches, frappent beaucoup les japonais : à un premier enterrement plus de 3ooo assistèrent et furent très édifiés de cette pieuse cérémonie : les païens font leurs enterrements en cachette, ou du moins éconduisent le corps du défunt par une porte de derrière (2). »

4. Le Père Balthasar Gago (3) nous fait une description plus détaillée des exercices de cette résidence de Funaï : « Dans cette maison il y a neuf membres de la Compagnie, le Père Côme de Torrès, Supérieur, 2 Pères et six frères, de plus un certain nombre de jeunes japonais qui servent dans nos hôpitaux. Voici notre règlement. Une heure ou environ avant la clarté du jour, on donne le signal pour la méditation ; elle se prolonge jusqu'à la messe. Après la messe, les uns vont à l'hôpital, d'autres s'appliquent à l'étude du japonais. Avant le dîner, on fait l'examen de conscience à la chapelle. Pendant les repas, sermon en japonais; puis, récréation aussi en japonais ; on y propose un sujet d'entretien spirituel et on lit un court passage de l'Evangile. Chacun retourne ensuite à ses occupations jusqu'au souper ; une heure après, on se rend à la chapelle pour réciter les litanies et faire l'examen de conscience. Il règne une grande

---

(1) *Ib.* p. 46^s, ou 119, 120. A ces réunions ne se rendent pas les femmes.
(2) *Cartas,* 46^2.
(3) 1er nov. 1559. *Epist. Jap.* p. 180, *Cartas de Japão* p. 63^2.

charité et un grand zèle au travail ; l'obéissance est exacte ; si quelqu'un s'est mal acquitté de son emploi, il demande une punition. »

« Les dimanches, on prêche aux catéchumènes ; de très bonne heure, le frère Fernandez explique deux, trois passages de l'Evangile, et raconte la vie de Jésus-Christ. Il y a grande affluence à ces entretiens ; on y vient de deux ou trois lieues : les fidèles qui demeurent plus loin, viennent dès la veille et logent à l'hôpital. Tous les jours il y a du monde ; le dimanche, l'église est remplie ; aux fêtes plus solennelles, beaucoup doivent rester hors des vérandas. Après la messe, on lit à haute voix la doctrine chrétienne ; parfois aussi nos frères Laurent et Donat prêchent au peuple. »

« Tous les dimanches, quelques chrétiens reçoivent le sacrement d'Eucharistie ; les japonais se confessent, les uns chaque samedi, les autres chaque mois. Aux fêtes solennelles beaucoup participent au corps du Christ, et leur piété est admirable ; car tandis qu'ils récitent en leur langue le *Confiteor*, et surtout à ces paroles : *Seigneur, je ne suis pas digne*, ils fondent en larmes ; et la dévotion de ces néophytes nous console et nous fait rougir. »

« Pendant le carême, tous les mercredis et vendredis, ils écoutent un sermon sur les souffrances du divin Sauveur ; alors la haine du péché et l'amour d'un Dieu souffrant arment leurs bras, et ils s'infligent devant la croix une rude flagellation ; c'est dans la procession du Jeudi-Saint surtout, en se rendant de l'église à l'hôpital, qu'ils veulent offrir au Christ cette expiation publique. »

« Autour de la ville de Bongo, il y a cinq ou six villages où les chrétiens sont nombreux ; nous visitons parfois ceux qui ne peuvent venir jusqu'ici. Pendant le carême, à neuf lieues de distance, nous avons fait de bonnes conversions ; dans la maison d'un notable nous avions placé un autel, où tous les jours on célébrait le Saint Sacrifice ; le soir nous prêchions. Ces chrétiens de la campagne ont coutume de se rassembler les dimanches dans quelque maison, et ils invitent un de nos frères à prêcher ; à ces réunions il est reçu qu'on offre le déjeuner et des plats de *Misonsul* : c'est du ris préparé aux herbes et assaisonné de sel et de *cicéra ;* ce plat est fort recherché. Le repas se fait en silence ; à la fin on recueille des aumônes pour les funérailles des pauvres, comme aussi pour nos hôpitaux. Ces hôpitaux sont une prédication perpétuelle de l'Evangile, elle pénètre partout : Sakaï, et Miyako et Bandou même l'entendent : le frère Louis de Almeida y a déjà guéri plus de deux cents malades. Les marchands portugais soutiennent l'œuvre et le roi donne 300 ducats d'or ; si la paix se maintient, ce revenu sera assuré à perpétuité. Les infirmiers que nous appelons Frères (1) vont aussi à domicile soigner les malades. Une vieille, qui jusqu'ici parcourait le pays recueillant de l'argent pour bâtir ou restaurer des temples d'idoles, s'est convertie et établie à Funaï : dans sa maison elle a reçu deux autres veuves ; elles vivent très pauvrement et ont déjà réuni 150 ducats d'or pour nos pauvres et nos hôpitaux. »

« Les chrétiens de Funaï, écrivait-on en 1554, (2) sont six ou sept cents, et leur nombre augmente rapidement ; ils sont très courageux, et bien instruits, prêts à tout souffrir pour la foi. » Presque tous les jours dix, douze, et vingt demandent le baptême ; pendant le carême de

---

(1) A Hirado, on en constitua sept : « *Gifiyaquxa* ». (Vilela, 20 oct. 1571, *Cartas* I, 319^2).
(2) Alcaceva. *Cartas* I, 26^4.

1555 on a baptisé 400 néophytes. En septembre on y comptait 1500 fidèles (1).

« Le roi, écrivait-on en l'année 1557 (2), nous a donné un terrain pour bâtir maison et église à Hakata... Nous espérons y faire beaucoup de conversions : c'est une ville très grande et assez tranquille lors même qu'il y a guerre ailleurs, parceque les commerçants fort riches qui habitent ce port, dès qu'ils voient l'imminence de troubles, les préviennent en apaisant les perturbateurs par des présents. » Le Père Balthasar Gago et le frère Fernandez, plus tard le frère Almeida et le frère Damien, y prêchaient tour à tour. Deux ans plus tard, Louis d'Almeida (3) au cours d'une tournée apostolique y passa dix-huit jours, baptisa soixante-dix chrétiens, parmi eux deux bonzes, dont l'un était prédicateur du seigneur d'Yamaguchi. Dans la petite île de Takoushima il trouva 500 chrétiens, admirablement dirigés dans la vie chrétienne par leur seigneur, dom Antonio et son frère Jean (Koteda Saemonno-jô et Ichibu) : il restait huit païens : il les instruisit et les baptisa. L'île d'Ikitsouki (Iquiceuqui) comptait 2500 âmes, et sur ce nombre 800 chrétiens. A Kasounga, aussi bien qu'à Ira, tous les habitants étaient déjà baptisés.

Le frère d'Almeida loue la générosité des fidèles : pendant trois mois, ils firent les frais de son excursion apostolique : toujours accompagné de quelques-uns d'entre eux, il les trouvait partout disposés à lui fournir chevaux ou barques, et leur pauvreté ne s'effraya pas d'une dépense, que le frère évaluait à 15 *cruzados* (75 francs environ).

---

(1) B. Gago, Hirado, 23 sept. ib. 39².
(2) Vilela, Hirado, 28 oct. *Cartas* I. 60¹.
(3) 1 oct. 1561. *Cartas* I. 84¹.

Les missionnaires jouissaient de la paix dans le Bongo. Vilela était à Hirado où deux vaisseaux portugais avaient abordé (1). Après avoir donné les soins spirituels à ses compatriotes, il se dévouait à l'instruction des japonais avec le catéchiste Guillaume. Après qu'il eût prêché plusieurs jours, un enfant se présenta demandant le baptême ; le Père lui répondit qu'il le baptiserait dès qu'il serait suffisamment instruit : « Je le suis », reprit l'enfant, et il disait vrai ; et il insista pour être baptisé aussitôt. Il fallut le contenter. Or, quelques jours après, le petit néophyte amenait son père, sa mère, ses frères et sœurs (2). Les bonzes, irrités d'apprendre que six cents habitants de Hirado s'étaient fait baptiser dans l'espace de trois jours, s'efforcèrent dans une dispute publique, d'arrêter le mouvement de conversion ; n'ayant pas réussi, ils eurent recours à la violence : ils firent abattre une croix, au pied de laquelle les chrétiens venaient prier. Les représailles des fidèles, que leur ferveur indiscrète poussa à livrer aux flammes quelques idoles, eurent une conséquence fâcheuse : les bonzes pressèrent le daïmyo de bannir le missionnaire. Takanobu, malgré les promesses faites six ans auparavant, pria le Père Vilela de céder à l'orage, mais permit à Fernandez de demeurer. Peu de temps après, les chrétiens relevèrent la croix, et l'on put voir avec quel courage les japonais professeraient leur foi au Crucifié. Une femme, esclave d'un des principaux païens, allait régulièrement prier au pied de la croix, en dépit de la défense que lui avait faite son maître. Un jour comme elle en revenait, il la menaça de mort : tout maître en effet et tout père de famille a

---

(1) *Cratas* I 53 d'Almeida 1 nov. 1557.
(2) Lettre de Gonzalve Fernandez, Hirado décembre 1560 *Maffei*, 362 *Cartas* 71.

droit de vie et de mort sur ses sujets. Elle n'en parut pas émue, mais représenta que tout en pratiquant le culte du vrai Dieu, elle servait fidèlement son maître. Dès le lendemain elle retourna au lieu de la prière. La vengeance fut prompte ; mais elle, aussi prompte que le païen, se mit à genoux, présentant sa tête au glaive. Ce fut le premier martyr.

« En cette année 1561, écrit Côme de Torrès (1), la bonté divine a daigné accorder à notre ami, le roi de Bongo, la victoire sur la plupart de ses ennemis ; aussi à la faveur de la paix avons-nous pu recueillir plus de fruit que toutes les années précédentes ; non seulement dans les provinces du roi, mais en dehors nous avons pu visiter nos chrétiens, et étendre les conquêtes de la foi. Nous sommes six de la Compagnie et nous prêchons dans huit localités ou provinces, Bongo où réside le roi, l'île de Hirado où nous avons sept ou huit groupes de fidèles, en tout 3000, Koutami (200 fidèles), Hakata à 20 ou 25 lieues de Hirado, où le frère Almeida a baptisé en peu de jours 60 païens, Kagoshima, où le bienheureux Père Maître François a reçu les prémices de notre foi ; Almeida y a été très bien reçu du roi. Ajoutez Yamaguchi, où l'on nous demande de rentrer, Miyako où le Père Vilela a beaucoup souffert avant d'opérer des conversions, et enfin Sakaï. Pour l'amour de Notre Seigneur, je vous en prie, envoyez six, ou du moins quatre des nôtres ; car non seulement dans ces diverses localités mais ailleurs encore la porte est ouverte à l'Evangile ; partout où l'on se rendra, l'on fera des conversions ; les japonais nous aident, et Dieu les bénit ; mais pourvoyez-

---

(1) 8 oct. 1561. *Nuovi Avvisi delle Indie di Portogallo* IV. Tramezzino Venise p. 5ᵇ *Epist. Jap.* msc. 1548-1561. *Cartas de Japão* p. 75². Une lettre du frère de Almeida (C. p. 84¹) du 1 oct. 1561.

nous de Pères et de Frères. L'an dernier beaucoup de chrétiens de Hirado ont subi l'exil plutôt que de renier leur baptême et, abandonnant tout leur avoir, ont mieux aimé vivre ici au Bongo, pauvres avec Jésus-Christ, que riches sans lui. Jamais je n'ai vu peuple si docile à la raison, si pieux, si avide de faire pénitence, et, dans la réception du Très Saint Sacrement si pénétré de foi. »

Côme de Torrès signalait une persécution, qui dans la ville commerçante de Hirado avait forcé des chrétiens à s'exiler. Le daïmyo de cette province, Takanobu, après avoir fait de si belles promesses de conversion à Saint François-Xavier et au Père Nugnez, avait fini par donner des preuves de sa duplicité : seuls les intérêts commerciaux et le gain que lui procuraient les vaisseaux portugais l'avaient engagé à témoigner quelque faveur aux missionnaires : il était hostile à leur prédication. Un an plus tard (1), ainsi qu'on l'écrivait, « s'il cessa de persécuter les chrétiens et leur permit de bâtir une église, c'est qu'il voulait rentrer dans les bonnes grâces du Père de Torrès, par l'influence duquel il espérait attirer les vaisseaux dans son port ; car, sur le conseil du missionnaire, un capitaine avait quitté Hirado pour aborder un port de Yokoseura, que lui offrait le daïmyo d'Omura ».

A la même époque et dans les mêmes vues intéressées, sans aucun désir de conversion, le daïmyo de Satzuma faisait des offres bienveillantes aux missionnaires (2) : c'est que Manuel de Mendoza avait relâché dans ses ports ; y attirer le commerce portugais était son seul désir.

L'intérêt, le grand mobile et le principal stimulant de l'activité humaine, ne fut pas étranger non plus à la bienveillance du protecteur le plus fidèle des chrétiens.

---

(1) Arias Sanchez, 11 oct. 1562. *Cartas* I, p. 102².
(2) Luis de Almeida, Yokoseura 25 oct. 1562. *Cartas* I, 104².

« Le roi de Bongo, écrivait d'Almeida (1), ne se convertit pas à notre foi ; mais il la favorise si bien, que c'est merveille. Les bonzes lui ayant demandé de nous chasser, parce que des gens qui méprisent ses pagodes et mangent de la chair humaine doivent causer la ruine de son royaume : « Voilà douze ou treize ans, répondit-il, qu'ils sont ici ; or, avant leur arrivée j'étais seigneur de trois royaumes, à présent j'en ai cinq (2) ; j'étais pauvre en argent, à présent je suis plus riche que tous les rois du Japon, et mes vassaux partagent ma prospérité. Tout me réussit : je n'avais point de fils ; j'en ai obtenu. Dites-moi donc, quel bien m'est-il revenu de la protection que j'avais donnée à vos sectes ? Ne me parlez plus de tout cela. » Et les bonzes se retirèrent tout confus. »

Longtemps le Bongo sera un asile pour les chrétiens persécutés par d'autres seigneurs ; mais aussi longtemps que le prince ne se convertira pas, la faveur témoignée aux missionnaires ne décidera pas ses grands vassaux ; l'œuvre des conversions n'atteindra guère que des pauvres, des déshérités : « Voyez, pourra-t-on leur dire comme aux premiers chrétiens de la Grèce (3), voyez, mes frères, votre vocation : ce n'est pas un grand nombre de sages selon la chair, ni un grand nombre de puissants et de grands que Dieu a choisis ; mais il a choisi ce qui est insensé selon le monde, pour confondre les sages, ce qui est faible selon le monde pour confondre ce qui est fort, enfin ce qui est vil et méprisable selon le monde et ceux qui ne sont pas pour détruire ceux qui sont, afin que nulle chair ne se glorifie. »

La première conversion, vraiment marquante, fut celle

---

(1) 14 oct. 1564. *Cartas* I, 155ᵛ.
(2) Bongo, Chicugo, Chicouzen, Higo, Bouzen.
(3) 1 Cor. I, 26.

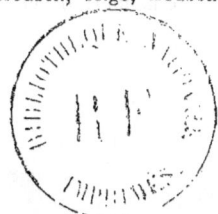

du daïmyo d'Omura, Sumitada, plus connu sous son nom chrétien, le roi Barthélemy. Assurément, en accordant aux portugais l'entrée du port Yokoseura, il consultait lui aussi ses intérêts ; mais, sans retard, sur les instances du Père de Torrès, il se laissa instruire (1) et baptiser : il vécut quatorze ans en fidèle chrétien, encore qu'il mît plus d'ardeur que de discrétion dans son zèle contre le culte national et contre la malveillance des bonzes. Les épreuves qu'il rencontra ne l'ébranlèrent jamais. Son frère, le daïmyo d'Arima, André (Yoshisada), et son successeur Protase seront à leur tour des chrétiens sincères ; et enfin, quelques années plus tard, sous le nom de François, qu'il prendra en souvenir du grand Apôtre du Japon, le daïmyo du Bongo sera lui aussi ferme et inébranlable dans sa foi jusque parmi les contradictions et les plus pénibles revers. En ces divers princes devait donc se vérifier la parole du divin Maître : « Heureux ceux qui souffrent persécution pour la justice : ce sont eux qui entrent dans le royaume des cieux. » (2).

5. Malgré les persécutions, suscitées çà et là par les bonzes, la foi progressait dans la partie méridionale, et les six missionnaires ne pouvaient suffire, même avec l'aide de nombreux catéchistes.

Le P. Balthasar Gago, envoyé à Goa avec un frère malade (1561), exposa la situation ; pour obtenir du secours il agissait aux Indes, il écrivait en Europe (3). En 1563, arrivèrent les Pères Louis Froës et J.-B. de Monte di Ferrara, et le frère Jacques Gonzalez ; puis trois prêtres, Jean Cabral, Balthasar d'Acosta et Melchior de Figue-

---

(1) Almeida, 25 oct. 1562. *Cartas* I, p. 109².
(2) S. Matth. Ch. 5, v. 10.
(3) Lettre du fr. Fernandez, 8 oct. 1561. *Nuovi Avvisi,* IV p. 10. *Cartas* I, 76⁴-82².

redo ; Arias Sanchez et Gonzalo Fernandez furent reçus dans la Compagnie au Japon (1); en 1567, deux autres missionnaires périrent malheureusement dans un naufrage (2) ; l'année suivante, les Pères Balthasar Lopez et Alexandre Valla avec le frère Michel Vaz vinrent au secours du Père de Torrès ; en 1570 ce furent Organtino et François Cabral. En juin 1573, un nouvel envoi de cinq missionnaires se perdit avec le P. Alexandre Gonzalvo ; en vue du port de Nagasaki (3) le vaisseau périt corps et biens.

Au manque de missionnaires, objet perpétuel de leurs plaintes, Côme de Torrès et ses compagnons se décourageaient de chercher un remède. L'immense mission des Indes Orientales, dont le Supérieur résidait à Goa, ne pouvait suffire aux besoins du Japon ; la province de Portugal y envoyait généreusement ses meilleurs sujets ; mais combien périssaient dans la traversée! sans compter les quarante que la haine d'un corsaire calviniste massacrait en 1570 près de l'île Palma (4), on portait à plus de dix par an le chiffre de ceux qu'engloutissaient les naufrages, si fréquents dans les mers des Indes (5).

Le zèle des japonais à répandre la foi de l'Evangile était, à certains égards, un secours précieux, et toujours une consolation pour les Pères : « En vérité, écrivait

---

(1) Leurs lettres du Bongo, 1 déc. 1560, 11 oct. 1562. *Cartas* I 72^1-100^3.
(2) Les PP. Ramirez et Alcaraz. Lettre d'Organtino, de Goa, 28 déc. 1568 *Nuovi Avvisi*, Brescia V p. 1^6.
(3) Lettre msc. du P. Fr. Cabral du 10 sept. 1573. (*Epist. Jap. msc.* 1565-79).
(4) Le Bienheureux Ignace Azevedo et ses compagnons, martyrs.
(5) Weiss. *Weltgeschichte*, t. XII, p. 94. Au 18e siècle encore en l'espace des 40 ans, 113 jésuites périrent dans cette traversée.

l'un d'eux (1), je suis confus et en même temps bien consolé en voyant ce que Dieu notre Seigneur réalise par le moyen de ces nouveaux chrétiens, et comment, chrétiens d'un jour, ils vont le lendemain convertir d'autres japonais. Je suis consolé de voir comment Dieu notre Seigneur se communique à ces pauvres, si humbles et si simples, qui, à peine tirés de l'idolâtrie, deviennent par la grâce du baptême les prédicateurs des grandeurs de Dieu et suppléent en quelque manière à la disette d'ouvriers évangéliques. Je suis confus d'autre part quand je vois ces petites gens et même des femmes, avec une parole incorrecte, émouvoir les cœurs endurcis des païens, tandis que moi-même, avec des raisonnements bien étudiés, je ne réussis qu'à leur faire avouer que la Loi de Dieu est une chose bonne; mais après cela, ils s'en vont, aveugles et infidèles comme auparavant. »

6. Côme de Torrès ne laissa pas, dans la disette où il se trouvait, de tenter un effort sur Miyako; la nouvelle des progrès de l'Evangile était parvenue à la capitale et jusqu'à Fiyenoyama (2). Sur cette montagne et à Sakamoto, qui se trouve à six lieues et en face de Miyako, on comptait cinq cents monastères de bonzes de toutes sectes. « Beaucoup dépendra du succès de la parole de Dieu dans cette ville, écrivait Vilela; tout le Japon porte de ce côté son attention en ce qui concerne les choses du culte et les fêtes religieuses. » (3)

Un vieillard, grand lettré de Fiyenoyama, ayant sollicité

---

(1) Fr. Cabral 31 mai 1574. *Avvisi*, V. p. 68.
(2) D'après Vilela, (1 sept. 1559 *Cartas de Japão*, p. 69¹), Hiye no yama est le chef-lieu des bonzes (colline de feu); c'était le *Hiyeizan*, la « sainte montagne » où la secte Tendaï-shu avait son temple si célèbre, Enryaku-ji. (Haas, I, 122).
(3) Lettres de Vilela, Sakaï, 17 août 1561. *Cartas* 89-94.

la visite des missionnaires, Côme de Torrès lui avait fait d'abord parvenir un résumé de la doctrine chrétienne ; mais en 1559, il lui envoya le Père Vilela avec les deux japonais Laurent et Damien. « Le 4 novembre (1558), écrivait Vilela (1), la sainte obéissance me manda de faire mes préparatifs pour aller à Miyako, à 270 lieues dans la direction du nord. Je me fis raser la barbe et les cheveux, je m'habillai à la façon des bonzes, et ainsi, avec deux japonais qui demeurent dans notre maison du Bongo, je m'embarquai (août 1559). Nous n'avions aucun espoir d'échapper aux pirates et aux bandits qui infestent la mer et les terres, non plus qu'au démon auquel tout est assujetti : mais dans ce découragement il me sembla voir pendant ma prière le Père Maître François qui d'un air joyeux me promettait secours. (2) A sept lieues du Bongo, le vent tomba ; les mariniers et un bonze nous accusèrent d'être faute de ce contre-temps, et nous mirent dehors. Nous réussîmes à trouver une autre embarcation. Au prix de bien des souffrances et des vexations, nous arrivâmes le jour de S. Luc. »

Une lettre du frère Laurent (3) donnait à ses frères de Funaï les premières nouvelles de l'importante excursion apostolique : « Mes frères en Jésus Christ, j'ai reçu vos lettres avec grande consolation dans le Seigneur ; et parce que je sais combien vous désirez avoir de nos

---

(1) Miyako 15 juillet 1563, *Cartas* I, 140².

(2) *Fama crescit eundo*, dit le proverbe : l'histoire se fait aussi et devient merveilleuse par l'imagination des écrivains. Ils font une apparition réelle de la pieuse vision imaginaire, que Vilela raconte dans les termes que voici : « Me parecia, estando em oração, que via au P. M. Francisco (e certo que assi se me representava come quando era vivo) com hum rosto alegro. » (Ménol. du Portugal, t. II, 518).

(3) Miyako 2 juin 1560. *Cartas* I, 69¹. *Epist. Jap. msc.*

nouvelles, je vous dirai brièvement ce qui nous est arrivé depuis que nous sommes ici. »

« D'abord, nous nous rendîmes au village de Sakamoto, à la demeure de Diogo. (C'était le nom chrétien d'un de ces nombreux néophytes qui dans un voyage au Bongo avaient eu le bonheur d'embrasser notre sainte foi). Sakamoto est situé au pied d'une montagne sur laquelle s'élèvent beaucoup de monastères et qui s'appelle Fiyenoyama : c'est le chef-lieu des sectes et des lettrés de tout le Japon. A peine arrivés, le Père Vilela m'envoya à la demeure du bonze Dayjembo, auquel je remis la lettre que nous portions. Après l'avoir lue et avoir appris le sujet de notre voyage, le bonze me dit que son maître était décédé l'an dernier ; c'était un des principaux bonzes de cette région, et il avait désiré voir les Pères et entendre la loi qu'ils prêchent ; pour lui, demeuré sans grandes ressources dans ce monastère, il n'avait, disait-il, aucune influence qui pût nous être utile. Toutefois le lendemain, nous retournâmes chez lui, le Père et moi ; nous exposâmes notre sainte doctrine, et il se plut à nous écouter avec les dix bonzes, ses disciples ; ils nous dirent cependant que pour prêcher il faudrait aborder le principal bonze de Fiyenoyama, et qu'un bonze noble, son sujet, nous conduirait chez lui. »

« Aussitôt le Père, en compagnie de Diogo, Damien et moi, se rendit chez ce bonze noble, à sept lieues de distance, pour le prier de nous introduire auprès du Supérieur ; mais celui-ci ne voulut ni voir le Père ni l'aider en rien, et ainsi nous rentrâmes à Sakamoto. Le jour suivant, le Père retourna chez Dayjembo et l'entretint de la création et de la vie future ; il m'envoya un autre jour lui parler des anges ; il écouta tout cela, mais hélas ! par crainte du *qu'en dira-t-on ?* ou d'être mis à mort, il n'accepta pas le baptême. Il conseilla au Père de faire visite à une espèce d'huissier de Fiyenoyama, pour être présenté au Supérieur : « Si c'est pour parler de religion, répondit l'huissier, cela ne lui plaira pas et je ne puis vous introduire : si c'était pour visiter le monastère, cela ne se peut si vous n'avez un présent à lui offrir. » Le Père comprenant qu'il n'y avait pas moyen de prêcher la vérité à Fiyenoyama, décida de se rendre à Miyako. »

« Nous y prîmes domicile ; mais après quinze jours, comme nous n'avions pas d'auditeurs, nous changeâmes de logement : quelques-uns vinrent nous écouter, mais personne ne se rendit à la vérité. Après 25 jours, grâce à l'intervention d'un bonze très honoré, le Père alla parler au Shogoun (Goxo) : c'est lui qui a l'autorité sur tout le Japon ; car le roi (Vo) véritable, qui réside aussi à Miyako, n'a que la dignité souveraine. Le Shogoun se montra fort satisfait de voir le Père : il lui offrit à boire de sa propre tasse, ce qui est une marque d'amitié. Alors nous nous établîmes dans un meilleur site, où bonzes et laïcs vinrent en grand nombre pour nous écouter et discuter ; mais quelques-uns seulement se soumirent à la loi chrétienne ; beaucoup retournaient chez eux en blasphémant ou en riant et en nous persifflant. Deux bonzes, grands lettrés, de la secte des Fotqueichous (Hokke-shu), vinrent s'entretenir des choses du ciel et de l'univers, mais ils montrèrent combien peu ils savent d'une vie future. Il vint aussi une dame haut placée ; après avoir écouté, elle désira se faire chrétienne ; mais le Père différa le baptême jusqu'à ce qu'elle fût suffisamment instruite. Deux personnages d'une dignité considérable, qui les place au-dessus du roi du Bongo encore qu'ils lui soient inférieurs en richesse, deux

Kougué (issus de la famille du Daïri) vinrent de nuit entendre notre doctrine et parurent s'y plaire. Dans cette même maison, un noble, natif d'Yamaguchi, mais qui réside ici, se fit chrétien avec dix autres : il se nomme Alquimaça (1). »

« Cependant le propriétaire de la maison, que nous occupions, vaincu par l'importunité et les menaces des bonzes, annonça qu'il ne nous voulait plus chez lui ; ainsi donc, deux jours avant la nouvelle année, qui commence ici le 25 janvier, nous passâmes à un autre logis. Ici beaucoup d'enfants, poussés par nos ennemis, jetaient tant de pierres et de boue et nous accablaient de tant d'outrages, que le récit en serait long ; cela ne nous empêcha pas, avec la grâce du Seigneur, de continuer nos prédications jusqu'au mois d'avril : il se fit quelque chose comme cent chrétiens. Il nous vint un des principaux lettrés de Fiyenoyama, cinq bonzes de ceux qu'on appelle *Muraçaqui*, deux lettrés de la secte appelée *Zonduxu* (*Jodo-shu*), et un bonze nommé Quenxu : ce dernier, au grand étonnement de tous, se fit baptiser avec plusieurs autres. »

Le frère Laurent signale comme obstacle aux conversions la loi chrétienne de la chasteté, et l'orgueil des ministres fanatiques d'un culte absurde.

Quant au Père Vilela, il nous apprend (2) qu'au début de l'été il fit encore visite au Shogoun et qu'il reçut par écrit l'autorisation de se fixer à Miyako. « Alors, écrivait-il, dans une grande maison, que nous achetâmes, nous plaçâmes un autel, et le nombre des fidèles augmenta. »

---

(1) Ou Iquimaço ; la traduction de Maffei a induit Mr Haas en erreur (op. cit. II 121 note et 126) : il ne s'agit pas d'Yamashina.
(2) Sakaï, 17 août 1561, *Cartas* I. p. 91¹.

« Cependant les bonzes ayant gagné quelques seigneurs à leur cause, préparèrent une émeute, à l'insu du Souverain (Ashikaga Yoshiteru). Un de nos amis (1), l'en ayant averti, nous donna de sa part le conseil de céder à l'orage et, en attendant, de nous retirer à quatre lieues de la ville dans un de ses châteaux forts. Après quatre jours nous rentrâmes secrètement ; au vœu même de la loi on nous accorda quatre mois de sursis et l'on nous rendit notre chapelle, en reconnaissant que nous n'avions donné aucun prétexte à nos adversaires pour nous chasser. C'est ainsi qu'au milieu de bien des souffrances le Seigneur nous protégea : beaucoup d'habitants sont bien disposés à notre égard (2). »

Tels furent les pénibles débuts de la mission de Miyako : une centaine d'habitants, et de plus une quinzaine de bonzes, parmi lesquels deux des plus âgés et des plus savants, renoncèrent à leurs erreurs.

7. Sur les instances des fidèles, le missionnaire s'éloigna de nouveau de la capitale. (3) « Arrivé à Sakaï au mois d'août 1561, écrivait-il (4), je commençai à prêcher notre sainte foi ; quelques lettrés vinrent aussi m'écouter ; après quelques entretiens, ils comprirent ce qu'ils avaient à faire, mais ils n'en firent rien. Cette population, qui vit dans l'abondance des richesses, est esclave de l'hon-

---

(1) C'était, de l'avis de Mr Haas, le premier ministre du Shogoun, Mioxindono (Miyoshi Chôkei), auquel le daïmyo du Bongo avait peut-être adressé la lettre de recommandation pour les missionnaires (op. cit. II. 124).
(2) Vilela décrit les fêtes païennes du mois d'août (Guivon) et du mois de mars (Bom). Lui et son compagnon Laurent donnent des détails sur les bonzes (Niquirem, Daymioijm, Quenxu) et les sectes Icoxos, Muraxaqui, Tendaixu, etc.
(3) 27 avril 1563, *Cartas* I. 139[1].
(4) 1562. *Ib.* p. 112[4].

neur ; elle tient grand compte de l'opinion ; or, comme le démon a l'art de lui persuader que les chrétiens vivent dans l'abaissement et le mépris, beaucoup d'auditeurs m'avouèrent que l'honneur et leur crédit les empêchaient de suivre la vraie loi divine. J'ai cependant baptisé quarante natifs, parmi lesquels quatorze soldats d'un seigneur, gouverneur de la ville : il plut à Notre Seigneur de leur donner sa sainte grâce ; ils renoncèrent à leurs mauvaises mœurs, au grand étonnement de ceux qui de loups les voyaient changés en agneaux. Je baptisai en plus grand nombre des étrangers, que le commerce attire ici ; ce nombre ira augmentant, je l'espère, avec l'aide de vos saints sacrifices et de vos prières. Nous avons célébré la fête de Noël avec grande dévotion ; je prêchai, mais ne pus dire la sainte messe faute d'ornements : ils ne me parvinrent qu'en carême : il y avait près de trois ans que divers obstacles m'avaient privé du saint sacrifice. Quelques chrétiens de Miyako vinrent faire alors leurs pâques. »

« C'est la Providence qui avait disposé mon départ pour Sakaï, afin de me soustraire à des dangers que je ne prévoyais pas : en effet, un mois après mon départ, la capitale était assiégée par une armée de 40000 hommes. Aussi je ne pus tenir la promesse que j'avais faite d'y rentrer bientôt.

« Il n'y a pas au Japon de ville plus sûre que Sakaï ; quels que soient les troubles dans les autres royaumes, ils ne pénètrent pas jusqu'ici. Vainqueurs et vaincus s'y retirent et y vivent en paix ; amis et ennemis, sans distinction, se traitent amicalement dans les rues ; est-ce parce que celles-ci sont munies de portes, qui se ferment au moindre tumulte ? Ceux qui se querellent sont arrêtés aussitôt et livrés à la justice. Une fois hors des murs, à un jet de pierre de la ville, c'est autre chose : ils s'entre-tuent. La ville est bien fortifiée ; à l'ouest la mer, ailleurs des canaux, toujours alimentés, la défendent contre les attaques. »

8. Tandis que Vilela prêchait avec assez peu de succès à Sakaï, la guerre civile désolait les environs de la capitale. Les rebelles, soutenus par une armée de bonzes, de la secte des Nengoros, livrent bataille ; le Shogoun est défait et voit la capitale mise au pillage ; forcé de se réfugier dans une forteresse, il forme une nouvelle armée et inflige une défaite sanglante au parti révolté. Telles furent les pertes subies par les rebelles qui l'on put croire que de longtemps il n'y aurait plus de guerre à Miyako.

Pendant cette année de troubles, la petite chrétienté de la capitale ne fut pas abandonnée. Le frère japonais Laurent, que rien ne signalait à l'attention, pénétrait à travers les lignes des belligérants et célébrait la Noël avec les néophytes : il organisa leurs œuvres de charité : tous les mois, ou en désignait trois qui se chargeaient de recueillir des aumônes et de les distribuer aux pauvres. Une chrétienne riche disposa de sa part de fortune en faveur des lépreux et des blessés : ce qui édifia jusqu'aux bonzes ; le Japon en effet n'avait jamais connu les œuvres de miséricorde. La résidence et l'église avaient été un moment en la possession d'un païen, cousin du Shogoun : l'habile catéchiste obtint, à l'intervention de quelques amis influents, qu'il se désistât et rendît l'église à sa destination.

En septembre (1) Vilela put visiter lui-même la chrétienté de Miyako. La Noël suivante (1562) fut une belle

---

(1) de Sakaï, 27 avril 1563, *Cartas* I. p. 137'.

fête pour les fidèles ; les confessions, la Sainte Communion suivie de fraternelles agapes remirent dans l'esprit de Vilela le souvenir de la primitive Eglise. Le concours des auditeurs n'augmenta cependant pas ; la sainteté de notre loi les effrayait ; quant aux bonzes, ils ne voulaient plus même passer par la rue où se tenait l'assemblée. Il fut possible de convertir encore un certain nombre d'âmes mieux disposées et de célébrer les fêtes de Pâques ; mais des bruits de guerre semaient l'inquiétude dans les cœurs ; les bonzes reformaient et renforçaient leurs troupes (1) et une nouvelle guerre se préparait. « Voilà 400 ans, écrivait Vilela (2), qu'il n'y a que guerres continuelles au Japon. Jadis tout le pays obéissait à un seul seigneur, le Daïri : celui-ci avait sous ses ordres un maître de camp, nommé Coubo (Shogoun). La désunion s'étant mise entre eux, ce dernier eut tout pouvoir. La désunion alla plus loin ; les gouverneurs des royaumes se révoltèrent à leur tour. De la sorte le Daïri demeura à Miyako, vénéré de tous comme une idole vivante : il ne peut toucher le sol du pied sans perdre son titre ; mais il n'est pas obéi. Le Coubo demeure aussi dans la capitale ; il a un certain pouvoir, mais pas assez pour lever la tête et reconquérir le pouvoir d'autrefois. Et comme il n'y a plus de chef, chaque gouverneur prend ce qu'il peut de royaumes. C'est une cause de guerres incessantes entre eux. Aussi le peuple est devenu très belliqueux ; il tient qu'à un seigneur il ne sied pas de mourir de maladie ; il doit mourir les armes à la main. »

A Sakaï, le missionnaire instruisait et consolait son petit troupeau sans obtenir de nouvelles conversions :

---

(1) ib 138[4].
(2) 15 juillet 1564, *Cartas* I p. 143.

« Il est inutile d'en espérer en ce moment, écrivait-il encore (1) ; les habitants de cette ville sont orgueilleux et esclaves du point d'honneur. « Encore qu'en nous faisant chrétiens nous assurions notre paradis, disent-ils, nous n'en voulons pas au prix de la considération et du crédit du monde. » Daigne le Seigneur dans sa miséricorde les amener à la connaissance de la vérité ! J'espère après trois ou quatre mois pouvoir rentrer à Miyako, pour y célébrer les saints mystères en la fête de la Nativité de Notre Dame : c'est en cette fête que l'an dernier j'y célébrai la première messe... Avec ce peuple, il faut avoir le cœur large, attendre avec patience et souffrir jusqu'à ce que vienne l'heure de la moisson : elle viendra, cette heure, j'en ai la confiance ; la parole que je sème ne sera pas stérile, encore qu'il y faille le temps. » — « En ce moment, ajoutait le missionnaire, il me vient de Nara (province de Yamato) une invitation de la part d'un seigneur puissant, qui veut se faire chrétien, dit-il (2) ; comme il est grand ennemi de notre religion, j'ai quelque doute et j'hésite ; mais j'ai décidé d'aller ; de deux choses l'une : ou j'y laisserai ma tête, et sacrifierai ma vie à mon Créateur, ou je gagnerai à la foi un personnage de grande influence ; si je réussis, je vous demanderai d'abandonner vos collèges et de venir ici à notre secours. Que le Seigneur dispose de moi pour sa plus grande gloire ! »

9. Il eut un an plus tard la joie d'apprendre à ses confrères des Indes qu'outre deux seigneurs fort lettrés et naguère grands ennemis de la loi de Dieu, il avait

---

(1) Sakaï, 27 avril 1563, *Cartas* I, 139¹.
(2) Mr Haas (II. 154) pense qu'il s'agit de Matsunaga Hisahide,

baptisé quelques autres habitants de Nara (1) ; par leur moyen, beaucoup d'autres connurent la vraie foi ; mais, ajoute-t-il, la crainte des bonzes leur fait différer le baptême : il leur envoya un frère japonais pour les fortifier dans leur foi, et encore qu'il ne pût se rendre parmi eux, à cause de la guerre civile, il espéra y fonder bientôt une florissante chrétienté : le frère en effet avait gagné beaucoup de nouveaux adhérents. Au royaume de Voari, on le lui assurait, il y avait des dispositions tout aussi heureuses pour embrasser le culte chrétien. Mais ce fut à Imori qu'à cette époque de troubles se fit la conquête la plus importante pour notre sainte religion.

Imori était une forteresse située à huit lieues de la capitale : elle appartenait au premier ministre (2) du Shogoun et était occupée par son parent et secrétaire (3). La conversion du jeune secrétaire au christianisme fut aussi favorable aux missionnaires qu'inattendue et funeste pour les bonzes.

Dans leur haine sectaire (4) ceux de Fiyenoyama avaient présenté au Shogoun une supplique en treize articles : le premier article concernait le Père Vilela : « cet étranger médisait des dieux du Japon ; il ruinait l'esprit national et le respect dû aux livres de Shaka et Amida ; de là, les trahisons : il fallait l'expulser et détruire son église de Miyako. » Le second article établissait qu'à Yamaguchi, à Hakata, « partout où les Pères s'étaient fixés, le pays était troublé et dévasté par la guerre : il fallait

---

(1) Miyako, 15 et 17 juillet 1564. *Cartas* I. 142^2, 139^5.
(2) Mioxindono ou Mioshi Chokei.
(3) Xicaidono, i. e. Shirai (Haas II. 138), ou Sangadono seigneur de Sanga : il prit le nom de Sanchez.
(4) Fernandez, 9 oct. 1564, *Cartas* I. 144^2.

les expulser de tout le Japon. » Le ministre de la justice (1) répondit qu'autorisés par le Shogoun et son premier ministre à prêcher leur loi divine, ces étrangers ne pouvaient être expulsés : deux lettrés cependant (2) examineraient la loi nouvelle. Or, il arriva que le chrétien Diogo, celui qui avait jadis reçu les missionnaires à leur arrivée à Sakamoto, eut l'occasion de solliciter un emprunt d'un des deux lettrés : N'es-tu pas chrétien, toi ? lui demanda celui-ci d'un ton railleur. — Oui, fut la réponse. — Et qu'est-ce donc que ta foi chrétienne ? — Etant nouveau chrétien, répondit Diogo, je n'ai pas assez de science pour l'expliquer, encore que je la tienne pour vraie et très sainte. — Comme le lettré insistait, le chrétien l'entretint de l'immortalité de l'âme raisonnable, du Créateur éternel qui donne la vie, le mouvement et l'être et gouverne la création. — Va, lui dit le lettré fort satisfait de ses explications, et demande au Père qu'il vienne m'exposer la loi qu'il prêche ; si un novice dans la foi l'explique si bien, le maître l'expliquera mieux encore, et peut-être me ferai-je chrétien, ainsi que mon collègue, si nous comprenons que c'est la vraie loi.

Diogo, voyant en cet accueil l'action de la grâce divine, fit à la hâte le trajet de seize petites lieues qui sépare Sakaï de Miyako, et raconta la bonne nouvelle. « Il y a là un piège, dirent les fidèles : on veut mettre le Père à mort. » Cependant, pour n'avoir pas à se reprocher la perte d'une heureuse occasion, ils agréèrent l'offre que leur fit Laurent de se rendre auprès des lettrés au péril de sa vie : s'il ne rentrait pas dans quatre jours, on pourrait le considérer comme perdu.

---

(1) Maçumangadono ou Matsunaga Hisahide.
(2) Xamaxicodono et Quiquodono ; d'après Steichen (p. 26) et Haas (II. 136), Miyoshi Yasunaga, et le Koughé Kyohara Ekata.

Les quatre jours s'écoulèrent, et l'on fut inquiet ; mais on envoya un courageux catéchiste Antoine prendre des nouvelles. Antoine rencontra Laurent, qui revenait avec deux japonais ; ils amenaient un cheval afin que le Père se rendît à son tour à Miyako pour baptiser les deux lettrés. Vilela partit et outre les deux lettrés il instruisit et baptisa le secrétaire du premier ministre.

La confusion des bonzes fut extrême : les deux lettrés, sur lesquels ils avaient fondé les plus belles espérances, étaient chrétiens et, ce qui était plus inquiétant, sans retard ils s'occupaient de rédiger une réfutation des sectes et une apologie de notre sainte foi.

Quant au jeune secrétaire et parent du premier ministre du Shogoun, il se rendait, aussitôt après son baptême, à la forteresse d'Imori, d'où il était natif et persuadait à ses amis et compagnons de se laisser instruire. Ce fut encore le frère Laurent qui eut la facilité et le bonheur de rendre ce service glorieux à l'église naissante ; il convertit soixante samuraïs et de nombreux gens de service : en tout 500 nouveaux fidèles étaient gagnés au Christ. (1)

Les bonzes et les païens d'Imori furent audacieux, semble-t-il, contre ces chrétiens : mais leurs mesquines persécutions les trouvèrent fermes et même décidés à défendre les droits de leur conscience par la force des armes. Le Père Vilela fut invité à se rendre auprès du premier ministre ; celui-ci écouta la parole évangélique et se montra disposé à favoriser ses sujets chrétiens ; le Père baptisa encore 13 catéchumènes.

Un chrétien envoyé à Miyako par le Père de Torrès

---

(1) Maffei p. 403 donne le chiffre de 5000, Les *Cartas*, dans leur texte portugais donnaient 500 (I. 144[4]).

(24 juin 1564) portait ces consolantes nouvelles au saint vieillard ; d'autres messagers lui annonçaient (septembre 1564) qu'aux environs de la capitale, dans cinq autres forteresses, des églises avaient été élevées. Les troubles avaient arrêté les progrès de la foi dans la capitale ; mais dans un rayon de seize lieues les chrétiens s'étaient multipliés.

« Ce que Vilela a réalisé, écrivait à cette époque (1) un missionnaire qui allait bientôt le rejoindre, et l'expérience qu'il a faite, montre le bien que produit une longue et courageuse persévérance : méprisé, abhorré, assailli de pierres, persécuté de toutes façons, sans que personne voulût d'abord le regarder, Vilela a continué de faire son possible pour propager la loi divine dans la grande ville de Miyako. Et aujourd'hui deux des principaux seigneurs et le roi lui-même, souverain de tout le Japon, le vénèrent, l'aiment et se plaisent à s'entretenir avec lui. De grands seigneurs se sont fait chrétiens : il a construit sept églises dans un rayon de douze à quinze lieues. Fatigué et très affaibli, il ne cesse cependant de travailler et de souffrir, comme s'il était bien portant. Les chrétiens désirent vivement qu'on lui donne un compagnon : car la capitale est si étendue qu'il est difficile à plusieurs fidèles d'aller à si grande distance entendre la messe et les sermons. Le Père de Torrès me fait espérer que cette année-ci je serai envoyé à leur secours. Puissent mes péchés n'y point faire obstacle ! »

Le chrétien Diogo, chez lequel les missionnaires avaient été reçus à leur arrivée dans la capitale, le frère Laurent, l'infatigable catéchiste de Xavier, puis les frères Damien et Augustin avaient été des auxiliaires précieux pour

---

(1) Frôes, Hirado 3 oct. 1564, *Cartas* I, 150°.

Cl. Missions catholiques. Samuraï en costume civil. Lyon.

Vilela. Mais celui qui s'annonçait, était un intrépide missionnaire, auquel la chrétienté de Miyako est presque aussi redevable qu'à son fondateur.

10. Louis Frôës arriva le 27 janvier 1565 à Sakaï avec le frère Louis d'Almeida ; le frère nous raconte lui-même l'accueil qu'ils reçurent dans cette ville.

Dans une noble famille de Sakaï (1), un jeune homme de treize ans s'était naguère converti à la vraie foi : doué de toutes les plus belles qualités, il avait pris au baptême le nom de Vincent et, victorieux du monde, il s'était fait raser la chevelure, avait quitté ses riches vêtements de soie, et obtenu de son père la permission de se rendre au Bongo auprès du Père Côme de Torrès. Dans la confession et la communion hebdomadaires, il puisait la grâce et la force d'une chasteté parfaite. Lorsque Frôës et Almeida vinrent à Sakaï en 1565 (2) ils trouvèrent dans la famille de Vincent, tout entière chrétienne, le plus charitable accueil. Le samuraï Sanchez, sa femme Marie et sa fille Monique, ainsi qu'un médecin chrétien mirent un dévouement admirable à soigner le frère, que la maladie retenait parmi eux ; au bout de vingt-cinq jours, Sanchez le fit conduire en litière jusqu'à l'embarcation qui devait lui faire rejoindre Vilela à Imori : « Dire la charité avec laquelle je fus traité, écrivait le frère, je ne l'essayerai point : il suffit de dire que dans la maison de mon père et de ma mère je n'aurais pu en rencontrer autant. Je fus logé dans de superbes appartements, destinés aux hôtes ; le seigneur lui-même y passait la nuit avec deux ou trois serviteurs pour le cas où j'aurais eu besoin de quelque secours ; il y faisait entretenir jour et

---

(1) L. de Almeida, Yokaseura, 25 oct. 1562, *Cartas* I, 111[3].
(2) L. de Almeida, Hirado, 25 oct. 1565, *Cartas* I, 162[1].

nuit deux brasiers ardents pour réchauffer l'air froid qui m'incommodait. Le spectacle de sa charité aida assurément à la conversion de huit personnes, qui vinrent s'entretenir avec moi de la question religieuse : j'étais vraiment traité, moi étranger, comme un enfant de la maison. »

Le frère et le Père se plaisent à donner le détail de la réception qu'on leur faisait dans les diverses chrétientés qu'ils visitèrent : on leur tenait compagnie à leur départ jusqu'à une localité distante de quelques lieues ; là selon l'usage on leur offrait un régal d'adieu : là aussi des chrétiens de l'endroit où il se rendaient, parfois le seigneur lui-même, les attendaient avec des chevaux ou des litières. Dom François, seigneur de Sawa (1), envoyait son fils et s'excusait de n'avoir pu venir lui-même : il présidait à une grande chasse, pour procurer du gibier à ses futurs hôtes.

Laissant son compagnon dans cette charitable famille de Sakaï, Fröes avait sans tarder rejoint Vilela : « Pour lui et ses fidèles, écrit-il, (2), notre arrivée fut une joie sans pareille. Il y a six ans que le Père est là sans avoir vu ni Père, ni frère de la Compagnie, si ce n'est ses deux compagnons japonais. Encore qu'il n'ait que quarante ans, il a blanchi comme s'il en avait soixante-dix, et les grands froids l'ont considérablement affaibli. Il parle couramment la langue de la cour, en laquelle il a traduit plusieurs livres pieux et de bonne doctrine ; en ce moment il compose une *Flos sanctorum* (fleurs de la vie des Saints) pour la consolation des fidèles : l'ouvrage est à moitié fait. »

---

(1) Sawa Moriaku, vassal de Matsunaga d'après Mr Haas, II, 156.
(2) 20 février 1565, C. I. 177^t.

Le nouveau missionnaire avait bien sujet d'espérer le succès de la grande entreprise de Vilela : dans une de ses premières lettres, il demandait des prières (1), mais il louait le Seigneur qui bénissait leurs travaux et leur avait accordé encore 60 conversions notables ; dans la province de Voari, Mioshi Yasunaga leur faisait entrevoir de belles conquêtes. A la demande de Vilela, le Shogoun était intervenu auprès du daïmyo d'Yamaguchi en faveur des fidèles de cette chrétienté (2) ; au nouvel an (1 février 1565), il recevait les deux missionnaires en visite solennelle et accueillait leurs présents (3). Beaucoup de seigneurs de la cour (4) venaient s'instruire de la religion et après huit jours de conférences quelques-uns sollicitaient déjà le baptême : on le différa jusqu'à plus ample instruction.

Le carême et les fêtes de Pâques de 1565, offrirent une occasion propice à cet égard (5). « Le dimanche, ainsi que le raconte le Père Frôës, le Père Vilela prêchait l'Evangile ; le mercredi, le frère Damien expliquait le sacrement de pénitence : le soir après les litanies on s'unissait aux souffrances du Sauveur par une fervente flagellation ; le vendredi après la messe, un jeune chrétien racontait la passion de Jésus-Christ, et le soir le Père reprenait ce sujet de sermon pour exciter la dévotion des fidèles à la pénitence : suivait le *miserere* et la flagellation.

« Le dimanche des rameaux, (continue Frôës), nous fîmes la procession dans notre chapelle, tout étroite

---

(1) de Miyako, 6 mars 1565 à François Perez en Chine C. I. 181².
(2) Fernandez, 9 oct. 1564, C. I. 145².
(3) Miroir de cristal, ambre, et musc.
(4) Frôës, 6 mars 1565, C. I. 179⁵.
(5) Frôës, 27 avril 1565. C. I. 181⁵.

St-Franç.-Xav. 8

qu'elle fût. Puis, de dix, vingt et trente lieues on arriva malgré les pluies diluviennes, pour célébrer le jeudi-saint et la fête de Pâques ; quelques nobles (samuraï) avec femme et enfants venaient à cheval ou en litière. Le Père Vilela entendit ces jours-là environ 250 confessions : le jeudi saint, il donna 60 communions ; nous étions bien édifiés de voir la dévotion et les larmes de ces chers fidèles. Un sépulcre fort riche avait été élevé par le frère Louis d'Almeida pour garder les présanctifiés, et tout le jour et la nuit il fut gardé par des chrétiens en armes. Nos fidèles sont fort portés à l'esprit de pénitence : ils ne se privent pas de la joie de verser leur sang en mémoire du précieux sang du Sauveur : à l'office du soir, nous en eûmes la preuve ; c'est chose consolante de trouver au milieu d'un peuple, qui vénère le démon et ses idoles, des croyants qui honorent ainsi les saintes souffrances du Seigneur. Le jour de Pâques il y eut encore quelques communions.

« Selon une coutume introduite par le Père, en vue d'unir nos fidèles dans la charité, à la Noël et à Pâques, le déjeûner est offert à tous ; le reste de la journée se passe en de pieux exercices. Les païens, qui de la rue entendaient les cantiques sacrés, insistèrent pour visiter le sanctuaire : on ne leur refusa pas cette faveur. »

Après les fêtes chrétiennes de la quinzaine de Pâques, les fidèles de Miyako s'offrirent à montrer les palais de la capitale au Père Frôës et au frère d'Almeida ; celui-ci en effet devait retourner au Bongo ; une trentaine d'entre eux se firent un honneur d'être leurs guides. A l'occasion des fêtes de la pagode Guivon, une foule de pèlerins était accourue de toutes parts. Comme les deux missionnaires entraient dans le temple où devait se tenir

Cl. Missions Catholiques. LYON.

Ministre du culte bouddhiste et ses disciples.

l'assemblée sous la présidence d'un bonze, les chrétiens leur dirent que si les bonzes se doutaient de leur présence, ils ne prêcheraient pas : « Nous restâmes cependant, dit Frôës, et attendîmes toute une heure. » Toute l'assistance demeurait à genoux, égrenant le chapelet, les mains levées au ciel, avec la plus grande dévotion qui se puisse imaginer. Au signal donné sur une petite cloche, tout ce monde se mettait à prier à haute voix, disant et redisant : *Namu, Amida, Ambut* : Très saint Amida, sauvez-nous. »

« Ce nom d'Amida leur est si cher que, par les chemins et dans leurs demeures, en achetant et en vendant, ils vont le répétant avec certaines modulations de voix ; ceux qui demandent l'aumône, la demandent au nom d'Amida. Quant aux lettrés, ils enseignent au peuple que quiconque prononce de cœur le saint nom d'Amida, sans nul doute se sauvera. » (1)

C'est le thème que développa le bonze, après avoir lu d'abord un passage d'un livre, placé sur une petite table devant sa chaire. Les missionnaires l'écoutèrent, admirèrent la belle prestance, les riches vêtements et surtout l'éloquente diction du personnage ; entouré de bonzes, qui se tenaient bien respectueux, les mains dans leur robe, les yeux fixés sur le sol, il parla longtemps, et finit par exhorter ses deux mille auditeurs à ne suivre aucune autre secte, parce que seul Amida pouvait les sauver et que leur secte était la source d'où émanaient toutes les lois.

Frôës ajoute : « Etranges sont la foi et la vénération des japonais pour leurs pagodes. C'est assurément par une inspiration divine que notre Père Maître François vint

---

(1) Ichinem midabut sucumet muriô zay.

jusqu'ici. Les portugais ne jugent ce peuple que sur les rapports qu'ils ont avec les marchands et les gens de la côte ; c'est comme si l'on jugeait du Portugal sans en avoir vu autre chose que la contrée de Beira. Il faut voir la capitale du Japon : elle donne une haute idée de l'esprit religieux des habitants, et nous admirons la divine Providence qui, par les faibles instruments que nous sommes, commence à faire pénétrer ici la vraie loi de Dieu ; ceux qui se convertissent ici ne sont mûs que par un désir très pur de leur salut, et acceptent cette loi de si grand cœur et avec tant de générosité qu'ils nous confondent, nous religieux, par leur exemple... Ce qui devrait nous donner un avantage marqué sur les bonzes, c'est non seulement le bon naturel et la rectitude de jugement dont ce peuple-ci est doué, mais encore la grande variété et l'opposition mutuelle des sectes qui se disputent l'influence religieuse ; s'il y avait unanimité de culte, l'œuvre de la conversion serait bien plus difficile. D'autre part, toutes ces sectes se mettant d'accord pour repousser la seule vraie religion, on voit se vérifier la parole du prophète : *Principes convenerunt in unum ;* les puissants se sont conjurés contre le Seigneur et contre son Christ. Nous voudrions convertir le bonze que nous avons entendu prêcher, parcequ'il en résulterait de grands avantages pour les âmes ; mais, attachés à leurs vices et entourés de vénération, ces prédicateurs de mensonge préfèrent se perdre dans leur secte que de se sauver dans notre sainte foi chrétienne. »

11. L'œuvre de la foi progressait, lentement, il est vrai, au centre même du Japon ; mais ce progrès paraissait aux missionnaires un gage de succès dans les provinces voisines ; car la fermeté de caractère aussi bien que la position sociale des convertis donnaient les plus belles espérances pour l'avenir.

Tout à coup, en juin 1565, deux daïmyo, celui de Nara (Daiondono) et celui de Kawaki (Mioxindono) surprennent le Shogoun (Ashikaga Yoschiteru) dans son palais avec son père, son fils et ses filles, et mettent le feu à la ville haute ; avec le Shogoun et sa famille, 90 samuraï périssent par le fer ou le feu (1).

Les fidèles en armes protègent les missionnaires; mais parmi les périls de la guerre civile ils jugent prudent de les conduire à Imori et de là à Sakaï ; ils y demeureront sans pouvoir rentrer de quelque temps dans la capitale et passeront par de longues épreuves ; mais leurs angoisses seront mêlées de consolations et ils garderont leurs inébranlables espérances pour l'avenir de la chrétienté.

Daiondono, sur les instances des fotqueichous, obtient du Daïri une sentence d'exil contre les Pères et confisque leur chapelle de Miyako, mais il périt dans un combat sous les murs de Sakaï (2) ; alors les fidèles sollicitent du Daïri la liberté d'exercer leur culte conformément aux lettres patentes que leur avait accordées le Shogoun défunt. Le Souverain y met une condition inacceptable : « ils devront jurer devant ses idoles qu'ils ne mangent pas de chair humaine (3). » Il était dupe d'une des calomnies répandues par les bonzes qui pour égarer la crédulité du peuple, allaient jusqu'à jeter nuitamment devant l'église chrétienne des vêtements ensanglantés.

---

(1) Frôes, Miyako, juin 1565, octobre 1568, *Cartas* I. Voir appendice de ce livre, où nous analysons ces longues lettres.

(2) Frôes, 3 août 1565 et 30 juin 1566, *Cartas* III, 291 et 206.

(3) Etait-ce une allusion au mystère de la foi, *mysterium fidei*, (S. Paul), à la sainte Eucharistie ? Pareille calomnie avait été formulée jadis 160 aP. J.-Ch. : *Infans farre contectus,.... apponitur. Hac fœderantur hostia.* (Minutius Felix, Octav. c. 9.)

Résignés à se priver de la présence des missionnaires, les chrétiens se réunissaient le dimanche par groupes, sous la présidence d'un bonze converti, nommé Thomas. Quelquefois ils se rendaient à l'occasion des principales fêtes jusqu'à Sakaï, afin de pouvoir se confesser et communier (1).

A Sakaï, à l'approche de la Noël (1565), Frôës réussit à prendre en location une maison assez vaste pour y réunir un grand nombre de fidèles : un orfèvre chrétien contribua à orner la chapelle en exécutant deux beaux retables, l'un représentant la nativité de Notre Seigneur, l'autre sa glorieuse résurrection. Aux offices de minuit, soldats chrétiens des deux armées ennemies s'assemblaient dans la maison du Dieu de paix et de charité : à l'aube, après de longs exercices de dévotion, ils s'agenouillaient au même banquet eucharistique, et pendant le reste de la journée, ils fraternisaient en vrais chrétiens : chose inouïe et tout à fait contraire aux mœurs japonaises ! de jeunes samuraï se faisaient un honneur de servir à table. Les païens voulurent, le soir de ce jour, après le départ des chrétiens, venir admirer la chapelle ornée avec le meilleur goût.

Sanchez, le secrétaire d'Imori qui avait pris part à cette fête avec toute sa famille, invita le Père à Sanga (à une lieue d'Imori) pour y célébrer l'Epiphanie ; en faveur des fidèles des villes environnantes (2), on y célébra aussi la semaine-sainte : Sanchez avait réparti les fidèles dans les maisons de ses vassaux. Soudain une lettre annonce une reprise d'armes ; les samuraï doivent rejoindre leur troupes respectives ; à grand' peine les retient-on jusqu'à Pâques.

---

(1) Frôës, Sacay, 30 juin 1566. *Cartas* I, 205²-209⁴.
(2) Nanguasaqui, Toba, Sakaï, Miyako.

« Ces malheureuses guerres, écrivait Frôës, (1) sont le grand obstacle à la propagation de la foi ; elles ne me permettent pas d'aller prêcher hors de Sakaï : le frère Damien sort parfois pour administrer le baptême Depuis le départ du Père Vilela, nous n'avons baptisé dans l'espace d'un an qu'une bonne centaine de néophytes, parmi eux 60 nobles ou seigneurs haut placés. »

Un puissant seigneur du royaume d'Ava (2) employa toute son influence auprès des conseillers du Daïri ; Sanchez et 25 seigneurs chrétiens, le missionnaire lui-même multiplièrent leurs démarches pour obtenir la liberté religieuse à Miyako ; ce ne fut qu'au bout de trois ans (1568) qu'il fut possible de reprendre possession de l'église.

Une paix relative, et nécessairement peu durable, ne pouvait s'établir que par la création d'un nouveau Shogoun. Or c'est un ami dévoué, un catéchumène, Vatadono (3), qui, avec son frère Dario, déjà chrétien, sera l'instrument providentiel du rétablissement de l'ordre ; il a réussi pendant les troubles de la capitale à soustraire au massacre du palais un jeune bonze (Gakkei Yoshiaki), le propre frère du Shogoun défunt et à le cacher dans sa forteresse du Koka (Yagima). Pour l'élever au pouvoir, Dario s'adresse (4) au plus puissant des daïmyo du Japon, celui de Voari (Owari), le célèbre Ota Nobunaga (5).

Nobunaga avait 37 ans. Dans l'espace de peu d'années

---

(1) 8 juillet 1567. *C. I.* 245².
(2) Xinovaradono.
(3) Son nom était Wada Koresama (Steichen, p. 58.) Frôes l'appelle aussi Vataingono Camidono (28 sept. 1571. *Cartas* I, 311²).
(4) juillet 1567.
(5) Frôes (1 juin 1569, *Cartas,* I. 257) l'appelle aussi Canzucandono et fait son portrait.

il avait réduit sous sa puissance diverses provinces ; sa valeur et son habileté le rendaient, semblait-il, maître des destinées du Japon. Quelles étaient ses opinions religieuses ? Un de ses sujets, un bonze converti à la foi, disait qu'il avait déjà changé deux fois de secte (1). En réalité il méprisait et fotoques et kamis ; il n'admettait ni créateur, ni âme immortelle. De nom, il était sectateur des fotqueichous (Hokke-shû), mais lors d'une discussion célèbre où il les laissa se mesurer avec les Iodochous (Jôdo-shû), il mit la condition que les vaincus seraient châtiés ; et en effet, comme sa propre secte eut le dessous, il en fit décapiter le chef (Funden) et l'un des bonzes les plus renommés, d'autres furent fustigés et jetés en prison, ou condamnés au châtiment des débiteurs insolvables (2). Il avait un seul culte : son dieu était la gloire, lui-même était son dieu.

Il entra en campagne avec 50,000 hommes ; après une série de cruels combats, les principales provinces qui formaient le domaine de la couronne (Yamashiro) firent leur soumission : il fit couler des flots de sang ; mais rien ne put résister au terrible Nobunaga, l'armée ennemie fut vaincue.

En septembre 1568 le nouveau Shogoun (Ioshiaki) est intronisé, et l'ordre règne.

Le vainqueur entreprend de reconstruire Miyako ; mais il veut mettre la demeure shogounale à l'épreuve des incendies qui l'ont dévorée tant de fois, et pour la rebâtir en pierre il fait détruire deux temples monumentaux (3) d'une richesse incomparable, et une quantité de bonzeries; les idoles mêmes ne sont pas épargnées dans ces fas-

---

(1) Frôes, Sakai, 12 juin 1567, *Cartas*, I, 241⁴.
(2) Naiaximaracar. Lettre du P. Organtino 1579. *Cartas* I, 450²-451¹.
(3) Rokio, Daïbut.

tueuses constructions : ni les supplications et les présents des bonzes, ni l'intervention du Daïri même ne peuvent l'arrêter. On le voyait, à la tête de 25000 ouvriers qu'il dirigeait lui-même, reconstruire la capitale et les palais.

Si les victoires de Nobunaga n'assuraient pas définitivement la paix, elle présagaient du moins une période plus favorable à l'œuvre de l'Evangile.

12. Le Père Côme de Torrès, fort affaibli par l'âge et les travaux apostoliques, avait rappelé le Père Vilela (1) : il fallait porter secours aux fidèles du Bongo, fort dispersés, et qui depuis plusieurs années n'avaient point de confesseur : « J'ai reçu, écrivait Vilela (2), une lettre du Père Louis Frôës (20 août 1569) où il me dit qu'on est en paix à Miyako, que les chrétiens sont bien fermes dans leur foi, qu'ils croissent en dévotion et qu'ils croîtraient aussi en nombre, si l'on mettait fin aux guerres qui désolent ce pays. Et je suis persuadé, moi aussi, vu l'inclination et le désir que ce peuple éprouve de se sauver, que les soixante-six royaumes du Japon écouteront et accepteront la loi de l'Evangile. Le Père se désolait cependant parceque depuis cinq ou six ans il était là seul prêtre, sans confesseur, étant à deux-cents lieues à l'intérieur du pays ; cette année-ci, il a enfin pu obtenir un compagnon, le Père Organtino. »

« A Miyako, où j'ai résidé pendant neuf ans (3), on comptait jadis jusqu'à 300,000 habitations ; aujourd'hui on n'en compte que 60,000 : la guerre a dépeuplé à ce point la capitale. Ajoutez qu'à raison des tremblements de terre les maisons sont construites en bois, fort belles

---

(1) 30 avril 1566. *Cartas* I. feuille Dd, p. 215. Lettre de Frôës, 30 juin 1566.
(2) de Cochin, 4 fév. 1571. *Cartas,* I, 301.
(3) de Goa, 6 oct. 1571. *Cartas* I. 319².

et fort solides ; mais quand l'ennemi met tout à feu et à sang, le désastre est universel. Dans les trois-cents bonzeries que douze sectes différentes y ont élevées, il y a de grandes richesses, soit parce que les bonzes ont l'art d'exploiter la superstitieuse crédulité du peuple, soit parce que les rois et les seigneurs leur confient l'éducation de leurs fils et forcent souvent les puînés à se faire bonzes, afin d'assurer leur succession à l'aîné ; c'est ainsi que certaines bonzeries jouissent de très riches revenus. » (1)

Les fidèles de la capitale avaient pu rentrer en possession de leur église, et en 1569 le Père Frôës était lui-même revenu au milieu d'eux. Par l'intermédiaire de Vatadono, nommé gouverneur de la capitale, il se fit présenter à Nobunaga et au Shogoun. (2)

Un bonze, puissant à la cour du Daïri (3), intrigua longtemps pour faire révoquer les édits favorables au missionnaire ; celui-ci n'épargna ni démarches, ni controverses pour confondre l'astucieux bonze et maintenir les précieuses concessions : voyages à Takatsuki (Settsu) où réside Vatadono (4), à Gifu, où Nobunaga construit un palais superbe, lettres à des amis et à des néophytes qui sont à la cour du Shogoun : tout fut mis en œuvre et le succès récompensa son zèle : « Ici, écrivait-il, au récit si développé de mes entrevues avec le Daïri, le Shogoun et les grands seigneurs de Miyako, un doute surgira chez ceux qui ne connaissent pas les choses du Japon ; nous qui faisons profession de mépriser les

---

(1) Il décrit celles de Roquijo, Riovangi, Tofocogi, Faquimana à 4 lieues sud de Miyako, des Nengoros ib. p. 326², de Coia, p. 327.
(2) *Cartas* I. 312¹-312².
(3) Frôës 1 juin 1569, *Cartas* I. 262²-264⁴. Il raconte l'aventure de Laurent et Niquijoshonin en présence de Nobunaga. Cfr. Haas II, 184 et *Cartas* II. 177⁵.
(4) Frôës, Miyako, 12 juillet 1569. *Cartas* I. 269⁴.

avantages du monde et d'imiter le Christ, pourquoi prenons-nous, comme on pourrait le croire, quelque goût à ces réceptions et aux honneurs que nous rendent les grands ? Mais je n'écris pas pour les gens du monde, j'écris à mes supérieurs du Japon ; et ils savent, eux, la situation, et combien il importe, ici plus qu'ailleurs, d'avoir la faveur des nobles et des puissants ; sans cela, nos travaux seront vains, et les bonzes, qui haïssent la Loi de Dieu, détruiront en peu de jours ce que pendant un long cours d'années et au prix de grands travaux nous aurons obtenu pour le salut des âmes. » (1)

Deux ans durant, le Père Frôës eut à lutter contre le terrible bonze, l'antechrist du Japon, ainsi que l'appelaient les fidèles ; très influent auprès du Daïri et des Koughés, ce fourbe, qui se flattait de restaurer la religion japonaise, n'échoua dans ses projets d'intolérance que grâce à Nobunaga. « Par l'infinie miséricorde de Dieu, écrivait le missionnaire (2), jamais ni Nobunaga, ni les seigneurs qui me favorisaient auprès du roi, ne voulurent consentir à ses instantes sollicitations ; ils lui reprochaient ses violences contre un étranger, venu d'un si lointain royaume : le vice-roi Vatadono, tout païen et zenshou qu'il est, triompha de l'astuce et de l'éloquence du bonze. Aussi le Seigneur se prépare-t-il à récompenser ce courageux protecteur de notre sainte religion : en effet, dans une visite que je lui fis avec le frère Laurent, il voulut se laisser instruire, et, nous faisant visite dans cette pauvre résidence avec plusieurs seigneurs, il leur persuada de suivre nos instructions. Il veut, dès que la guerre lui laissera quelque loisir, étudier à fond le catéchisme et se faire baptiser. »

---

(1) Ib. 274².
(2) Miyako, 1 décembre 1570. *Cartas*, I, 287⁵-288⁴.

Mystérieux dessein de la Providence! Elle permit au bonze de tourner sa fureur contre Vatadono, et de le perdre dans l'estime de Nobunaga. Mais la disgrâce de notre protecteur ne fut pas de longue durée ; réconcilié et rentré dans les bonnes grâces du souverain, Vatadono vit le calomniateur humilié et confondu, et privé, à la suite de ses malversations, des fonctions lucratives qu'il tenait à la cour.

Grâce à la protection de Nobunaga, Frôës sut maintenir et développer la chrétienté de Miyako. Il réalisait ainsi, à la suite de Vilela, les désirs de S. François Xavier ; l'Eglise de Jésus-Christ s'établissait au centre même du Japon et attirait l'attention du peuple japonais, en dépit ou plutôt à cause même de l'opposition des bonzes.

Tous n'étaient pas également haineux, plusieurs cédaient même aux inspirations de la grâce : « De Bandou, où les sciences et l'étude étaient plus florissantes qu'à Miyako, venait un bonze (1) de la secte des zenshus avec trois de ses disciples : pendant quatre jours ils écoutèrent, écrit Frôës, sans proposer aucune question ; le bonze, grand lettré, leur avait donné ce conseil ; dans une matière si nouvelle, création, âme immortelle qui survit au corps, il était bon, disait-il, d'écouter la doctrine jusqu'au bout sans couper le fil du discours, et puis dans un examen approfondi, de la comparer avec les sectes du Japon. Arrivés à la question de la rédemption, eux aussi bien que le bonze s'y plurent extrêmement ; ils en convenaient : ils n'avaient aucune difficulté sur ce point, si conforme à la raison. Bien instruits, ils demandèrent tous les quatre le baptême » (2).

---

(1) Xiofaçu.
(2) Lettre de Frôes, Sakaï 5 sept. 1566. *Cartas*, I, 210².

Une secte des plus puissantes était celle des Nengoros; leurs bonzes ne se faisaient pas raser la chevelure, et ils étaient toujours prêts à porter la guerre, où il leur semblait avantageux ; ils tenaient 20.000 hommes sous les armes (1).

13. C'est l'humeur belliqueuse de ces bonzes qui attira sur eux la vengeance de Nobunaga (1571). « Vous savez, écrivait le Père Frôës au Provincial des Indes (2), et les lettres du Bienheureux Père Maître François comme aussi celles du Père Vilela vous ont appris combien grandes et importantes furent jadis les universités de Fiyenoyama ; c'est une montagne à trois lieues et au sud de Miyako, sur laquelle, dit-on, il y a huit-cents ans, un roi du Japon éleva 3600 temples, sanctuaires des lois ; la puissance royale déclina, les guerres survinrent, et dans les seize vallons sur une étendue de trois lieues, il resta un peu plus de quatre-cents temples ; toujours cependant les bonzes conservaient la juridiction dans la capitale ; leur supérieur était le frère ou le fils d'un roi, à tout le moins un bonze de sang royal ; le tiers des revenus du royaume de Vomi leur appartenait, et au pied de la montagne ils possédaient Sakamoto, villes haute et basse. (3) Il y a trente-sept ans, voulant soumettre à leur autorité toutes les autres sectes, ils descendirent en armes à Miyako, y mirent le feu et massacrèrent une grande multitude d'habitants. »

---

(1) Vilela, Cochin 4 fév. 1571. *Cartas*, I, 378.
(2) Miyako 4 octobre 1571, *Cartas* I, 330[4].
(3) Sur leurs mœurs, pires que celles de n'importe quel séculier, Frôës donne une appréciation, qui justifie le proverbe japonais. « Si un bonze de cette secte devient bouddha, la bouze de vache se changera en *miso* » (la sauce de fèves, plat recherché,) *misonsul* voir plus haut, p. 92 et voir Haas, op. cit. I. 136.

« A une idole, nommée Kwannon, que tout le Japon vénère, avaient été dédiés un temple au sommet de la montagne, et dix ou douze dans la ville haute de Sakamoto ; tous les ans, selon une coutume très ancienne, en l'honneur de cette idole, ils célébraient des fêtes somptueuses sur le lac (d'Otsou ou Biwa) ; puis, à Miyako même, la fêtes d'une autre idole ou *kami*, qu'ils appellent Guivon. Tout le Japon y accourait. »

« Or Nobunaga, irrité de l'arrogance des bonzes et du secours qu'ils ont prêté l'an dernier à ses ennemis le roi d'Ychigen et quelques seigneurs du royaume d'Ava, commença par porter ses armes contre ceux de la secte des Itcochos, leur prit sept forteresses, mit en croix ceux qui échappaient à la mêlée ; puis, obligé de se rendre auprès du Shogoun, il voulut se venger des bonzes de Fiyenoyama. Ils eurent beau lui offrir trois-cents barres d'or, valant chacune quarante-cinq barres d'argent ; il déclara qu'il ne venait pas s'enrichir, mais les châtier. Les bonzes sachant qu'il méprisait *kamis* et *fotoques*, espérèrent qu'au moins il respecterait ou craindrait l'idole Kwannon ; ils se transportèrent donc avec leurs richesses au temple de cette idole, sur la cime de la montagne.

Mais le 29 septembre, il fit mettre le feu à Sakamoto et tuer tous ceux qui s'y trouvaient, puis il fit brûler tous les temples érigés à l'idole au pied de la montagne ; enfin il fit escalader Ficynoyama à ses troupes. Les bonzes se défendirent et lui tuèrent 150 soldats, mais ils furent défaits et passés au glaive. Le lendemain 30, il fit donner la chasse à ceux qui avaient pu se cacher dans des cavernes, laissa piller les bonzeries et raser ou réduire en cendres les 400 temples de Kwannon. Quant aux bonzeries de la capitale, Nobunaga leur a enlevé leurs principaux revenus et les distribue à ses soldats : « ceux-ci, dit-il, travaillent à défendre et à conserver le royaume ; les bonzes servent les morts, ils n'ont pas besoin de manger. »

Un an et demi plus tard, Frôës relatait de nouveaux troubles : « Je ne sais, écrit-il (1), quelle est la triste destinée de ce peuple ; mais de tous les pays du nouveau-monde, il n'y en a pas qui soient plus sujets aux variations et aux troubles : difficilement je pourrais vous raconter les soulèvements, les guerres et les changements survenus depuis l'année dernière. »

Les lettres de Frôës fourniraient, pensons-nous, des éléments précieux pour l'histoire civile et politique du Japon ; elles citent une foule de noms de daïmyo, de chefs d'armée, héros ou victimes des guerres intérieures toujours renaissantes. Dans notre sujet ce côté de l'histoire nous intéresse moins. Signalons seulement ici la mésintelligence entre le Shogoun et son protecteur Nobunaga ; ce dernier menace de mettre le feu à Miyako. « Imaginez-vous, écrivait Frôës, la confusion de Babylone : le peuple qui fuit, sauvant ce qu'il peut ; en un seul jour 1800 chariots déménageant le mobilier ; les bandes de soldats qui dans la ville et sur les routes dépouillent les fuyards ; or, jugez si le butin d'une capitale attire les voleurs ! Quant à nous, après avoir mis en lieu sûr les ornements sacrés, nous fûmes invités par nos chrétiens de Kawaki, de Tamba et de Kounokouni à nous abriter chez eux ; nous refusâmes d'abandonner notre petit troupeau. »

Le résultat du peu de souplesse du Shogoun devant les volontés de celui qui l'avait mis sur le trône fut la dévastation de 90 localités aux environs de la capitale et

---

(1) 20 avril et 27 mai 1573. *Cartas*, I, 338-350.

l'incendie de la ville haute. Les chrétiens, qui occupaient en majeure partie la ville basse, furent peu éprouvés ; parmi les adhérents du Shogoun, un général chrétien, Jean Naitandono de Tamba, et dans l'armée de Nobunaga, celui-ci lui-même protégèrent les fidèles. 6000 à 7000 habitations de la capitale et plus de 70 bonzeries furent réduites en cendres.

Incontestablement Nobunaga était le maître souverain. A côté de lui le Shogoun comme le Daïri comptaient pour peu : une nouvelle rébellion lui coûta son titre et son rang ; il fut déposé (1).

Le terrible Nobunaga prit-il le titre de Shogoun ?

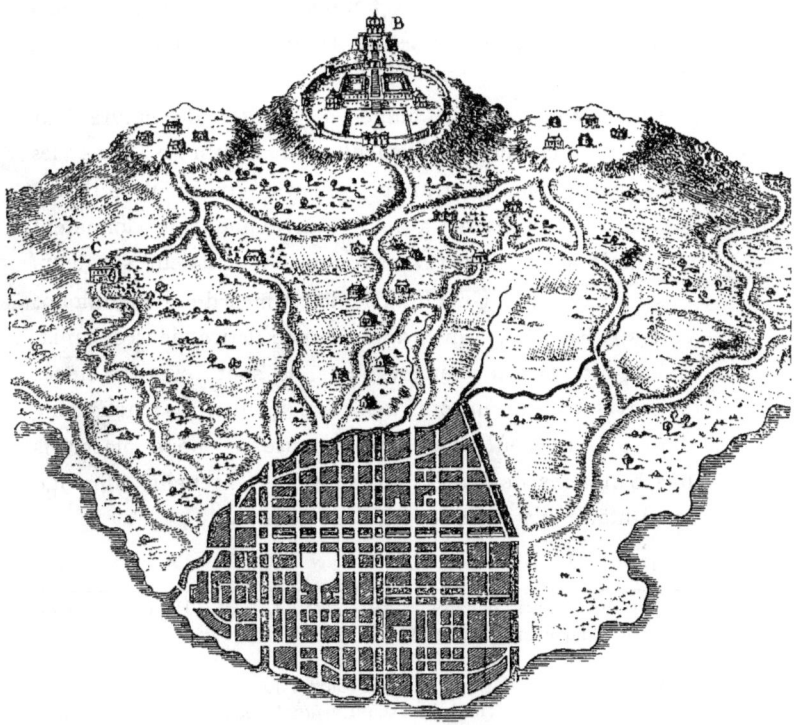

Ville et château d'Anzouquiama
(Charlevoix III, 36)   A *palais*, B *citadelle*, C *maisons de seigneurs*

---

(1) Steichen, p. 74. Avec lui s'éteignit le shogounat des Ashikaga.

on a lieu d'en douter (1). « Il est pour ainsi dire Empereur », écrivait un missionnaire en 1578 ; de fait, il fut le fondateur ou le restaurateur de l'unité monarchique et le vrai monarque du Japon. Il n'accepta, semble-t-il (2), que le titre de Ministre de l'Intérieur (Naïdidjin). Il résida le plus souvent à Azoutchi (Anzuchiama), que l'on nommait le paradis de Nobunaga, et qui était une véritable merveille : il y donnait des fêtes splendides, et en 1581 un carrousel où il convia cent-mille hommes. Quant aux chrétiens, ils considéraient le tout-puissant souverain comme le fléau de Dieu s'abattant sur les bonzes, dont l'orgueil et l'obstination seuls empêchaient le triomphe de la foi dans la capitale du Japon (3).

Les fidèles ou catéchumènes, obligés de suivre leur seigneur, étaient relativement peu nombreux dans les deux partis ; mais parmi ces guerres civiles, ils alliaient au courage militaire la fierté chrétienne ; ils donnaient l'exemple des vertus évangéliques et veillaient sur leurs missionnaires : « Un chrétien de l'armée de Mioshindono, écrivait Frôës (4), m'a apporté une lettre de ses camarades ; ils me préviennent qu'ils ne sont qu'à six lieues de Miyako ; mais ne craignez rien, ajoutent-ils ; nous garderons la rue où est la petite église, et nous placerons nos bannières devant les maisons des chrétiens, afin que le militaire n'y prenne pas logement. »

(1) J. Fr. Monti, 14 janv. 1578. *Cartas*, I, 412[2] « He como imperador ». Charlevoix contre Kämper, tome III, 127.
(2) Steichen, p. 84.
(3) Frôes, 27 mai 1573, Miyako, *Cartas* I. 348[3].
(4) *Ib.* Cfr. Frôes 30 juin 1566 *Cartas* I. 209[4] et 8 juillet 1567, *ib.* 242[5], sur l'entente des chrétiens de deux armées ennemies et leur amour pour les missionnaires.

14. La faveur que Nobunaga avait témoignée aux Pères accrédita le bruit que répandait la malveillance des bonzes : on prétendit que non seulement il méprisait le culte national mais qu'il était chrétien (1).

En 1574 (2), un de ses beaux-frères s'était converti à la foi. A sa cour et jusque dans le palais du Shogoun il y avait un certain nombre de fidèles. Nous avons déjà cité Vatadono, vice-roi de Miyako : il avait reconnu la vérité de notre sainte religion, mais différait d'accepter le baptême ; après avoir aidé Nobunaga à établir le Shogoun et nous avoir rendu les meilleurs services, il fut tué en 1571 dans un combat qu'il eut à livrer contre le seigneur d'Ikenda (3).

L'amitié désintéressée de Vatadono nous avait été conciliée par un noble chrétien, que nous avons déjà nommé, et dont nos relations (4) racontent la conversion et la sainte vie.

Dario était seigneur de la forteresse de Sava, dans la province d'Yamato et l'un des conseillers de Daïondono. D'accord avec deux seigneurs, païens comme lui, il feignit un jour de vouloir s'instruire de notre sainte religion et invita le Père Vilela avec son compagnon Laurent, bien décidé à les faire décapiter l'un et l'autre si dans leur enseignement ils proféraient la moindre chose contraire à la raison, puisqu'ils accusaient la religion japonaise d'être elle-même contraire aux lumières naturelles. Le résultat de l'entretien fut tout différent ; les trois seigneurs se laissèrent convaincre de la vérité de la révé-

---

(1) Frôes, 27 mai 1373 *Cartas* I. 349[1].
(2) Frôes, 4 oct. 1571 *Cartas* I. 333.
(3) Frôes, 28 sept. 1571. *Cartas* I, p. 314[5].
(4) Facaiama (Takaiama) Fidamo Camidono (ib. 311[3]) cfr. Frôes, Usuki, 20 août 1576, *Cartas* I, 364[1].

lation ; les deux missionnaires durent se rendre à Sava, où Dario avait invité ses sœurs et ses cousins ; là ils instruisirent toute la famille et les soldats qui gardaient la forteresse, et gagnèrent plus de cent chrétiens.

Dario fut un chrétien modèle. Daïondono ayant fait proclamer dans la capitale une sentence d'exil contre ceux qui porteraient le rosaire (et c'était l'usage que les fidèles le partassent ostensiblement), le généreux seigneur vint de dix-sept ou vingt lieues avec une suite nombreuse, et les païens le virent, portant au cou un rosaire à très gros grains. On n'eut garde de mettre la main sur eux.

Dario ne se laissait pas effrayer ; il ne se décourageait pas davantage dans le malheur. Il fut contraint après un long siège, faute de munitions, d'abandonner sa forteresse à un ennemi plus puissant ; Dieu, qui voulait se servir de lui pour l'avantage de son Eglise, lui réservait un commandement plus important ; il suivit Vatadono et Nobunaga dans la guerre qu'ils entreprirent contre Daïondono, et après la délivrance de la capitale il obtint par leur influence auprès du Shogoun un édit de liberté en faveur de l'Evangile. Deux ans plus tard, après la mort de Vatadono et de son fils (1571), il fut mis en possession de la forteresse de Takatsuki ; mais âgé de plus de cinquante ans et souvent malade, il en confia les revenus et la défense à son fils, le valeureux juste Ukoadono, pour s'adonner lui-même avec plus de zèle aux œuvres chrétiennes. En peu de temps, la localité compta plus de 500 fidèles et vit s'élever une belle église, avec résidence pour les Pères, qui étaient de passage dans leurs courses apostoliques ; lui-même d'ordinaire dirigeait, comme chef de la prière, les exercices pieux ; il organisait l'œuvre des orphelins ; car ils étaient abandonnés à leur sort et ils étaient nombreux parmi tant de guerres qui désolaient le pays ; il supprimait l'incinération des cadavres et remplaçait les *figiris,* fort méprisés, qui s'en chargeaient, par une confrérie de miséricorde qui avec de touchantes cérémonies conduisait au champ du repos et en terre sainte les dépouilles des enfants de Dieu.

15. Comme nous l'avons dit plus haut, à Frôës avait été adjoint Organtino, un des plus vaillants missionnaires que le Japon ait connus, et dont une carrière de 39 années laissera la mémoire en bénédiction ; à Miyako, et quand les troubles le forçaient à fuir, à Sanga et dans les environs (1), il exerçait son ministère avec un admirable succès ; on considéra comme une merveille qu'il fût après un an capable d'entendre les confessions sans interprète (2).

Combien, on se le rappellera, il avait fallu de temps et de patience, combien il en avait coûté de travaux, de souffrances pour établir la foi dans la capitale du Japon ! Sous le Père Vilela, qui se plaça courageusement avec le signe du Sauveur crucifié en face de l'idolâtrie et qui, malgré les bonzes irrités, prêcha la foi chrétienne avec une fermeté et une patiente invincibles, l'Eglise avait fait d'abord des conquêtes peu nombreuses, mais pleines d'avenir, parce que les néophytes allaient du centre même la faire connaître aux provinces voisines. Lui-même et son successeur, l'infatigable Frôës, n'avaient eu, pendant de longues années de guerre civile, aucune demeure fixe ; mais jamais ils n'avaient désespéré : ils voulaient établir la foi dans la capitale ; aussi bien le courage, le dévoue-

---

(1) A Vacaï, Tavara, Coca, Sacaï, Sanga, Vocaïama.
(2) Frôes Miyako, 9 sept. 1573. *Cartas* I, 339.

ment, la charité de leurs premiers fidèles les soutenaient dans leur désespérante entreprise.

Le Père Organtino Gnecchi, de Brescia, le saint, le doux italien héritait d'une situation, difficile encore; mais il réalisera la pensée du grand Apôtre des Indes; il bâtira à Miyako même un temple, digne du Christ vainqueur, digne aussi de la sainte Vierge Mère du Christ. Les fidèles de la ville et tous ceux des environs contribueront généreusement à cette entreprise (1), et grâce à la protection du vice-roi et de Nobunaga, elle se dressera, petite mais belle, devant la gentilité de la babylone japonaise. En souvenir du jour de l'entrée de Xavier au Japon, le Père voudra la bénir sous le titre de l'Assomption, et n'attendra pas qu'elle soit complètement achevée ; il y dira la première messe le 15 août 1576. De divers côtés, les chrétiens y afflueront. Le fidèle Dario y viendra de Takatsuki avec son fils et 200 fidèles. Les païens seront saisis de le voir arriver à cheval, avec sa famille et un grand nombre d'autres seigneurs ; et l'édification que donneront ces courageux chrétiens sera une prédication éloquente et efficace de notre sainte religion.

---

(1) Frôes Usuki, 9 sept. 1577. Curtus I, 387, 20 août 1576, ib. 367. Il nomme les six principaux bienfaiteurs : Dario Tacayama, Georges Iuquijafensi de Kawaki, Juste Meocam, la sœur de Sungadono, Philippine Quitadono, et Siméon Yquepidafungodono, seigneur de Vocay.

APPENDICE A.

(Voir p. 122, note 1)

Lettres du Japon 1565-1568.

L. Frōës, aux frères des Indes, 27 avril 1565 (C. I. 181⁵-184⁴).
Pendant le carême, Vilela prêche l'évangile le dimanche, le mercredi Damien explique la confession, le soir après les litanies flagellation : quelques chrétiens y prennent part ; le vendredi, un enfant expose la passion de N.-S. ; le Père résume, flagellation, *miserere*. Rameaux : procession à l'intérieur. Confession : 250. Jeudi-saint : 60 communions. Dalmeida arrange le sépulcre, gardes armés, flagellation : ténèbres, un enfant lit la passion, tirée des 4 évangiles : sermon et flagellation. Vendredi-saint, deuil. Samedi, dimanche : depuis minuit, la maison est pleine, quelques communions : messe chantée, procession et sermon. Déjeûner commun ; ceux des environs apportent les provisions. Les chants attirent des païens respectueux. Le soir et le lendemain on renvoie à leurs forteresses les fidalgos et soldats. — Le Père Vilela s'occupe d'établir une maison près des palais du Cubocama ou (1) du Vô.

Avec une trentaine de chrétiens, nous allons visiter les palais, par l'intermédiaire d'un chrétien, vassal du Cubocama (description), puis plusieurs monastères et temples (item) ; nous assistons à un sermon de bonze (voir texte p. 120). Etrange est la foi aux pagodes : à un jeune homme, qui vint, il y a 4 jours, se faire instruire, sa mère disait : mon fils, pourquoi perdre ton âme et n'adorer pas ton dieu Amida ? ainsi que tes ancêtres. Le P. Maître François estimait les japonais, plus que les commerçants qui ne connaissent pas le peuple de la capitale. Ici, on se convertit sans intérêt humain.

---

(1) Nous conservons l'orthographe portugaise des noms propres.

L. Frôës, aux frères du Bongo. Miaco, 19 juin 1565 (C. I. 185¹-189²).

La providence divine a permis aux bonzes d'entraver le projet du P. Vilela : il avait espéré ouvrir une résidence dans la ville haute pour les fidèles trop éloignés.

On continue d'instruire : ici il faut répondre et réfuter : un beau-frère du roi de Mino, posait ses objections sur la malice des anges, victorieux d'Adam, sur la transmission du péché originel, sur la prospérité des méchants, sur la spiritualité d'une âme qui n'agit pas sans les sens. Le P. a réuni ces objections et nous les communique. Il invite à dîner une fois par an 5 ou 6 seigneurs du palais du Cubocama, pour avoir leur bienveillance ; l'un d'eux est chrétien ; un païen âgé, qui nous introduit auprès du Cubocama, se plut après le dîner à faire disputer deux enfants au sujet des sectes. Ils ont en partant visité la chapelle. Il faut absolument les détromper et ruiner leur confiance en leurs huit sectes. — Pendant le jubilé, Vilela, affaibli par le régime japonais (laitues cuites sans assaisonnement, feuilles desséchées de raves, poisson salé et riz), tombe malade : il entend les confessions en chambre : à la Pentecôte, je dis la messe : toutes les nuits, dix ou douze fidalgos et soldats viennent pour s'instruire. Le Père songeait à aller visiter les chrétiens des environs, quand survint un évènement inattendu. — Mioxindono, Seigneur d'Imori et regidor du royaume de Miaco, avait conquis à la guerre quelques royaumes : nous comptons 150 chrétiens parmi ses sujets. Il a pour regidor Dajondono, beaucoup plus puissant que lui, qui réside à Nara, tyran cruel. Il y a un mois et demi le Cubocama éleva Mioxindono à une nouvelle dignité : celui-ci vint le remercier avec son fils et Dajondono et un autre grand seigneur : avec eux à une demi-lieue venaient 12000 hommes : le Père Vilela, selon l'usage, alla les visiter. Le Cubocama recommanda aux habitants de ne pas chercher querelle : depuis 18 ans qu'il règnait, il est ami de la paix. Mioxindono le visita plusieurs fois et fut bien accueilli ; il l'invita à un banquet, hors ville, dans un monastère. Le Cubocama, craignant trahison, n'accepta pas. Les 3 seigneurs le rassurèrent avec serment et proposèrent de donner le banquet dans le palais de sa mère. Le samedi, veille de la Trinité, le Cubocama partit secrètement avec quelques seigneurs, pour se rendre à un royaume voisin. A une lieue de Miaco, se doutant de son projet, ils l'en dissuadent ; il rentre. Le lendemain, dimanche, Mioxindono part de Miaco avec 60 cavaliers, tourne bride vers le palais, où il n'y a que 200 hommes : 12000 hommes l'entourent, on y demande au Cubocama de prendre connaissance d'un écrit ; le seigneur âgé, dont j'ai fait mention, notre introducteur, le lit : on y demande que le Cubocama tue sa femme, fille de ce seigneur, ainsi que plusieurs sujets, à cette condition on se retirera en paix. Le vieillard voit le piège, leur reproche leur trahison, il se donne la mort (Harakiri) ; son fils, notre ami, est tué : 4 partisans du Cubocama ne parvenant pas à entrer chez lui, se suicident. Le feu est mis au palais, le Cubocama est tué ; un frère, jeune bonze et sa mère également ; les dames sont décapitées ou périssent dans les flammes. On cherche la reine : elle s'est sauvée ; un chrétien sauve deux de ses filles, 90 ou 100 chevaliers périrent : on brûla leurs corps : les bonzes enterrèrent le Cubocama.

Nous étions à prier : un des principaux fidalgos de Dajondono, le chrétien Jamaxicandono nous fit tout craindre de son maître et de son fils, conseillés par les bonzes Iotquexos ; le lundi de bonne heure, après la messe, la fuite étant impossible, nous décidâmes d'attendre la mort, nous envoyâmes les ornements sacrés à Imory — On dit que Mioxindono veut élever au pouvoir un cousin germain du Cubocama, qui est au royaume d'Ava. — Le mercredi on décapita dans un monastère à une demie lieue de la capitale, la reine, âgée de 27 ans : elle avait écrit une prière touchante pour Amida : ce dont les bonzes la remercièrent : elle mourut courageusement. — On continue de rechercher les partisans du Cubocama pour les faire périr et confisquer leurs biens. Mioxindono a fait ravager deux localités. Un fidalgo, Ienquibondono, avec 800 hommes, résiste. De nos chrétiens, serviteurs du Cubocama, quelques-uns restent cachés. — P. S. Nous voici exilés : je suis dans l'île de Canga, plus petite que Taquxima, réduit au riz et aux citrons. Vilela est à Imory. Le jour de S. Madeleine, à Miaco, j'ai encore baptisé un bonze, et deux sujets du secrétaire de Mioxindono.

L. Frôës aux frères de Macao. Miaco 22 juillet 1565 (C. I, 189²-190²).

Révolution : en 2 heures, massacre de Cubocama et de ses adhérents, destruction du palais par Mioxindono et Adayandono : celui-ci, le principal traître, est notre grand ennemi. L'autre, plus élevé en

charge, a 150 soldats chrétiens : c'est ce qui nous a valu, avec
l'aide de Dieu, d'être épargnés : leur chef est mort d'accident, il
y a 3 semaines. — On s'attend à ce que quelques seigneurs voisins vengent l'assassinat. Que Jésus-Christ nous protège ! Aujourd'hui
(S^e-Madeleine) baptême d'un bonze et de deux sujets du secrétaire
de Mioxindono. — Notre voyage de 3 mois de Firando ici fut
très pénible pour le fr. Louis et moi : grands froids. — Chassés
de Miaco, Vilela est à Imory, moi dans la petite île de Iacuxima.
Antoine qui porte cette lettre vous en dira davantage.

G. Vilela au P. de Torrès. Imori, 2 août 1565 (C. I. 190²-190⁴).

Dajandono, autre Néron, fit publier le lendemain de son départ
de Miaco, un décret d'exil contre les Tenguicuzis, ainsi qu'on nous
appelle : notre église est confisquée. Et cela est connu à Sacay.
Aujourd'hui j'envoyai un homme à Sacay, demander à Roch qu'il
loue une maison, et qu'en attendant Frôës loge chez lui jusqu'à
ce que la situation s'éclaircisse. Si nous ne pouvons retourner,
j'irai au royaume d'Ava : le futur Cubo est là ; un fidalgo, Xinovarandono, m'introduira chez lui. — De Sacay, le tyran ne pourrait nous exiler ; la ville est fortifiée ; quand un étranger est
accueilli dans une rue, toute la ville l'agrée.

L. Frôës, Canga 3 août 1565. (C. I. 191¹-193¹).

Dajandono et son fils, poussés par les fotqueixus, sachant que
nous avons lettres patentes du Cubocama défunt, de Mioxindono
et d'eux-mêmes, ont excité le Vo, Seigneur de tout le Japon, à
nous exiler. Les bonzes avaient soudoyé le soldat, qui tua la
femme du Cubocama, pour nous tuer la nuit ; mais le chef des
soldats chrétiens d'Imori fit veiller ses hommes. Vilela alla à Imori
le 27 juillet ; 3 jours après, le décret étant connu, on décida de
partir : le lundi matin, Fiungandono, un des 3 principaux regidores
de Miaco, notre ami, me fit savoir que ses démarches auprès de
Dajandono étaient restées vaines, qu'il enverrait des hommes pour
me protéger : que je me hâtasse, car le lendemain Dajandono,
Mioxindono et lui retournaient à leur forteresse. Un autre païen
m'envoya un sauf-conduit. Le secrétaire de Mioxindono agit auprès
de deux païens nos ennemis, pour qu'on attendît de publier le
décret : nous dépouillerions notre église et notre départ s'effectue-
rait ainsi sans déshonneur. Les fidèles purent donc emporter le

mobilier, portes, fenêtres etc. A 15 ou 20 femmes qui sanglotaient j'adressai des paroles de consolation. Une malade qui disait à Damien que l'on viendrait me décapiter, voulait venir pour subir le même sort. Les bonzes venaient se moquer : mais la présence des gardes les contint : la nuit nous fûmes assaillis de pierres. Enfin à 3 h. après midi, dans un petit brancard, entouré de gardes, de chrétiens et du secrétaire, je fus conduit à une lieue et demie. Damien les rassura sur l'avenir, trois chrétiens m'accompagnaient à 11 lieues jusque chez le P. Vilela. A 2 l. de Miaco, les sujets de Fiungandono me procurèrent une embarcation ; à Firacata, nous trouvâmes des gens d'Imory. La résidence de Vilela a été construite par le fils de Jamaxirandono, qui décéda à Miaco. Le Père a dû détourner les soldats chrétiens de s'exiler ou de mourir avec nous. — Le même jour, j'allai à l'île de Canga, propriété de Sancho, le chef des chrétiens d'Imori. — Nous avons échappé aux dangers de mort et à la haine inextinguible des fotqueichus. Au royaume d'Ava, gouverné par Xivarandono qui a déjà trois, quatre fois suivi nos prédications, Vilela pourra réussir : mais espérons et prions pour notre retour à Miaco. — Du royaume de Cavachi.

G. Vilela aux Pères du couvent de Avis en Portugal, Sacay, 15 sept. 1565, (C. I. 193¹-197²).

Cette 3me lettre espère une réponse. — Description du Japon. Guerres partout sauf 4 royaumes sur 66 ; misère et pauvreté ; fidalgos, toujours en armes, marchands, bonzes, laboureurs qui travaillent 2 jours sur 3 pour leur maître, 12 sectes. — Il y a 18 ans, Fr. Xavier homme apostolique S. J. et parfait dans ses œuvres, avec un autre Père et un compagnon, passa une année ici ; après un an vint un 3e envoyé par lui. Parmi beaucoup de souffrances, on convertit beaucoup de japonais, quoique fort attachés à leurs idoles. Moi, pécheur, après un an et demi passés dans l'Inde, je vins 8 ans après les premiers Pères. Après un an, envoyé à Firando, où je construisis 4 églises ; chassé de là, j'allai au Bongo, puis à 300 l. de là à Miaco : c'est une autre Rome, chef-lieu religieux. Dieu sait les dangers que j'ai courus ; plusieurs domiciles, expulsion : retour à Miaco : je reste caché dix jours chez un chrétien. Après 6 ans de séjour, un Père me fut adjoint, il y a 3 ans. Révolution : chrétiens armés protègent notre maison. Nous allons à Sacay ; nous espérons rentrer à Miaco. Les prières des religieux nous sont nécessaires. — Les bonzes spéculent sur les funérailles renouvelées les 3e, 7e et 30e jours, les 3e, 12e et 30e années, et chaque mois : d'où riches revenus : ils font quêter à l'entrée du temple, qui est très richement orné : ils ont d'excellents peintres. — Religieux chevaliers, 20000. — Religieux sorciers. Bonzesses dissolues. Patience divine ! — Temple de Nara : aux biches, poissons, poules des bonzes on ne peut toucher. Diableries. — Nos chrétiens sont très bons, pieux, pénitents. L'unité de langue favorisera la conversion de tout le Japon : manque de prêtres.

L. Dalmeida à ses frères. Firando 25 octobre 1565 (C. I. 159¹-171⁴).

J'ai été envoyé par le P. de Torrès avec le P. Luis Fróës, celui-ci pour aider le P. Vilela à Miaco, moi pour l'accompagner et rapporter des nouvelles de là.... Cochinoçu, — Ximabara (7 l.), — Tacaxe (7 l.), — Firando (40 l. par terre) passant par Menofama, puis en barquette par Nangoia (14 l. plus loin où il y a quelques excellents chrétiens), — Taquxima, — Firando, — Cochinoçu (40 l.), — Ximabara, où 900 chrétiens, Tacaxe, — Cutami, — Bongo (9 l.), — Usuqui (7 l.) où le roi nous donne lettres pour Miaco, — Bongo, où le vent défavorable nous retient un mois, et un Tono très honoré se convertit, — Fore au royaume d'Yu, d'où notre capitaine est natif : une famille chrétienne nous promet un fils de onze ans, — Xivaquy. Une autre embarcation nous porte à Sacay, que nous voyons en flammes : un millier de maisons brûlaient. Accueil princier d'un chrétien qui nous envoie sa barque *parão*. — A Vozaqua (3 l.) où nous logeons, incendie de 500 maisons : les conducteurs cachent le Père : car partout, dit-on, où nous arrivons, le feu éclate. — Je m'étais arrêté á Sacay, malade des grands froids ; pendant 25 jours je fus admirablement soigné par un excellent médecin chrétien, et fis 8 conversions. La fille de la maison, Monique, âgée de 16 ans, que son père Sancho veut marier à un bonze, son oncle, veut garder sa virginité. Le père se résignera-t-il ? — Sancho me fait conduire en palanquin chez un seigneur païen très riche et puissant, dont le P. de Torrès m'avait recommandé de gagner l'amitié, et dont le secrétaire est chrétien. Un frère japonais, mon compagnon, prêche : 3 fidalgos de ce seigneur se convertissent. Sancho, avant de me laisser aller à Imory, me retient, il montre des pièces très riches de porcelaine pour le *cha* : détails sur leur valeur. Avec une grande et riche suite, il me conduit jusqu'aux embarcations, envoyées d'Imory. Le palanquin me dépose à minuit. Joyeux accueil. — Le lendemain, les sujets de Mioxindono viennent au sermon deux fois par jour, on les prépare à la confession : après le sermon, causeries sur la loi des Jenxus. Toute la semaine, confessions. — Avec le Père, visite, comme tous les ans, au roi, qui offre à boire de sa tasse. — Messe dans l'île au pied de la forteresse dans l'église construite par un seigneur très zélé, qui veut donner 50,000 *caxas* (1) pour bâtir une église à Sacay ; quelques mariages, 8 baptêmes. — Frōës était resté à Miaco, où j'allai me faire soigner : c'est à 10 l. — Le 29 avril, j'allai visiter Nara (10 l.); on vint à ma rencontre avec des chevaux. Avec le fr. japonais, je visite la forteresse de Dajondono, qui tout en étant vassal de Mioxindono et du Cubocama (qui sont maîtres souverains du Japon, encore qu'à présent ils n'aient que 7 royaumes) fait tout et les tient soumis à lui. C'est depuis cinq ans que Dajondono a commencé à bâtir, lui et ses vassaux. Cela surpasse les constructions de Miaco. — Je visite les temples Cobuquigi, Cacunga, Fachimam, Dahybut (longues descriptions). — De Nara je vais à Tochi (5 lieues), forteresse du cousin du Cubocama : grande réception : un fr. japonais avait seul été là jusqu'ici. Je reste 3 jours avec ces bons chrétiens, très adonnés à la prière. — Je vais à Sava (20 l.), d'où dom Francisco envoyait des chevaux, et nous prenons congé des chrétiens qui nous ont accompagnés. L'église petite mais belle. Le seigneur y vient, au retour de la chasse : très zélé, quoique converti depuis un an seulement. — Le lundi, 7 mai, je vais à une autre forteresse (4, 5 l.) dont on décide le seigneur à être fidèle à Dajondono : grande joie. Je prêche. — Dans une autre forteresse, toute la famille se convertit. — Allant en ambassade chez le roi de Mino, je convertis deux seigneurs nobles ; mais pressé de rentrer, je les recommandai au Père de Miaco. — Le dimanche, grande réunion présidée par dom Francisco ; je baptise neuf personnes, dont un jeune homme venu de 10 l. à Sava pour cela. — Vers Sacay,

---

(1) Charlevoix I, 54 « la casie valait un peu plus d'un de nos deniers ».

accompagné de 24 soldats, pendant 4 heures, puis de 4. On ne me permit pas de rien payer. — Sancho, dont la fille n'épousera pas ce païen, nous accueille royalement ; le principal seigneur d'Imory vient encore nous faire ses adieux. Un lettré, médecin, converti, veut aller au Bongo. A la mi-mai, je partis et arrivai avec lui en 13 jours. — Usuqui, où le roi et beaucoup de chrétiens se sont retirés, un terrain nous est donné sur le rivage. — Ximabara, où mille chrétiens, avec le P. de Torrès venu de Cochinoçu depuis 25 jours. Joie de mon arrivée : 180 baptêmes. — Omura, où dom Barthélémi fait prêcher mon compagnon japonais. — Facunda où le capitaine Jean Fereira a relâché. — Cochinoçu où enterrement de Léon, empoisonné par les bonzes. — Ximabara, bonne chrétienté.

L. Frôës à un Père de Goa. Sacay, 24 janv. 1566 (C. I. 212²-213¹).

Dévotion de nos chrétiens pour chapelets, images, médailles. Ferveur et humilité du secrétaire de Mioxindono, roi de Cavachi, auquel le Cubocama était soumis et qui l'a tué. — Pour réparer ses péché avant sa 1ʳᵉ communion, il demanda de se flageller en public. ; on ne lui permit la pénitence qu'en privé. Depuis 6 mois que nous sommes ici, il a communié 2 fois. C'est lui qui nous conduisit hors de Miaco, quand les *goris* nous chassèrent. — Envoyez-moi des remèdes pour le mal dont je souffrais à Goa. Notre régime est dur ; encore nous coûte-t-il 450 cruzados par an pour 2 Pères, 2 frères et 2 ou 3 petits serviteurs. De ma part de souffrances, j'aurais pu fournir largement deux frères ; mais la moisson sera grande si, non contents de travailler dans les ports fréquentés par les portugais, nous parcourons les 66 royaumes.

L. Frôës aux Pères du Portugal, Sacay 30 juin 1566 (C. I. 206²-209¹).

Prêts au martyre, nous fûmes expulsés : au royaume de Cavachi, un noble chrétien avait construit une chapelle de Notre-Dame : après 7 ou 8 jours passés chez lui, nous vînmes à Sacay. Pour ne pas avoir voulu prêter serment aux idoles de son roi, il a renoncé à sa forteresse d'un revenu de 1500 cruzados et avec sa famille et 4 ou 5 sujets arriva ici. Des fidalgos et des chrétiens de la forteresse, où se trouvait le roi de Cavachi, Mioxindono, obtinrent par l'intervention de 3 seigneurs païens, ses parents, que son revenu fût rendu à ce noble chrétien. — Les chrétiens de Miaco viennent ici pour les sacrements et la prédication. A la Noël, 3 messes et communion, déjeuner commun : quelques femmes venaient même de 10 l. malgré le froid. — Carême : le jeudi saint 50 communions, beaucoup plus de confessions : flagellations, longues prières et lecture, la nuit. — A Miaco, les fidèles ont célébré leur Noël dans une maison particulière, sous la présidence de Thomas, jadis bonze à Sacay : tous les dimanches réunion. En carême, le vendredi visite des hôpitaux de lépreux et flagellation : il faut modérer les excès. — La guerre a empêché les excursions apostoliques, mais non les visites chez nous : on ne vient pas se faire baptiser, mais d'abord s'instruire et faire réfuter les sectes : les bonzes sont au contraire de mauvaise foi : ils nous accusèrent d'avoir mangé un enfant : le lendemain on le retrouve. Le Dayri, auquel nos chrétiens ont demandé lettres patentes en confirmation de celles du Cubocama décédé et d'autres rois et gouverneurs de Miaco, n'en veut donner que s'ils jurent devant les idoles que nous ne mangeons pas de chair humaine. Il n'accepte pas le serment fait à Dieu. Nous espérons que Xinovarandono, roi d'Ava, très puissant et qui a entendu quelques instructions, pourra établir le nouveau Cubocama : ce qui donnerait enfin la paix. Le tyran Dajondono a éprouvé des revers et a péri dans un 1er combat sous les murs de Sacay : nous avons des fidèles dans les 2 armées ; dans le 2e combat, il y a 15 jours, a péri celui qui envoya l'an dernier un soldat pour nous tuer à Miaco. Les chefs chrétiens portent sur leurs étendards, les soldats sur leur casque la croix ou le nom de Jésus ; ils évitent de s'entre-blesser. En ville ici, amis et ennemis s'entendent. — Le P. de Torrès étant vieux et malade, a rappelé le P. Vilela pour confesser et visiter ses fidèles ; depuis six ans ils n'ont pas eu de confesseur. Parti le 30 avril, il me laisse toute la charge, tout affaibli que je suis. — Depuis lors j'ai baptisé un fidalgo noble, 12 ou 15 de ses soldats et 4 ou 5 autres personnes. A l'Ascension, communions. Ceux de Miaco et d'ailleurs viennent communier à la Pentecôte, à la Fête-Dieu. Quel soin pour la confession ! il y en a qui ont marqué jour par jour leur examen de conscience. Le jeune secrétaire de Mioxindono, roi de Cavachi, vient communier ou s'instruire 4 ou 5 fois par mois. Un bonze, frère de la reine d'Yamato, est venu s'instruire ; mais les revenus de son monastère (2000 cruzados) et la crainte de Dajondono l'arrêtent ; la paix faite, j'irai chez lui.....

L. Frôës aux frères de Goa, Sacay 1566 (C. I. 210³-212¹).

Le père du roi de Mino (à 15 journées de Miaco) étant mort malgré les prières de tous les bonzes, le roi ordonna de détruire tous leurs monastères. Il n'y a plus que les Jenxus (athées) : un de leurs bonzes, leur chef, Taixequi, a un parent, chevalier, qui a 700 vassaux. Celui-ci brouillé avec le roi, vint à Miaco s'instruire de notre foi. Survint l'assassinat du Cubocama ; mais ces jours-ci il acheva de s'instruire et je le baptisai avant-hier. Il engagera le bonze à me proposer les questions qu'il tient préparées pour embarrasser ceux des autres sectes. — Du Bandou, quasi le plus extrême des royaumes du nord, un Jenxu, Xiofagu, est venu avec 3 jeunes chevaliers frères..... dimanche passé, je les baptisai. Le bonze a rétracté par écrit son enseignement et croit que nous les réfuterons facilement, si nous allons là. — Un bonze de Miaco inquiet, s'était fait soldat : il est venu avec 2 compagnons : ce matin, je les baptisai tous les trois. — Un des 4 regedores de Miaco, du conseil de Mioxindono, a demandé au chrétien de notre rue, notre protecteur, d'entendre nos instructions : il a disputé 1 1/2 heure sur l'être et le non-être : il reviendra. — D'un païen puissant de Miaco j'ai baptisé 15 ou 20 sujets et un oncle soldat ; après la guerre il viendra lui-même. — Un habitant de Sacay, chef de 2 des principales rues, se fait instruire. Avec 6 chrétiens de cette influence, notre séjour ici est assuré. — Un enfant mourant ayant été baptisé par un chrétien, se donnant pour médecin, la mère, furieuse d'abord, se calma et promit de se faire instruire. — Le roi de Bongo vient d'écrire en notre faveur à un grand seigneur de Miaco, à la demande du P. Vilela.

— Un chrétien, qui fut à Coya, à 13 l. de Sacay, me raconta ce qui se fait au tombeau de Combodaxi. — Détails sur les Itcoxos, bonzes mariés, sur la nouvelle secte des Xinxei.

C. de Torres au P. Général, Cochinoçu 24 oct. 1566 (C. I. 205³-206¹).

..... Nous sommes 7 Pères, 7 frères : Frôës est a Sacay et y fait beaucoup de bien. Vilela, qui a fait bien des conversions à

Miaco, est venu en mai pour aviser aux besoins de la mission : il est à présent avec le P. J. Cabral chez un prince converti en 1562... Les chrétiens se répartissent dans presque tous les 66 royaumes : leur générosité à affronter le martyre fait bien augurer de l'avenir : les guerres continuelles sont un grand obstacle. Souvent j'ai prié le P. Provincial d'envoyer un supérieur : je le demande à V. Paternité.

L. Frôës, Sacay, 12 juin 1567 (C. I. 240^1-242^1).

Secte des Jenxus, la plus répandue dans la classe noble, 3 ou 4 doctrines contradictoires : méditent beaucoup. Tous les ans 2 ou 3 cents bonzes viennent y tenir 3 mois de « cercle. » Il y a 15 ou 20 jours, un bonze de 32 ans, du royaume de Miaco vint avec une lettre d'un chrétien : depuis 10 ans la doctrine des Jenxus ne le satisfaisait pas. Chez un chrétien de Miaco, il écouta et vint ici me consulter sur Fombun, Fourai nome mogui, Buxon. Je lui expliquai notre doctrine révélée sur Dieu, sur notre Sauveur, sur notre sort futur. Il vint encore 2 fois, et satisfait, il écrivit notre doctrine, montra son écrit à Damien. Il rentrera chez lui, quittera tout, et viendra dans cette maison de la Compagnie. Avant hier je le baptisai sous le nom de Léon, qui plaît au japonais. Il dit que le roi de Mino a changé déjà deux fois de secte. La paix favoriserait là notre foi parce que on n'y est pas si attaché à la secte des ancêtres.

L. Frôës, Sacay, 8 juillet 1567, (C. I. 242^2-245^3, 241-242).

Depuis 3 ans je suis ici. Vilela a été rappelé. J'ai pour compagnons 2 japonais et 2 chinois. Exercices religieux, composition de livres, sermons. La maison étant trop petite, nous en avons loué une plus grande : belle chapelle, un beau retable de la Nativité par un orfèvre japonais ; ainsi nos chrétiens peuvent se rassembler tous et prouver aux païens leur fidélité. — Noël, minuit ; à midi, chrétiens, soldats des 2 armées ennemies se traitent en frères ; de jeunes nobles servent humblement : chose que hors de là ils ne feraient jamais. Puis le soir, le chapelet, dévotion préférée. Après leur départ, beaucoup de païens viennent voir. Sancho d'Imory qui est comme le père de cette chrétienté me demandait à Sanga (1 l. d'Imory), il m'envoya prendre, malade, pour la fête des 3 rois. Pendant 8 jours, prédications, confessions : Sancho expose et réfute les tromperies des sectes. Communion à l'Epiphanie. Education très pieuse de son fils, âgé de 6 ans. Il me reconduit à 7 l. vers Sacay; prévient pour les cendres.

Exercices du carême à Sacay; ceux de Miaco viennent tous les dimanches. En leur faveur, je célèbre la semaine sainte et Pâques, à Sangua plus rapproché. Sancho répartit chez ses vassaux les fidèles de Miaco, Imory, Sacay, Nanguasaqui, Toba, etc. Il agrandit l'église. Le jeudi saint 80 communions. Le mardi saint, ceux de Miaco viennent à 50 sous la conduite d'Antâo. Combien ils désirent notre retour! — Soudain, une lettre de Sacay pour le seigneur de Sanga annonce la guerre commencée par Mioxindono, roi de Cavachi; Sancha arrête les chrétiens qui veulent partir ou s'armer. Flagellations du jeudi-saint; le samedi-saint, l'orfèvre de Sacay expose un retable de la résurrection. Bénédiction de l'eau. A Pâques, procession du S. Sacrement le long d'une rivière. Après la messe, banquet. Pêche de 2500 poissons. Sancho promet de bâtir grande église. — L'augmentation de la chrétienté est arrêtée par les guerres: nul moyen d'aller hors de notre pauvre demeure. Damien est reçu dans la S. J., il sort parfois pour baptiser; alors Augustin le remplace pour prêcher. Depuis un an que Vilela est parti, nous avons baptisé plus de 100 personnes, dont 60 nobles. Il y a 15 jours je baptisai 2 fidalgos, dont un médecin de 50 ans: il se rend chez le roi de Farima et l'engagera à se faire instruire.

Après les communions de l'Ascension, je vais baptiser un Jenxu, parent de Sancho, converti par lui, un sien cousin et 5, 6 personnes; 30 confessions, 23 communions et 6 baptêmes à la Pentecôte: reconnaissance au Saguadono. Ils partent pour la guerre. — Quant à notre retour tant désiré et si important à Miaco, à la cour du plus grand seigneur Xinovaradono, il y a un fidalgo chrétien qui m'a introduit chez lui, et comme X. amène du royaume de Ava le nouveau Cubocama pour le mettre en possession de Miaco, j'ai pu visiter 2 fois le Cubocama et 2 ou 3 fois Mioxindono; le fidalgo a écrit de la part de X. aux Cuges, conseillers du Vo, jusqu'à 2 fois; l'un répondit qu'il ne voulait pas recommander au Dairy des gens qui prêchent la loi du démon et mangent de la chair humaine, font sécher les plantes et détruisent les royaumes. Le fidalgo réfuta tout cela et offrit une dispute entre un Père et tous les lettrés du Japon: « la misère est si grande à Miaco, ajouta-t-il, que des autres royaumes où ils sont on doit aider les Pères d'ici; depuis leur exil l'armée de Vomi a détruit Miaco ; Varadono mettra les Pères en possession de leur église ». Le Cunge depuis lors a promis à des chrétiens de les favoriser. 25 fidalgos chrétiens se sont réunis avec Sancho à Amagasaqui devant X. et les 3 regedores nos ennemis. Il les dispose à nous laisser rentrer. Survint un obstacle : un fidalgo chrétien de 17 ou 18 ans, parent d'un des 3 regedores et que j'ai baptisé à Sanga, se trouvant à Coymizu, où alors était X. avec les 3 regedores, disputa avec d'autres jeunes gens païens et, molesté par eux, s'indigna et fit une insulte notable à leur idole dans le temple. Les regedores surent de lui que nous ne lui avions rien conseillé de pareil. On lui déclara qu'il serait mis en croix s'il n'était parent de 2 d'entre eux. Privé de tout, il s'est retiré à Sangua, où Sancho l'entretient. X. mécontent aussi, a renouvelé cependant ses instances auprès des Cunge. Mais avant que ceux-ci répondissent, Mioxindono et Dajondono partaient de Sacay avec 4 ou 5 mille hommes pour prendre le royaume de Miaco. X. et les 3 regedores, dont ils sont les ennemis, n'ont pu aboutir, les cunges attendent l'issue de la bataille pour répondre.

L. Frōes, Sacay, 4 oct. 1568 (C. I. 250^2-251^4).
Grande joie à la nouvelle qu'à Macao est arrivé le patriarche d'Ethiopie comme évêque du Japon. — Voilà six ans que je n'ai vu de Père. Le 25 septembre je baptisais un jenxu, de la cour de Mioxindono ; avant hier il a fait demander mon interprète pour convertir sa famille — A Pâques, à Sangua, j'ai baptisé dix ou douze personnes chez Sancho. De là au royaume de Cunoquni, Nangaçaqui, dix baptêmes; j'y fus rappelé, dis la messe, et fis 40 chrétiens : deux ou trois fidalgos décidèrent d'y élever une église. — A Curiama, Cosme, le second en influence après Sancho, m'appela avant d'aller à la guerre : 3 ou 4 baptêmes. — Ici un bonze de la secte de Iodoxu, récite son rosaire : il se convertira. — A Miaco, après la Pentecôte, on a demandé le fr. japonais : il y est resté 40 jours, 3 sermons par jour : 30 baptêmes. — Notre retour n'est pas encore accordé : il n'y a pas de sécurité parmi ces guerres. Xinobaradono a fait cependant rendre et ouvrir l'église, en attendant mon retour. Il a écrit une nouvelle lettre au roi de Miaco ; mais il y a 5 ou 6 jours le roi de Voari tombe avec 60000 hommes sur la capitale pour mettre le frère du Cubocama assassiné en possession du pouvoir. Daigne N. S. accorder la paix.

L. Dalmeida au Père et Evêque dom Belchior Carneiro, Japon oct. 1568 (C. I. 252¹-254¹).

A Miaco l'église est rendue, à l'usage des natifs japonais ; le fr. Belchior y a converti 45 personnes : le P. Frôës a quasi permission d'y aller ; après la guerre, on y fera beaucoup de bien. — A Sacay les convertis sont surtout des étrangers : pour une église, on a déjà 1500 cruzados. — A Yamanguchi, on persévère sous la direction d'un chrétien désigné par le P. C. de Torres.... à Nangasaqui, avec 500 personnes du peuple, tous les notables persévèrent, convertis par des frères.

APPENDICE B.

(Voir p. 127, note 3)

Lettres du Japon 1569-1573.

L. Frões au P. M. de Figueiredo, Miaco 1 juin 1569 (C. I 256²-268¹).

Je raconterai nos succès et revers. — J'avais visité à Sacay nos deux principaux protecteurs, Sacumandono, qui tient 15 m. hommes et est le plus influent des vassaux de Nobunanga, roi de Voari, et Vatandono, autrement nommé Vandaigono Camindono, qui est à présent regedor ou vice-roi de ce royaume de Jamaxiro et Cunocuni, et très bien vu du Cubocama et de Nobunaga; tous les deux, spécialement Vatadono me donnaient leur parole de me faire rentrer à Miaco. — Le samedi 26 mars Tacayamandono nous envoya gens de pied et de cheval disant de me presser parceque Vatadono me faisait appeler de Miaco, qu'il avait obtenu de Nobunanga mon retour, qu'on m'attendait à 8 l. plus loin. Le lendemain, après avoir confessé et communié nos fidèles je partis, accompagné d'eux : Reoqucy nous offrit à moi et aux gens de Tacayamandono le banquet d'adieu selon l'usage, et nos fidèles prirent congé de nous. Le soir nous arrivâmes à Todaginay, au monastère des Itcoxos : mais la peste y sévissant, nous allâmes à Fuge, à 5 l. de Sacay, ou Tangandono avait envoyé 10 hommes pour porter nos bagages. Le lendemain nous trouvâmes au monastère de Temzinnobaba Tacayamadono qui nous attendait avec des porte-faix. Comme le ciel se couvrait, pour ne pas arriver mouillés à Miaco, il nous fit entrer a 1 ou 2 l. plus loin dans sa forteresse d'Aquutangava : bon feu. Lui-même entretint les soldats de notre sainte religion aussi bien qu'auraient pu le faire nos frères japonais. — Comme un jeune chrétien de Sacay avait été envoyé à Miaco annoncer notre arrivée pour le dimanche, les principaux étaient venus à notre rencontre à 3 l. à Iamuzaqui; la pluie rendit leur voyage inutile ; le lundi, ils vinrent nous recevoir à Camaccaçurayava. Grande fut leur joie. Dans un temple d'Amida, à une l. de la cité ils avaient préparé des *Sácanas* pour régaler les gens de la forteresse et exprimaient leur reconnaissance envers Tancaiamandono : le soir du lundi nous fumes reçus à Miaco par le chrétien Antâo dans son zaziqui : on vint nous visiter jusque dans la nuit : larmes de consolation ! — Le mardi Vatadono me fit dire d'être prêt à visiter Nobunaga, qui s'était informé si nous étions déjà arrivés. Vinrent aussi Faquayamaxirondono, Iquendatangadono, Tacayamandono et autres chrétiens, sujets du Cubocama et de Mioxindono. Nobunaga, roi de Voari, appelé aussi Canzucandono (portrait), dont le père était seulement seigneur de Voari, a soumis en 4 ans 17 ou 18 provinces, les 8 principales qui sont le royaume de Jamaxiro, où est Miaco, et les limitrophes en 7 ou 8 jours.

Avec 100,000 hommes il a établi le nouveau Cubocama, frère du Cubocama assassiné, et dans les propriétés de celui-ci où il y avait 2 temples, il fit une forteresse des ruines de ces temples, y compris les idoles de pierre : ses vassaux y travaillaient avec 15 à 25 m. hommes sous son commandement. Vêtu d'une peau de tigre, il dirigeait, sans craindre ni hommes ni fotoques, ce travail colossal : un soldat ayant soulevé le voile d'une femme pour voir la figure, il lui trancha la tête. En 60 jours, il fit l'ouvrage de 4 ans. Les fotgueixus, nos grands adversaires, de très mauvaise vie, établis au monastère richissime de Rochio, qui avaient donné à Dajondono 1500 cruzados pour nous faire tuer ou du moins chasser et qui nous insultaient à notre départ, ont été bien punis. Le Sotay subit le siège pendant 2 1/2 ans ; pour obtenir le pardon du Cubocama et du roi de Voari, il dut donner de riches pièces d'une valeur de 100 mille cruzados, il perdit 8 dizièmes de sa puissance. Les bonzes de Rochio avaient demandé au Cubocama et à Cavisandono des lettres patentes, qu'ils payèrent 10 m. cruzados, pour ne pas être molestés par les soldats ; mais le Cubocama apprenant comment ils avaient dépouillé le palais de sa mère, fit loger ses soldats chez eux. Dajondono n'osa intercéder pour eux auprès de Nobunaga, quand il dépouilla le monastère et qu'il fit porter dans la maison du chrétien, son vassal, où nous habitons, les riches pièces des zaziques. — Ce Sotay, notre grand adversaire, prévenu de notre visite à Nobunaga, la prévint, et lui soutint que nous apportions partout le trouble et la ruine. Nobunaga se moque de lui et le traite de petit cœur. — Je lui fis visite avec Lorenzo, Belchior, Antonio et Côme ; comme il était à l'intérieur de la forteresse, écoutant de la musique, Sacuma et Vatandono lui offrirent nos présents : chapeau de velours, miroir, canne du Bengale, queue de paon. Il ne prit que le chapeau et fit dire qu'il me verrait une autre fois. Xacumandono me remit une boîte (jequixo) dorée, pleine de sacanas, et avec Vatadono m'éconduisit très amicalement. Nobunaga leur dit ensuite qu'il n'avait pas su quelle politesse il devait à un étranger, venu de si loin pour prêcher la loi, et qu'on aurait pu croire, s'il me recevait en privé, qu'il se faisait baptiser. — Le diable commença aussitôt son œuvre : le bruit se répand que chassés de Sacay, nous sommes condamnés par Nobunaga à rebâtir le Bût de Nara. La nuit, deux messages nous arrivent : 1º le Dairy mandera à Nobunaga de nous chasser et au Cubocama de ne pas nous recevoir 2º le Caiquo, auditeur général de Miaco, a la liste de nos meubles : il les donnera à Misunoximoccoqui, ami de Nobunaga Je laisse Belchior à la garde de la maison, j'envoie Lorenzo chez Vatadono, Sacumadono et Tacayamadono ; je vais me cacher dans la maison d'un chrétien, quatre rues plus loin. Lorenzo rentra le soir et nous rassura : nos amis garantissaient qu'ils prenaient soin de nous maintenir. — Depuis le lundi-saint, 2 sermons par jour ; les ornements sacrés étant partie à Sacay, partie à Tacayama ou Vozaca, nous célébrons de notre mieux la semaine sainte, la communion du jeudi-saint ; le samedi-saint, les fidèles viennent des environs, de 40 et 50 l. Le dimanche, déjeûner commun, puis les quiogen, musique, ragoûts. — Visite au Cubocama au monastère de Rochio, avec présents : malade, il nous fait présenter à sa dame ; je vois plusieurs seigneurs de la cour. — Vatadono, affligé, comme nos chrétiens, de notre déception, se fit un devoir de nous ménager une entrevue avec Nobunaga ; il réussit et avec 20 ou 30 cavaliers vint nous chercher ; j'allai en palanquin (norimono), et lui à pied ; Sacumando se joignit à nous. Nous trouvâmes le roi sur les travaux, où 6 ou 7 mille ouvriers étaient occupés. Je lui offris un flacon de dragées et une chandelle de cire et demeurai 1 1/2 ou 2 heures avec lui. Il m'interrogea sur le Portugal, l'Inde, sur ma prédication : si vous ne réussissez pas, dit-il, retournerez-vous ? Nous ne pouvons, répondis-je, tant qu'il y aurait ne fût-ce qu'un chrétien. Lorenzo parla des persécutions des bonzes... Ils sont vicieux, répondit-il, et ne cherchent qu'argent et débauche. Je fis remarquer que nous ne cherchions qu'à faire connaître la vraie religion et demandai à disputer contre une assemblée de bonzes de Fienojama et de jenxus et de lettrés de Bandou ; s'ils sont vaincus, ils seront obligés d'entendre nos prédications : la loi de Dieu peut seule mettre un terme aux trahisons et révolutions. — Accepteraient-ils la discussion ! reprit-il : un jour peut-être j'aviserai. Je lui demandai son goxuum, lettres patentes pour prêcher à Miaco : cette faveur le rendrait grand devant la chrétienté. Il sourit : les bonzes, à quelque distance, écoutaient. Je le louai d'avoir établi le Cubocama : Vatadono et Sacuma, placés derrière moi, m'aidaient par moments.

Il chargea le premier de me montrer les travaux, me força de remettre mes chaussons de paille, et envoya un fidalgo avec nous. Au retour, je pris congé de lui, et il fut très affable. — Le surlendemain, Vatadono vint avec beaucoup de ses gens me dire que par l'intervention de Nobunaga, je verrais le Cubocama. J'allai avec un présent, emprunté à Roch (queue de paon) ; le Cubocama m'offrit sa sacanzuqui, considéra ma taille et fut très aimable. — Vatadono négocia ensuite nos lettres patentes (*goxum* et *gogensi*) ; cela coûte jusqu'à 40 mille cruzados. Nos chrétiers sachant les goûts de Nobunaga réunirent des étoffes de Portugal et des Indes, assez pour remplir 12 ou 15 caisses, et dix barres d'argent. Il ne voulut pas accepter ces présents d'un étranger et donna libéralement, après nous l'avoir soumise, 1º la permission de demeurer à Miaco ; 2º domicile inviolable ; 3º exemption de prestation de service ; 4º menace de châtiment à ceux qui nous molestent. Au bas de la pièce : Pour le père de la chrétienté, dans la demeure appelée *la vraie doctrine*. — Vatandono m'envoya par Tacayamadono la lettre patente et me fit dire qu'il s'occupait de celle du Cubocama. Je fus remercier Nobunaga (œuf d'autruche, horloge sablier) ; il me fit visiter ses travaux avec Vatadono : je remerciai celui-ci et lui souhaitai de devenir chrétien ; je le suis dans mon cœur, répondit-il, et dès que le roi de Voari sera retourné, je m'occuperai de m'instruire. Il m'envoya la patente du Cubocama, et vint remercier Antoine, mon hôte, de l'hospitalité qu'il me donnait — 4 ou 5 jours après, il vint avec 150 hommes, entra avec son fils et 7 ou 8 seigneurs fidalgos du Cubocama ; il accepta un goûter, admira le réveil-matin qu'il voulut montrer à Nobunaga. — Visite à celui-ci : le cha, offre de figues du Minno ; sur le point de retourner à son royaume, il exprima le désir de me voir encore, en habits portugais, comme j'étais allé chez le Cubocama. — Visite à Vatadono à son monastère de Meorenxi, hors de Miaco ; dîner. Un païen donc nous a rendu ces éminents services ! — Nozunoximoququidono, qui a occupé notre église avec ses gens, nous l'a rendue : nous avons affiché à la porte une copie des 2 lettres patentes : nous l'ornerons.

Voici après la joie, des épreuves : nous avons pour adversaire un lucifer incarné, l'antechrist du Japon, comme nous l'appelons, le fourbe trompeur, comme l'appellent les païens sages ; petit et de petite condition, sans lettres, mais un démosthène d'éloquence, Niquijoxonim, après avoir répudié sa femme, se fit soldat, puis pour échapper au châtiment de ses crimes il prit peau de mouton, i. e. se fit bonze, trahit le roi d'Amango, s'enfuit chez celui d'Yamanguchi, où il se déclara réformateur inspiré des sectes, restaurateur du Dairy. Il débitait, il y a 8 ou 10 ans, comme reliques, des morceaux d'une pièce de brocard qu'il tenait, disait-il, de lui ; avec l'argent ainsi recueilli il fouda une bonzerie à Yamaguchi ; arrêté pour trahison par Xinovarandono et emprisonné à Nixicomia (Cunocuni) il fut grâcié par le Dairy. Quand je visitai Nobunanga avant son retour à Voari, N. était là, favorisé par le Dairy : N. avait demandé à Nobunaga de nous chasser. A cette visite, N. que nous ne connaissions pas, interrogé par Nobunanga, intervint pour discuter. Lorenzo l'embarrassa pendant 2 heures (détails). Frémissant, le bonze finit par saisir une *nanguinata* de Nobunanga : « Voyons s'il y a une âme en vous, » dit-il. Il voulait le décapiter. Vatandono et Sacumadono et d'autres seigneurs l'empêchèrent et Nobunaga se fâcha ; par égard pour le Dairy et par intérêt il l'épargna cependant. Il nous congédia avec bienveillance. — Le bonze, après le départ de Nobunaga, obtient du Dairy un rinxi ou décret d'expulsion. Sur avis donné par Zuquiamaxirando, j'envoie Lorenzo chez Vatandono. Grâce à lui, le Cubocama refuse d'exécuter le décret, et je lui fais visite en présence de 60 seigneurs : il s'intéresse avec eux à un réveil-matin que je lui offre. — Le bonze cherche à nous tuer : prêt au martyre, dont je suis indigne, je demande des prières contre cet endiablé. Vatadono se charge de protéger notre demeure. — Ascension et Pentecôte de

Miaco : 20 baptêmes. Une espèce de peste, *suqui,* attaque Lorenzo et Belchior ; malades nombreux, notre bon Sofaço en est mort, Tacayamandono fait une rechute. — L'antechrist, favorisé par le Dairy et chargé de plusieurs offices, continue son œuvre de haine. Nobunanga remet notre sort entre les mains du Dairy. Mais Vatadono a menacé les *cuges.* Avertissez le P. de Torrès. Je laisse ici Belchior malade et Antonio ; avec Lorenzo et Cosme je vais à Tacacçuqui, forteresse de Tacayamadono. Je suis seul sans confuseur depuis 6 ans : mais je ne crains rien, *non recuso laborem.*

Frôës au P. de Figueiredo, 12 juillet 1569. (C. I. 269³-276³).

Voici la lettre que Vatadono a écrite de Tacaçouqui à ses amis Nomuragechue, Veivinvatono et Aburoguorodono : « qu'ils favorisent le Père au sujet des patentes du Cubocama et de Nobunanga », et à Niquijoxonim : « J'ai écrit au Dairy au sujet des 2 lettres patentes et des menaces qu'on fait au Père. Il m'a répondu que de sa part il n'y a rien d'autre, que je ne dois faire aucun cas des menaces. » N. a répondu que le Dairy a chassé les Pères il y a cinq ans ; vous, vice-roi, deviez savoir que le Dairy ne change pas d'avis ni de parole : vous favorisez une loi des démons. Je vous prie de considérer cela à tête reposée et de me croire votre meilleur conseiller ; comme Taisanbo, à Niomaccuri, est la meilleure invocation pour tout obtenir, ainsi ma parole ne trompe pas. Mon habit religieux m'inspire d'écrire ainsi : votre honneur est en jeu. »

J'appelai les principaux fidèles de Miaco, leur parlai des persécutions que le Christ et les martyrs ont souffertes, du dévouement des Pères venus de si loin, les engageai à prier pour tenir conseil. On délibéra dans les larmes au-delà de minuit. Sur leur avis, à 4 h., accompagné de Riusa et de son fils, j'allai à Sacamoto : ici dans une maison de son ami, j'attendis Lorenzo. Celui-ci se rendit chez Vatadono, à 15 ou 20 lieues. La réponse arrogante du bonze l'indigna ; ne pouvant se rendre à présent chez Nobunanga, il remit à Lorenzo 2 lettres de recommandation à des amis de Nobunanga. Le 3 juin Lorenzo rentra à Sacamoto. Ici nous nous embarquâmes à 3 h. de la nuit, arrivâmes à Afuzuma, puis à Guifu. Sacumadono et Xibatadono annoncèrent au roi mon arrivée ; (le bonze avait répandu le bruit que le roi m'avait fait mettre à mort), avec eux le roi me rencontra et me félicita d'être venu de si oin.

Description. La veille, il avait dit à Sacuma et à Xivatadono que le Dairi et le Cubocama n'avaient rien mandé d'autre à mon sujet, qu'il désirait me favoriser à Miaco : cette nouvelle, que je communiquai à nos chrétiens de cette ville et à Vatadono, leur fut très agréable. Toquijiro ayant donné au roi une minute de 4 ou 5 lignes que j'avais rédigée avec Lorenzo, le roi la trouva courte et préféra dicter à son secrétaire une lettre, où il demandait au Dairy et au Cubocama de me favoriser. Toquijirodono me la remit, signée par le roi, et écrivit lui-même à Vatadono et à Niquijoxonim, leur signifiant l'affection que le roi me témoignait. Par Xibatadono, je demandai la faveur de remercier le roi de cette lettre. J'allai faire cette seconde visite, le roi me dit alors en présence de plusieurs fidalgos : Ne tenez aucun compte du Dairy ni du Cubocama; car je tiens tout sous mon pouvoir, soyez tranquille. Il m'engagea à ne pas presser mon départ, et à venir voir sa forteresse avec un de ses fidalgos. Chacun fut émerveillé de la faveur qu'il me témoignait : c'est à Dieu l'auteur de tout bien que nous le devons. Il me reçut encore, me fit offrir par son second fils le *cha*, puis après avoir bu lui-même, le fit offrir à Lorenzo. Description. Pendant les 8 jours passés à Guifu, j'ai prêché aux gens du roi. On voulait nous retenir; mais notre présence était réclamée à Miaco. Nous y rentrâmes en juin. Joie de nos fidèles et amis ! Lorenzo porta ces nouvelles à Vatadono. Celui-ci regrette d'être embarrassé par ses devoirs militaires d'achever son instruction religieuse. A Tacaçuqui il donne un terrain pour église. Sa lettre à Niquijo. Réponse du bonze. Vatadono ne répond plus : il ira bientôt à Miaco et verra le Cubocama. L'antechrist est allé quelques jours plus tard chez Nobunanga au Minno, lui a montré le décret du Dairy. J'ai averti Vatadono de déjouer ses intrigues, avec Xibatadono et Toquijiro. Avant-hier, je l'ai fait visiter à Tacaçuqui par deux chrétiens de Miaco : ils l'ont trouvé atteint de la peste, qui enlève une infinité de personnes au Goquinai. Beaucoup de seigneurs murmurent contre lui à cause de son amitié pour nous. Avertissez le P. Cosme de Torres, ou envoyez-lui ma lettre.

L. de Almeida à Melchior Carnero, év. de Nicée, Fintam, 22 oct. 1569 (C. I. 279¹-281³).

... Grâce aux démarcher des fidèles, Frôës est rentré à Miaco, où un bonze puissant travaille contre lui : mais un vice-roi Vatadono le rend impuissant.

Un portugais aux Pères et Frères du Portugal, Japon 15 août 1569 (C. I. 281⁵-287⁵).

... Le fr. Damien me raconte qu'un chrétien, Alvaro, chef de 100 soldats d'un païen, rencontra un ennemi ; ou s'apprêtait à le tuer : un chapelet tomba des habits du malheureux : il était chrétien, du nom de Simon. Alvaro lui donna la vie sauve....

L. Fröës à un Père de Goa, Miaco, 1 déc. 1570 (C. I. 287⁵-290²).

Niquijoxonim, grâce à Vatadono, fut impuissant auprès de Nobunaga. Dieu récompense Vatadono : il suivit nos entretiens ; de Jenxu il se fera chrétien dès que le loisir lui permettra de mieux s'instruire. — Le bonze a tourné sa fureur contre lui : il l'a fait accuser par de grands personnages de mal gouverner les deux royaumes, qui lui sont confiés. Sincère et facile à convaincre, Nobunaga les lui a ôtés, a détruit une forteresse de V. et enlevé 20 mille cruzados de revenu. Le bonze triomphe de lui et y fait voir un châtiment des dieux. Vatadono demeure ferme et ne regrette pas d'avoir favorisé notre sainte loi : si on m'exile, il veut me suivre.

Il se rasa la tête ainsi que 200 vassaux. — Il y a 5 ou 6 mois, Nobunaga vint à Miaco : beaucoup de seigneurs le visitèrent, et aussi Vatadono : il attendit 15 jours avant de voir le roi. Le bonze espérait que celui-ci le ferait mettre à mort. Cependant soudain le roi le fit venir, lui montra de l'affection, lui donna un riche vêtement et lui dit de laisser pousser barbe et cheveux, pour l'aider à la guerre. Il lui donne, outre ses revenus, 40 mille charges de riz. Rentré au royaume de Vomi, Nobunaga guerroya contre 2 princes ; grâce à Vatadono, son meilleur capitaine, il leur tua 6000 hommes : le roi lui donna sa propre épée. Je fis visite avec le vice-roi à Nobunaga : excellent accueil : le Père, dit-il en riant, a sujet d'être heureux, car Vatadono était son principal disciple. Il le croyait déjà chrétien. Nos fidèles triomphent.

Cinq ou six jours après cette réconciliation, le calomniateur fut accusé de graves délits : Nobunanga le fit chasser ; mais il se sauva à temps. L'argent, que le bonze donna pour rebâtir le palais du Daïri, le fit rentrer, mais son influence est annulée. — Vatadono étant tombé malade, les bonzes répandirent le bruit de sa mort : il se guérit. — Après un mois de paix, soudain les deux rois ennemis de Nobunanga, marchent contre Miaco : il n'a que 13 mille hommes contre 60 : mais il les prévient, brûle Sacamoto, et les contraint à fuir sur les montagnes, où beaucoup meurent de froid. Ils ont brûlé beaucoup de localités autour de Miaco. La confusion et la misère est extrême. Avec 2 chinois et 2 japonais, j'ai caché nos ornements précieux, ne me réservant qu'une vieille chasuble : je dis la messe, prêche et administre les sacrements. Riz et feuilles séchées de navets, voilà notre nourriture : c'est insuffisant, vu mon état de maladie ; mais Dieu nous y fait goûter plus de douceur qu'aux plus splendides banquets des Indes.

Si Nobunanga et Vatadono étaient défaits, les seigneurs et princes d'Ava nous laisseraient la paix. De Sacay, Lorenzo m'écrit qu'un païen de Sacay, Benjunosoje, excite ces princes et seigneurs contre nous, mais que les fidalgos chrétiens les abandonneraient dans ce cas. Prions ; depuis 7 ou 8 ans que d'épreuves j'ai subies ! c'est bien autre chose de méditer sur la mort et de la voir devant soi : il faut ici un détachement absolu.

L. Frôës. Miaco 10 mars 1571. (C. I. 305²-305⁴).

Aujourd'hui grande fête en souvenir de la mort de Xaca : tous les animaux sont représentés sur la toile où est peinte la mort de Xaca, excepté le chat et la chèvre, qui furent absents de ses funérailles. — Un chrétien, jadis supérieur d'un monastère de Sacay, eut avant-hier une discussion avec un bonze Fotqueixo, sur le culte de Xaca qui tire tout le monde de l'enfer ; il lui montra que cette doctrine encourage tous les crimes ; et les bêtes, qui seront dans son ciel, chiens et chats p. ex. s'accorderont-ils ? ne serons-nous pas dévorés par les carnassiers ? Le bonze répondit qu'il ne fallait pas prendre les choses saintes de Xaca dans un sens si matériel, et son rire donna à entendre qu'il voulait rester dans son illusion. Prions pour ces aveugles.

L. Frôës. Miaco 20 mars 1571. (C. I. 305⁴-306³).

Les guerres de l'an dernier ont empêché le P. Organtino de venir de Sacay à Miaco : il arriva, grâce à la paix, le 31 décembre. — La crainte de Vatadono arrête un peu ceux qui nous jettent des pierres la nuit. Une vieille désirant lui parler et récitant son chapelet en attendant, des serviteurs la raillèrent et lui arrachèrent une médaille. Elle les reprit, et Vatadono l'ayant entendu en fit arrêter deux. Lorenzo intercéda pour eux, ils n'avaient que 14 ou 15 ans : je fus aussi chez lui, il nous fit déjeuner, mais il envoya les deux gamins à une de ses forteresses ; l'un fut condamné à mourir. Un parent du vice-roi envoya un cheval pour faire venir Lorenzo. Il n'y put rien : quand mille pères intercéderaient, disait Vatadono, je ne puis, moi vice-roi, pardonner cette injure faite aux chrétiens. Prions pour la paix, il se convertirait.

L. Frôës au recteur de Goa. Miaco 25 mai 1571. (C. I. 306³-309⁵).

Les guerres, les exils ont diminué notre petit troupeau à peu près d'un tiers. Nous formons mieux ici qu'ailleurs nos chrétiens et retardons les baptêmes à cause du danger qu'ils courent, surtout ceux qui viennent de loin et que nous ne pouvons aller visiter. Dans notre rue, on rompt toute relation avec nos adhérents ; un jeune homme de 16 ans, s'étant fait baptiser, fut mis en prison par son père dans un monastère de bonzes fotqueixos : il s'enfuit avec 60 cruzados, vint à Sacay chez nous, prêt à aller aux Indes ou en Portugal : il y a 2 ans il rentra avec nous à Miaco et Cosme, haï des siens, sert N. Seigneur ici. Le jour de S. Catherine mourut une sainte fille Paula, fille d'Antoine et de Madeleine, baptisée jadis par Vilela ; vierge, bienfaisante, très pénitente. Il y a 2 mois mourut une vieille païenne, assistée par des bonzes, qui mangeaient bien à ses frais. — Un jeune chrétien fidalgo, sujet de Cubocama, alla écouter un bonze, qui déclamait contre Deos (ainsi m'appelle-t-il) et s'éloigna en disant à haute voix aux auditeurs de se défier de cet ignorant trompeur. Les discours railleurs des bonzes rendent une conversion plus difficile ici qu'ailleurs ; mais tandis que leurs auditeurs se donnent la mort pour rejoindre Xaca ou Amida, les persécutions trouveront dans notre petit troupeau des martyrs.

L. Frôës au P. Ant. de Quadros, provincial de l'Inde, Miaco 28 sept. 1571 (C. I. 311²-315⁵).

La mort de Vataingono Camidono, le vice-roi de Miaco, est une grande perte. Ce païen, qui nous a tant protégés, fut gagné à notre cause par Dario Facaiama Fidamo Camidono, excellent chrétien, ami de Vatadono, il y a 8 ans ; il écouta un sermon de Vilela sur l'unité de Dieu et l'absurdité des sectes japonaises :

ce fut le seul, car il dut partir pour le royaume de Vomi, dont il était originaire. Quelques jours après que le Cubocama fut assassiné, nous fumes chassés par Daijadon). Comme nous étions, Vilela et moi, à Sakay, il écrivit à Dario de lui envoyer un frère prédicateur : Damien alla. Le Cubocama actuel, frère de l'ancien, s'enfuyait alors d'un monastère de Nara auprès de Vatadono dans sa forteresse de Coca, où il passa un an. Vatadono pendant 3 ou 4 ans alla de royaume en royaume solliciter les princes de rétablir le Cubocama. Vilela étant rappelé au Bongo, je restai cinq ans à Sacay, essayant d'obtenir la faveur des princes de Miaco : sur six, deux seulement m'étaient favorables... Or voilà que Nobunanga, roi de Voari, avec près de 50 mille hommes vient rétablir le Cubocama à Miaco ; à cause des grands services rendus, il fait Vatadono vice-roi de Miaco et maître pour ainsi dire dans tout le Goquinay. Vatadono étant venu à Sacay avec les chefs principaux de l'armée, Dario lui parle de notre injuste expulsion et le prie d'agir auprès de Nobunanga. Vatadono m'invite, m'offre le sacomzuqui, fait prêcher Lorenzo devant ces seigneurs, et les prie de me favoriser. Le lendemain, je leur fais visite. Vatadono, pour abattre l'orgueil des gens de Sacay, me fait deux fois visite, fait venir Fibia Reoquei, chrétien notable de cette ville et lui fait un bon présent, lui promettant d'agir sur Nobunanga et sur le Cubocama pour nous faire rentrer. De Miaco il m'écrit qu'il les a vus, que bientôt il m'enverra Dario pour nous faire ramener. De fait, malgré le Daïri, qui hait la loi de Dieu et malgré les Cunges, nous rentrons. Notre église étant occupée par un seigneur du royaume de Micava, je vais chez le chrétien Antoine : là Vatadono nous visite trois fois. Joie de nos chrétiens ! un prince païen, auquel on ne put parler sans permission ! Peu de jours après, il me conduit chez Nobunanga, qui au vu des bonzes, me retient une heure et demie ; puis chez le Cubocama (Sacanzuqui, sacana), Je le visite un jour avec Lorenzo à Tacaçuqui, il le fait prêcher 2 heures devant sa famille et ses gens (Dieu, création) ; je rentrai, mais Lorenzo resta 4 jours, prêchant âme, puissances naturelles, dons surnaturels. Vatadono, jenxu matérialiste, s'y plut. La guerre survenant, il promit de s'instruire à fond avant le baptême... Ici, par un chrétien Joachim il nous aidait dans notre pauvreté. Je garde de lui 40 ou 50 lettres. Il refusa aux Cunges de leur faire recouvrer leurs droits d'impôts, supprimés par Nobunaga, sur la route de Sacai à Miaco, parce qu'ils ne voulaient pas demander au Daïri la suppression de la patente sollicitée contre nous par Niquijo : ils s'obstinèrent contre nous. Au commencement de cette année 1571 je fus avec le P. Organtino le visiter à Tacaçuqui. Le P. le visite à Miaco : quel bon accueil ! Lorenzo, qui lui est très cher, était mieux accueilli que ses propres soldats ; je le vis une dernière fois avec Lorenzo à Tacacuqui, quand nous allions au royaume de Cunocuni pour l'enterrement du fils de Darïo Tacaymandono, tué à la guerre. Il nous avait envoyé des chevaux pour aller jusqu'à lui ; fort occupé de la guerre, il nous fit diner, et puis accompagner à cause des dangers de la guerre. Grand ami du Cubocama, il nous était tout dévouée — Ayant élevé 2 forteresses sur les confins du royaume d'Iquenda, dont le seigneur est son ennemi, celui-ci le 7 septembre promit 1500 cruzados de rente à noble ou noturier qui le tuerait ; le lendemain au point du jour il attaque une des deux forteresses, commandée par Darïo et un de ses fils. Darïo avertit le vice-roi, qui accourt avec 200 lances ; le fils de Darïo, de 16 ans, le suit avec 500 hommes ; les 3000 hommes d'Iquenda tuent les 200 chevaliers et le vice-roi, son fils rentra à Tacaçuqui avec une poignée de soldats.

J'étais à Sanga à 4 l. de là. Darïo et son fils survivent. Tacaçuqui est investi. Rentré à Miaco, j'envoie Lorenzo chez Nobunanga aujourd'hui. Quelle perte !

L. Frões au P. Ant. de Quadros, prov. de l'Ind. Miaco 4 oct. 1571 (C. I. 330⁴-332⁴). — *Voir p. 130, n. 13 du livre.*

L. Frões au P. même. Miaco, 8 août 1572 (C. I. 332⁴-333², 337⁴).

Autre jugement de Dieu : il y avait ici 2 fidalgos frères, fervents de Xaca, qui chassèrent le P. Vilela et prirent l'église ; à la seconde persécution, où Dajondono voulut nous faire tuer, ils obtinrent du Dayri notre exil. Rentrés par la laveur de Nobunanga et de Vatadono et visitant le Cubocama, le plus âgé, Taqueno Vehisamidono, nous accusa devant lui de manger la chair humaine : on en rit. Il créa une nouvelle secte avec 400 adhérents, prêchant contre nous. Il eut le malheur récemment de rire de Nobunanga et de prédire sa chute ; malgré le roi et le Cubocama, Nobunanga l'a fait attacher sur un cheval, conduire dans son royaume de Voari et décapiter. Trois jours après, son frère mourait à Sacay d'une blessure au pied. — Nobunanga a retiré aux monastères de Miaco leurs principaux revenus pour les donner à ses soldats. Un jeune fidalgo son cousin marié à une sœur de la reine de Voari, s'est fait ici chrétien — Le P. Cabral François est venu nous visiter ici, de là il alla aux royaumes de Mino, de Cunoconi et Cavachi ; nous avons tenu les Pâques à Sanga.

L. Frôes au P. Fr. Cabral. Miaco, 20 avril 1573 (C. I. 338²-343¹).
Nulle trève de guerres civiles. — Organtino avec Lorenzo et Mateus, 13 jours avant Noël, sont allés à Sanga ; 14 ou 15 baptêmes de sujets de Mioxindono ; ils restent jusqu'à Pâques. Organtino m'écrit : « Pendant le carême, on est venu de divers côtés, le dimanche des rameaux ceux de Cavachi, Sacay, Cunochoni : de 200, à Pâques 95 se sont confessés, 60 ont communié. Messe de Pâques, violon (Mateus) ; Sangadono donne banquet ; pêche, 200 barquettes ; nous voyons passer 500 soldats d'Ava au pied de forteresse d'Imori, ils marchaient contre Ivanari, capitaine de la forteresse d'Iondo ; 3000 païens vinrent voir, j'en baptisai quelques uns. Je vais à Sacay. » A Cavachi, 3 fidalgos païens complotent de tuer Sancho Iquenda Tangadono, principal chrétien de la maison de Mioxindono, chef de la forteresse de Vacai, avec Mancio, fils de Sangadono et Jean et Georges et tous les chrétiens. Trahison découverte, Mioxindono fait mourir les trois conjurés. Eitor, chrétien de 50 ans de Sanga, a été tué par trahison par son élève païen. Sangadono a recueilli la veuve et les orphelins : un d'eux reste avec le P. Organtino à Sanga. — Fosocavadono, après le Cubocama principal seigneur du Japon, a été pendant six mois assiégé à Nacasima par Sanninxu Sotay, Miyoxindono et le bonze de Vozaca ; il avait 2 fidalgos chrétiens. Il a dû fuir enfin à Sacay. La veille de S. Mathias, après avoir visité le Cubocama à Miaco, je fus visiter le fils de Vatadono à Tacacçuqui, avec Lourenço ; je visitai ensuite les chrétiens de Sanga. 4 chrétiens de Voari sont venus, à travers les dangers de guerre, en cinq jours de voyage, guidés par Constantin, qui en avait baptisé deux, à Miaco : l'un jenxu, l'autre itcoxo. Chez Constantin, admirable chrétien, à Fanamasa se rassemblent les fidèles. Je lui donnai surplis pour enterrements, cierges ; Lourenço se rend là. Ceux de

Voari désirent chapelets. — Jean Naitadono a du succès dans les guerres de Tamba ; les bonzes de Muracaqui lui demandèrent des présents pour les funérailles de sa mère, morte païenne jenxu ; il préféra aider les pauvres... La guerre arrête les conversions à Miaco. — Nobunanga roi de Voari, qui a rétabli le Cubocama dans son état, venait le visiter parfois, comme surintendant de cet état : de Minno, il lui écrivit 15 chapitres de reproches, s'adressant surtout á Vienodono qui le gouverne ; il y eut brouille. Le Cubocama, craignant d'être dépossédé par Nobunanga, et de voir son fils emmené à Minno, fortifia sa citadelle. Pour le tranquilliser Nobunanga lui offrit sa fille en ôtage : il n'accepta pas. Les envoyés de N. annoncèrent qu'il viendrait mettre la feu à Miaco. Fuite des habitants, j'envoie nos ornements au bois de Daigo, chez des parents de Xısto et à... Faquimon Sangadono nous prie de venir, Organtino, Lourenço et moi au royaume de Cavachi, qui est en paix. Item Tacayamandono de Cunocuni, Item Jean Naitodono de Tamba. Je priai celui-ci de m'envoyer des soldats pour aider au déménagement ; malgré les supplications de nos chrétiens, comptant sur Nobunauga, je voulus rester. Une fausse alerte, bruit de voleurs : fuites... — Xibatadono, un des 2 principaux capitaines de N. attaqua, il y a 9 jours, avec 5 à 6 m. hommes, la forteresse des itcoxos de Catata, á 2 l. de Sacamoto : elle se rendit, 500 morts, 1500 blessés : le chrétien, que vous avez visité, sujet de N. à Sacamoto, a péri. Le Cubocama s'est allié à tsus les ennemis de N. On s'attend à ce que le Voiacata de Yechigen fonde avec ses troupes et Anzai et Miyoxidono et Saninxa sur le royaume de Vomi. — Le 18 avril arriva ici avec 2 m. soldats Jean Naitodono de Tamba, bannières chrétiennes. Le cubocama lui donna aussitôt 10 m. ballots de riz annuels au royaume de Miaco ; le lendemain Vienodono lui déféra le serment par les camis et fotoques ; Jean se déclara chrétien, mais offrit en ôtage un jeune frère, chrétien aussi ; le cubocama accepta le serment chrétien. Le soir Naitodono vint avec ses soldats chrétiens faire ses dévotions. Avant-hier il resta encore deux heures ici. Il espère que Lourenço rentrera de Cavachi et ira prêcher à Tamba. Quel bon chrétien ! Le même jour que Naitadono, vint Iquendadono avec 2 m. soldats. — Il y a 8 jours, Aiguicudono, fils de Vatadono, capitaine de Tacacçuquy, a été attaqué par surprise, a blessé Ficogoro, mais blessé lui-même, s'est échappé avec sa mère et 80 sujets à Coca; il est mort avant-hier à Fuximi, les Murazaqui lui ont fait les honneurs funèbres et ont brulé son cadavre. Tacayamandono est maître de la forteresse. — Xinguem, roi de Cunoconi avec 60 m. hommes fond sur les royaumes de Totomi et Micava; nouveau Jugurtha il a conquis 7 ou 8 royaumes du Bandou, et encore 2 autres; il s'est fait bonze et en conduit 600 avec lui, il va entrer à Minno et Voari, et empêchera Nobunanga de bruler Miaco: il veut rebâtir Fiyenoiama : il s'appelle Tendaino Zasuxamon Xinguem. Nobunanga s'appelle Duyrocu tennomavo N. (N. roi des démons, destructeur des sectes). — Un chrétien, soldat de Naitodono, Roman, est mort. Tous les fidèles de Miaco et Naitadons avec ses soldats furent à son enterrement.

L. Frôes au P. Fr. Cabral. Miaco, 27 mai 1573 (C. I. 343^2-350^1).

Les troubles vont croissant. On ne croyait pas possible que Nobunanga vînt ici. Xinguem roi de Cunocuni étant près d'ici avec 30 ou 40 m. hommes, le roi de Yechigen le menaçant avec 20 m., Mioxindono et Vozaca avec 15 m. on était tranquille, quand 2 jours avant l'Ascension de N. S. on annonça que N. était déjà au royaume de Vomi et serait bientôt à Miaco. Le Cubocama rassemble ses hommes dans sa forteresse, Naitadono seigneur de Tamba y entre avec 1700 h. Iquenda et Tamiocu arrivent : en tout 5 m. h. dont 1000 fusils. La forteresse est imprenable. — La nouvelle nous est donnée à 8 h. du soir : je n'avais que Côme et Damien : celui-ci ayant eu un accident, avec un pauvre chrétien nous emballons; Naitadono expédie nos effets à Tamba, Comono et deux autres lieux. Quelle pitié de voir fuir femmes, vieillards et enfants !

Jean Naitadono m'écrit 5 fois, me presse de fuir, à sa forteresse de Yaqui il mande de me préparer un couvent des bonzes. Je ne me pressais pas. Le jour de l'Ascension à 9 ou 10 h. Nobunanga était à un 1/4 de l. avec 5 ou 6 m. hommes; il occupe la forêt de Figaxi, couvent de Chivonin, ses troupes occupent le territoire de Guinon ; Araqui et Fossocavadono sont arrivés, et aux troupes de Voari se sont joints 10 m. h.; Xibatadono est maître-général du camp. Quinmeosama, fils de Nobunanga, est avec lui. Irrité de l'ingratitude du Cubocama, N. va détruire Miaco : frayeur générale : le peuple armé se tient aux entrées et portes de la ville. — Laissant ici Mattui, Thomas et Alexis, j'allai avec Côme à la maison de Riusa, pour me rendre de là hors de Miaco ; avec 10 ou 12 chrétiens, j'arrivai à travers bien des dangers à Cunjo, à une 1/2 l. dans la maison de Bento, frère d'Antâo, puis dans celle, plus sûre, d'un cousin d'Antâo. 300 hommes d'Araqui arrivent ; nous allons chez un païen dont le père est chrétien, nous nous cachons dans une grange ; les soldats volent les poules tout près de nous ; les balles sifflent à nos oreilles. Avertis par des païens de notre présence, ils demandent au maître de la maison où nous sommes ; il vient voir, et puis va dire que nous ne sommes plus là, et de plus qu'il ne nous livrerait pas si nous y étions, que son père est chrétien et connu de Nobunanga. La nuit nos fidèles nous conduisent à une localité de 400 voisinages près du grand couvent de Jongi. Alexandre, fils de Meosan, s'entend avec 3 chefs païens pour nous y introduire ; mais avertis que les bonzes nous tueront, nous nous cachons pendant 8 jours chez un cousin de Meosan, un païen qui nous garantit qu'il nous défendra. — J'ai laissé chez Riusa vos lettres pour Nobunanga et Xiquiâo. Celui-ci n'étant pas encore venu, Nobunanga fut heureux, lira votre lettre et demanda des nouvelles de V. R., de moi et du P. Organtino ; il me pria de vous remercier de vos présents ; je lui fis faire encore visite et cadeaux par Riusa ; Xiquiâo, son secrétaire, m'écrivit aussi des remerciments. — Dario Tacayamadono, capitaine à présent de Tacacçuqui, a fait chercher où je me trouvais. — Nobunanga ayant fait construire un mur d'enceinte pour son palais à Miaco, ville haute, le Cubocama l'a fait détruire ; Nobunanga maîtrisa sa colère ; il envoya son capitaine-général Xibatadono annoncer qu'il ferait décapiter celui de ses soldats qui entrerait à Miaco : huit furent en effet décapités. Pendant 4 jours il traita de la paix avec le Cubocama, proposant de se faire raser les cheveux et de se faire bonze s'il le voulait, et de le visiter sans armes ; le Cubocama, excité par les Vaccaxus, allait malgré lui se jeter à sa perte : Nobunanga en pleurait. Le dimanche de l'Ascension il envoie 10 m. h. sous les ordres de Xibatadono, Aquechi, capitaine de Sacamoto, Fossocava, Fiubunatagu de Xorangi, Araqui Xinanu d'Irabaqui, Faquiju, Nacagava et Sacuma, brûler 2,3 l. autour de Miaco, 90 et des localités de 500 voisinages et plus, avec temples et couvents. L'ennemi vient 3 fois à Tongi, où j'étais avec 15, 20 chrétiens : les bonzes l'éloignèrent au prix de 80 barres d'argent. La crainte de voir brûler Miaco avait fait aller aux environs femmes et enfants ; plusieurs, échappant au glaive, se jettent dans l'impétueux Caccura et périssent noyés ; d'autres captifs, ne peuvent se racheter pour 1800 cruzados. C'est le deuil, la ruine. Miaco avait de grandes manufactures de soie et de damas. Tongi fut aussi incendié : 2 enfants chrétiens périrent. — Nobunanga avait rassuré le Dairi et lui avait donné 5 barres d'or ; les 2 villes offrirent à N. 1300 et 800 barres d'argent pour être épargnées ; la ville basse, où sont presque tous les chrétiens, le fut. 30 conjurés mirent le feu à la ville haute, ce que N. ne voulut pas empêcher ; il incendia même ce qui restait, et les couvents de Xaca et Amida : la forteresse du Cubocama resta intacte. 6 ou 7 m. maisons brûlées, 20 grands couvents, 80 petits ; dans un seul, 60 vieilles *freiras* périrent dans le feu. Les bonzes de la ville basse avaient porté à la haute ville un fotoque ou idole pour la sauver : il a été réduit en cendres, mais son temple a été préservé, on en rit. — Nobunanga ayant résolu de bâtir 4 forteresses, d'élever un second fils du dayri à la dignité de Cubocama, et d'appeler Fossocavadono Iamaxiro pour garder les forteresses, le Cubocama a perdu courage, et offert la paix avec ôtages (en attendant le secours de Iechigea et Sanixu) ; paix imparfaite, mais bien désirée. Nobunanga n'est pas allé visiter lui-même le Cubocama, il a envoyé ses capitaines. — Les chrétiens disent que si la ville basse avait été détruite, on y aurait vu une vengeance des fotoques contre moi. — Nobunanga après 10 jours, la veille de Pentecôte, est parti subitement avec toute son armée vers Voari. Je voulais le visiter : il était parti. Nos chrétiens furent joyeux de me retrouver.

Je ne pus leur dire qu'une messe sèche, les ornements étant à Tamba. — Jean Naitodo vient presque tous les jours ; son frère, plus agé Quembandono et un autre capitaine de Tamba Naito Josadono grand jenxu et d'autres viennent s'instruire ; Cosme japonais leur prêche 2, 4 fois par jour. Lourenço fera beaucoup de fruit à Tamba, où l'on veut une église. Ce Naito, pour être venu 3 fois, a appris le portugais par manière de passe-temps assez bien pour écrire une lettres portugaise : il fera demander, écrit il, à Vienodono la réponse du Cubocama et la sienne pour V. Re. Nobunanga, moins oublieux, envoya sa réponse ici avant-hier, veille de la Trinité. — Après le départ de Nobunanga, le Cubocama voulut se rendre à sa forteresse de Tamba ; mais Joâo, tout en lui offrant les siennes, l'engagea á ne pas montrer cette peur ; il voulut alors aller à Maquinoxima, à 2 l. d'ici. Les gens s'apprêtaient déjà à fuir avec bagages : Joâo, quoique malade, courut le supplier de rester, 60 seigneurs furent du même avis, et le Cubocama se tranquillisa. Là-dessus, on apprend que 20 m. hommes de Daybudono, Samjuxu, Vozaca et les nengoros et les itcoxus de Sacay sont à 6 lieues ; viennent-ils favoriser la cause du Cubocama ou piller et détruire? Tacayamadono m'envoya de Tabacçuqui 2 chevaux, ou 8 soldats et 5 hommes pour sauver nos effets : les soldats chrétiens de Mioxindono n'envoient un homme me rassurer : ils me protégeront, en cas de pillage, et défendront la rue où est notre petite église : comme ils nous aiment ! — Je tiens pour des châtiments divins de l'obstination de ce peuple les calamités de ces guerres : nos fidèles tiennent que Nobunanga est le fléau, le fouet de la justice divine ; pour payer et éloigner les pillards, la ville basse lève des impôts plus élevés que la valeur des mobiliers que l'on veut sauver, treize barres d'argent par rue, expropriation de ceux qui ne peuvent payer : 15 ou 20 tais que vous m'avez envoyés il y a 5, 6 mois, sont bien employés pour les pauvres gens : ils ne demandaient cependant rien. — Nobunanga, retournant vers Vomi, détruisit Facusangi, bonzerie avec mille demeures de bonzes ; un capitaine de Vomi y avait confié aux bonzes 400 ballots de riz, volés dans les terres de Nobunanga. Tout fut réduit en cendres ; les camis et les fotoques furent impuissants. — Tosanaitadono a eté baptisé à la Fête-Dieu, il s'appelle Thomas ; il gouverne la maison de Joâo et bâtira une église. Gembidono, frère de Jcâo, demande le baptême. Joâo dispute tous les jours sur la foi avec les fotqueixus du monastère où il reste ; ils désirèrent disputer avec nous : très bien, leur dit-il en les raillant. Ils craindront de venir. Un des bonzes, principal médecin de Miaco, nous a rendu de si bons services que Joâo l'a exempté de loger des soldats. Joâo a reçu du Cubocama les rentes de Maccunovo, petit temple mais riche : il pense le détruire pour utiliser les matériaux à l'église de Tamba.

P. S. Le 7 juin, j'ai baptisé le frère de Joâo (Julien), deux de ses sujets et un fils de 9 ans (Bento). De dix en dix jours, 300 soldats d'Iquenda se relèvent á la garde du Cubocama ; ils logent dans un couvent de fotqueixus, proche de nous ; Gabadono et d'autres viennent s'instruire. Le diable avec ses samatagueis voudra nous empêcher de prendre pied dans leur royaume. Un des 3 gouverneurs, qui tient mille hommes, nous a envoyé un chrétien ; mais nous ne baptisons qu'après avoir bien instruit. — Il y a 3 jours, le Cubocama voulait encore partir ; on l'a tranquillisé.

Fr. Cabral au Provincial du Portugal, Nangaçaki, 12 sept. 1575 (C. I. 350¹-352²).

... Au royaume de Miaco, d'où je reviens, beaucoup de fidalgos se convertissent, depuis mon départ, m'écrit-on, 500.

LIVRE III.

Progrès de l'Eglise au Japon.

1572-1582

1. Le P. Cabral, Supérieur de la mission Situation vers 1572
2. Mort des deux premiers compagnons de S. François Xavier
3. Nagasaki — 4. Yamaguchi
5. Projet de clergé indigène. — 6. Valignani, visiteur de la Mission
7. Espérances du P. Organtino et avis divers au sujet d'un séminaire
8. Premiers séminaires
9. Gaspar Coëlho, successeur de Cabral, vocations japonaises
10. Dispositions favorables de Nobunaga
11. Valignani lui fait visite
12. Relevé du nombre des chrétiens vers 1582
13. Fin de Nobunaga

---

1. Ce fut une consolation pour le nouveau Supérieur de la mission, François Cabral, de faire la visite d'une chrétienté aussi importante que celle de Miyako : « On m'avait engagé, écrit-il (1), à quitter mes habits euro-

---

(1) 29 sept. 1572, C I, 338.

péens, à cause des dangers continuels auxquels je serais exposé parmi les troubles de cette partie du Japon. Cependant, mettant ma confiance en Dieu, au lieu de prendre des vêtements de soie à la japonaise, (1) je voyageai en soutane de drap noir et me fis connaître comme Père de la Compagnie de Jésus ; par l'intermédiaire de mon interprète je prêchais mon divin Sauveur, et grâce à Dieu, ni au cours de ce long voyage, ni à mon arrivée dans la capitale, je ne rencontrai aucun des périls que l'on m'avait fait craindre ; le Shogoun et Nobunaga, ainsi que les autres seigneurs de la capitale, me firent, encore que je fusse si pauvrement vêtu, tant d'honneur et d'amitiés que nos chrétiens, comme les païens, en furent émerveillés. Quelques seigneurs reçurent le baptême ; de divers côtés l'on demanda des prédicateurs ; l'on construisait des églises et des demeures pour les Pères, là où jamais nos catéchistes ne s'étaient montrés. Faute de personnel, je ne pus satisfaire à toutes les demandes ; car les deux frères qui sont à Miyako sont déjà surchargés. »

Vilela, le fondateur de l'importante église de Miyako, avait été rappelé aux Indes en 1571. Ecrivant de là à ses frères du Portugal (2), il évaluait à 30000 environ le nombre des chrétiens au Japon ; il y comprenait assurément ceux que leurs voyages avaient mis en relation

---

(1) Le Père Léon Cabral (*Ep. Jap. msc.* 1565-79) écrivait le 5 septembre 1571 que depuis 6 ou 7 ans on avait commencé à porter des soutanes de soie, mais que le Visiteur l'avait prohibé, ramenant les usages de pauvreté du Père François Xavier. Le Père François Cabral (ib. 10 sept. 1573) regrettait la mesure tout en s'y conformant : « Non seulement les païens, écrit-il, mais nos propres fidèles sont humiliés de nous voir habillés si pauvrement : la soie n'est pas un luxe au Japon. »
(2) de Cochin 4 et 20 février, 6 et 20 octobre 1571. (*C.* I, 304^4, 301^2, 317^4, 319^5).

avec les missionnaires et qui vivaient loin des 40 églises ou chapelles déjà construites ; il donnait les chiffres approximatifs pour une vingtaine de centres (1). « Si la paix s'établissait, ajoutait-il, ces nombres iraient en augmentant avec la prospérité du pays ; malheureusement les guerres sont incessantes ; elles entravent l'agriculture ; sans cela, la terre est si fertile qu'elle produirait non seulement du riz, mais aussi abondance de froment ; quant aux mines d'argent, la pauvreté et le manque de capitaux en arrêtent l'exploitation, et le peuple vit très misérable. »

Au Bongo résidait le Père Jean-Baptiste (de Monte), italien : « Dans les environs de la ville, à chacune des visites trop rares, qu'il y fait, écrivait Vilela (2), il baptise de 20 à 30 néophytes ; le roi nous est toujours très favorable, encore qu'il demeure païen ; il faudrait là quatre Pères, pour quatorze églises. Un chrétien marié (3) y a été mis à mort pour n'avoir pas voulu épouser une païenne et répudier sa femme légitime : il reçut la mort à genoux, les yeux levés au ciel ; un autre a été décapité par son maître pour avoir refusé de travailler les dimanches. Les anges auront accueilli ces deux martyrs, et leur sang, comme celui d'Abel, obtiendra du Seigneur la fécondité de la semence évangélique.

---

(1) Miyako et Sakaï, 1500 ; Bongo, 5000 ; Yamaguchi, 1000 ; Hirado, 5000 ; Omura, 2500 ; Nagasaki, 1500 ; Kouchinotzu, 3000 ; Shimabara, 800 ; Satzuma, 300 ; Amakusa, 1000 ; Hakunda, Homaki, Tenguma, 1200 ; Kabashima, 400 ; Goto, 2000 ; Shiki, 2000. Il faudrait mentionner Kagoshima (36 bapt.) Ichikou (70 bapt.) etc. 200 en tout (C. I. 103^l-112^l). Yokoseura (300), Ikitzuki (800), Oçuka, Kazagu, Ira, Vuyxivaqui, Takushima, qu'avaient visité en 1562 et 1563 les frères Fernandez et d'Almeida (C. I. 113^l-118^l) et les chrétientés de Nara, Tochi, Sava, que visita Almeida en 1565. (C. I, 164^4-169^3).

(2) Cochin, 4 fév. 1571, (Cartas I, 301-305).

(3) C'était un bonze converti, chef de prière, nommé Thomas (Cartas I, 247).

« A Sheshimi (Xeximi) où je baptisai il y a trois ans 600 infidèles, le P. de Torrès en a baptisé beaucoup d'autres ; puis, l'an dernier, il y eut 200 baptêmes : il n'y a là qu'un Frère.

» Dans l'Etat de Goto, il y a quatre églises; le Père Alexandre Vallareggio y avait baptisé 4000 païens ; mais au grand chagrin des fidèles, il a été si gravement éprouvé dans sa santé que notre Père Général l'a rappelé en Italie ; et à présent qu'il n'y a là ni Père, ni Frère, que deviendra cette église ? Le roi Barthélémi d'Omura en est bien préoccupé : Pauvre Japon ! disait-il, le Père Alexandre est rappelé en Europe, le Père Gaspar aux Indes, et le Père Côme de Torrès est décédé. »

2. En effet, le Père de Torrès, l'ouvrier de la première heure, le courageux compagnon de François Xavier, était décédé le 20 octobre 1570, à Shiki (Amakusa) après 21 ans d'un dur apostolat ; depuis quatre ans, il avait supplié le Père Général de donner un peu de repos à sa vieillesse et de le décharger du moins des fonctions de Supérieur (1) ; il aimait le Japon et y trouvait, comme S. François Xavier, ses délices : « C'est un peuple, écrivait-il alors, auquel la loi de Dieu plaît beaucoup, et après l'avoir reçue, il y persévère ; il rencontre bien des persécutions de la part de ses rois et de ses seigneurs ; mais tous exposeront leur vie plutôt que d'agir contre la Loi de Dieu ; aussi avons-nous bon espoir que cette chrétienté prendra de beaux accroissements, encore que les guerres continuelles soient un grand obstacle. »

Le Père avait eu la consolation, en juillet 1570, de réunir neuf missionnaires et deux Frères à Shiki : là, avec le vice-provincial, on avait délibéré sur les intérêts

---

(1) de Kuchinotsu, 24 oct. 1566 (*Cartas*. 205²).

de la mission ; seul Frôes n'avait pu se rendre à cette réunion fraternelle. (1)

« Le Père de Torrès est mort, ajoutait le Père Vilela, après avoir vu arriver son successeur, le Père François Cabral : j'ai pu lui administrer les derniers sacrements et lui fermer les yeux. Deux Pères purent venir d'une journée de distance et beaucoup de chrétiens vinrent de de sept et huit lieues pour honorer les funérailles du saint vieillard. »

Trois ans auparavant la mission avait fait une autre perte : le Frère Jean Fernandez, l'humble compagnon de S. François Xavier, était décédé le 26 juin 1567, à Hirado ; les chrétiens perdaient en lui un grand serviteur de Dieu et un père ; sa facilité à se plier à leur coutumes, fort cérémonieuses, et à parler leur langue, avait fait de lui un précieux auxiliaire : « Sans lui, disait le Père de Torrès, le Père Maître François et moi, qu'aurions-nous pu réaliser ? » (2)

« A Omura, continuait l'auteur de la relation que nous abrégeons (3), le roi Barthélémi et toute sa famille ont reçu le baptême ; mais depuis six ans la révolte des bonzes et des seigneurs païens met son trône en danger. Pendant deux ans, le Père Côme de Torrès a résidé dans cette ville, et les chrétiens, jouissant de l'exercice public de leur culte et des grâces des sacrements, s'y distinguent par une piété, qui rappelle la ferveur de l'Eglise apostolique. Le Père de Torrès a été remplacé par le Père Michel de Figueredo. »

---

(1) Astrain, *Historia de la C. de J. en la assistencia de España*. Madrid, 1905, t. II, p. 388.
(2) Lettre du fr. Jacques Gonzalves au Père de Torrès, 3 juillet 1567, Hirado. *Cartas* I, 246^5. Voir Bartoli, *Asia* VIII 42 et Haas op cit. II, 227.
(3) Vilela, *Cartas* I, 304.

Ce dernier écrivait (1) l'année suivante que dans la province d'Arima la ville de Kouchinotsu était tout entière chrétienne ; avec le frère Damien il était heureux de recueillir les fruits du zèle si patient du Père de Torrès ; il décrivait l'esprit de pénitence, les ferventes flagellations des fidèles, et leur concours aux cérémonies du culte.

3. « A Nagasaki, écrit encore Vilela (2), j'ai résidé deux ans (1569-70) : cette localité très vaste et avantageusement située au bord de la mer, appartient à un seigneur chrétien, vassal du roi Barthélémi ; ce seigneur m'assigna une pagode pour en faire une église ; mais j'attendis pour exécuter ce dessein, qu'il y eût des fidèles. Je convoquai les habitants : ils vinrent de mauvais gré écouter ma prédication ; mettant ma confiance dans le Seigneur, je les invitai une seconde fois, et la grâce aidant, après bien des prédications et des conférences, ils reconnurent et embrassèrent la vraie doctrine : je baptisai en plusieurs fois, tantôt 200, tantôt 300 et au total jusqu'à 1500 auditeurs. Un seigneur voisin m'appela et à son tour il se fit baptiser avec un grand nombre de ses sujets. En vérité, leur ferveur et leur joie offraient un spectacle à faire pleurer. Alors enfin en 1569, je détruisis la pagode qui m'avait été donnée et j'en fis une église que je dédiai à tous les Saints. » Le missionnaire fait l'éloge de la piété de ces premiers fidèles de Nagasaki et de leur dévotion à la douloureuse passion du Sauveur.

C'est la première fois que ce nom de Nagasaki apparaît dans nos relations : ce sera bientôt la grande ville catholique du Japon, la petite Rome, ainsi qu'on l'appel-

---

(1) 21 octobre 1571. (*Epist. Jap. msc.* 1565-79).
(2) Lettre citée.

lera, si célèbre par ses martyrs et pour longtemps le dernier refuge des fidèles persécutés. Ce n'est que vers 1579 que Nagasaki devint le port préféré des portugais : il en est redevable au daïmyo d'Omura, Barthélémi. Celui de Hirado s'étant montré hostile à la religion chrétienne, les vaisseaux portugais s'éloignèrent de son port, encore qu'il leur offrit un accès facile, et profitèrent des avantages que leur assurait Barthélémi dans le port voisin de Yokoseura (1562), jusqu'alors peu fréquenté. Cette ville naissante ayant été attaquée par des rebelles et mise à feu, les portugais cherchèrent un accès tout aussi favorable sur la côte d'Omura ; grâce à la bienveillance de Barthélémi, le nouveau port (1) fut fortifié et devint vers 1579 un apanage de l'Eglise.

Dix ans plus tard, en réponse (2) à une lettre du Général de la Compagnie, qui s'étonnait que l'on eût accepté cette propriété, le Père Valignani expliquait la situation :

« Que l'on n'en juge point d'après les idées qui ont cours là-bas : on en jugerait à rebours de la vérité.

» Dès que je vins ici et que je vis dom Barthélémi, seigneur d'Omura, il me demanda avec beaucoup d'instance que je voulusse accepter pour l'Eglise ce port de Nagasaki : il le donnait et désirait qu'on l'acceptât pour trois raisons principales : d'abord, disait-il, je crains grandement que Riosoji (c'est un païen, seigneur du royaume de Figen) ne me demande ce port, parcequ'il le désire vivement; que si je le donne, je perdrai les droits d'entrée que me paient les vaisseaux portugais, et qui me sont nécessaires pour mon entretien ; si je le refuse, j'ai lieu de craindre une guerre redoutable. En le cédant à

---

(1) L. Mexia, 25 août 1580, *Cartas* I, p. 466ᵗ.
(2) 15 août 1580, *Epist. Jap. msc.* (1580-89).

l'Eglise, j'en garderai les profits et Riosoji ne le réclamera plus. En second lieu, je crois m'assurer ainsi les droits d'entrée définitivement, parce que le port étant bien d'Eglise, les portugais ne laisseront jamais d'y aborder. En troisième lieu, j'assure par le fait même ma personne et mon domaine, puisque j'y trouverai en toute occurrence un asile.

» Nous avons bien des fois et longtemps délibéré sur ces propositions, et sauf un ou deux, nos Pères tant du Shimo et du Bongo que de Miyako ont cru utile et nécessaire de les accueillir. Si le port tombait au pouvoir de Riosoji, ce serait la ruine du roi de Bongo, qui est en guerre avec lui, et de plus ce serait la ruine de la chrétienté ; nous perdrions un refuge, où nos chrétiens persécutés par leurs seigneurs païens se mettent en sûreté et échappent à l'apostasie ; nous perdrions nous-mêmes une résidence assurée pour l'évêque qu'il faudra établir un jour dans cette mission. A ce port dom Barthélémi a ajouté son petit domaine de Munki, à une lieue de Nagasaki. Quant à la justice qu'exerce tout seigneur selon les mœurs du pays, nous la laissons exercer par des chefs ou capitaines, nommés *Yacounins,* mais dom Barthélémi a tempéré la rigueur des lois qu'ils ont à faire observer. »

Nagasaki ne tarda pas d'acquérir une importance considérable, toute en faveur de la foi. Après quinze ans (1) Froês écrivait : « Il y réside quatre Pères et deux frères. Comme les vaisseaux de Chine (de Goa et des Indes) y font un commerce de soie, de damas etc. pour une valeur annuelle de 5oo mille *cruzados,* les marchands païens y viennent de divers royaumes : beaucoup ne trouvant

---

(1) Froês, Nagasaki, 1 oct. 1585. (*Cartas,* II, 129¹).

pas chez eux des ressources suffisantes, se fixent avec
leur famille dans la nouvelle ville, et en moyenne nous
en baptisons 300 tous les ans. La population augmente
ailleurs, la misère et une coutume invétérée donnent lieu
à d'innombrables avortements et infanticides; parmi les
chrétiens ce crime est inconnu et les familles sont nom-

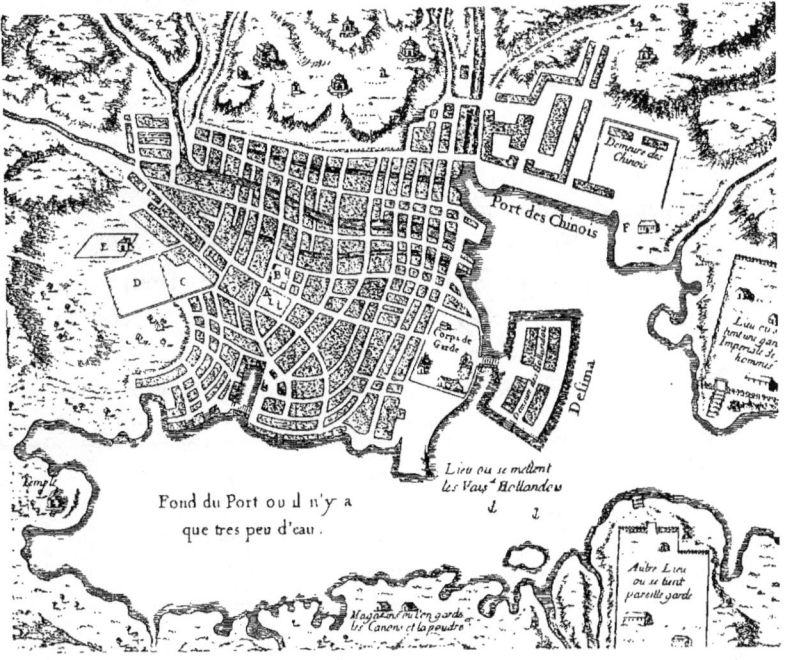

Nagasaki au 18ᵉ siècle

A. Lieu où s'affichent les édits de l'empereur. — B. Prison — C. D. Demeure de 2 gouverneurs.
E. Temple où réside le 3ᵉ gouverneur. — F. Maison des inspecteurs du port.

breuses. Les enfants ont des qualités rares : tous les
jours ils viennent trois fois à l'église, le matin pour entendre la messe, le midi pour apprendre la doctrine
chrétienne, les psaumes, les hymnes, etc.; le soir, à
l'Angelus, pour réciter les litanies. Quelques-uns servent

de *dogiques,* à savoir d'acolytes pour la Sainte Messe ; puis, ils accompagnent les Pères quand ils vont baptiser, confesser ; car dans un rayon de vingt lieues un seul Père a 24 localités à visiter : le Père visiteur a réglé la répartition des divers postes pour toute l'étendue de notre mission. Grâce à l'aisance que procure le commerce portugais, nos fidèles, quoiqu'ils soient de condition plébéenne, élèvent leurs enfants, comme s'ils étaient de classe riche et noble ; pour les jours de fête, ils ont des habits aussi riches et élégants que les habitants de Miyako. »

« Deux ou trois fois déjà, il a fallu agrandir l'église, et cependant les deux tiers des fidèles doivent se tenir au dehors les dimanches : aussi a-t-on décidé d'en bâtir une autre ; sans compter le bois et la main d'œuvre, ce qui porterait la dépense à 5000 *cruzados,* on a recueilli 2000 *cruzados* d'aumônes. »

« La maison de miséricorde, construite il y a deux ans, compte cent chrétiens et pourvoit à toutes sortes de bonnes œuvres. »

4. Qu'était devenue la chrétienté d'Yamaguchi, la première conquête un peu notable de la foi, et chère à Saint François Xavier ? Une exploration de sept mois, entreprise en 1573 par le Père Cabral, nous fournira quelques détails à cet égard (1) :

« Avec le frère japonais Jean, je partis le 7 septembre 1573 de Kouchinotsu, au royaume de Figen, pour Shimabara : nos chrétiens y avaient souffert persécution ; mais le roi avait enfin donné l'autorisation d'y bâtir une église et liberté de professer notre foi. Après cinq ou six jours,

---

(1) Miyako, 31 mai 1574. *Nuovi Avisi,* V, Brescia 1575. pp. 59-72.

nous partîmes pour Koutami (Kutamotzu), où les chrétiens sont nombreux et ont deux églises. Nous nous arrêtames plus longtemps à Funaï, où réside le Père Jean-Baptiste, italien : nous y rencontrâmes le gouverneur de Hakata, avec lequel nous avions à traiter quelques affaires. Notre voyage à Hakata nous amena en un endroit, où nous trouvâmes 60 chrétiens, qui depuis dix ans n'avaient vu aucun missionnaire : trois ou quatre d'entre eux soutenaient les autres dans la foi ; nous les instruisîmes, relevâmes quelques-uns et conférâmes huit baptêmes. A Hakata, l'église bâtie par un bon chrétien, nommé Côme, est debout ; mais la maison qu'il avait destinée aux nôtres, a été consumée lors de l'incendie qui détruisit il y a dix ans toute la ville ; elle a été reconstruite depuis. Cinq ou six conférences par jour nous amenèrent bien des auditeurs ; nous n'en baptisâmes que 30. Les bonzes se montraient fort mal disposés. Après un mois nous partîmes pour Yamaguchi : là il y a quelques chrétiens gagnés à Jésus-Christ par le Père François Xavier de sainte mémoire ; mais ils n'avaient plus été visités par aucun de nos Pères ou frères depuis que le Père Côme de Torrès et Jean Fernandez avaient été chassés il y a vingt ans. A Manakata, un chrétien, nommé Jean, vint à notre rencontre ; il était jadis bonze et chef d'un monastère. C'est lui qui m'avait accompagné dans mon premièr voyage à Miyako, et qui, pendant une année entière qu'il demeura chez nous, nous aida à composer une réfutation des sectes ; il en connaît tous les secrets : il n'y a pas de bonze qui puisse résister à cette réfutation (1). Rentré à Hakata sa patrie, il s'était établi à

---

(1) Celle qu'on appelait Nijugo Kwagyô ? (Cros, II, 53) Cfr. Haas (II, 302) qui l'attribue à Nugnez et au frère Laurent.

Manakata, à une demie lieue du chemin que nous suivions : quelques convertis, qu'il nous amena, furent baptisés.

» Au delà de Shimonoseki, un chrétien, nommé Jacques, qui se rendait aux mines d'argent du royaume de Joamin (?), m'engagea à aller visiter un chrétien, baptisé jadis par le Père François, et qui désirait voir baptiser toute sa famille : je ne pus me rendre à son désir, la distance étant trop grande. Quand nous fûmes à 4 lieues d'Yamaguchi, quelques chrétiens, avertis de notre arrivée, vinrent à notre rencontre, et peu après, d'autres suivirent. Pensez quelle fut notre consolation et la leur ! depuis vingt ans privés d'église et de secours spirituels, ils étaient en butte aux persécutions des païens : aujourd'hui ils recevaient la visite d'un Père et d'un frère et obtenaient l'autorisation de pratiquer leur culte. Et nous, nous trouvions des chrétiens d'il y a vingt ans, baptisés par le Père François de glorieuse mémoire, et qui avaient persévéré dans la foi au milieu des embûches et des tribulations. En vérité, depuis que je suis au Japon, j'amais je n'ai éprouvé plus de joie qu'en ce jour. Nous fûmes reçus dans la maison d'un chrétien qui offrit un terrain pour bâtir une église. Il y a là et aux environs de la ville 300 chrétiens ; comme ils ne savaient presque plus rien des choses de la religion, je me mis avec mon compagnon à les instruire : l'église, qui fut bientôt construite, était constamment pleine d'auditeurs, qui venaient nous interroger sur les questions religieuses et le salut de leur âme ; sans jamais se fatiguer, ils prolongeaient ces entretiens jusqu'au milieu de la nuit. Vraiment j'étais édifié et confondu par tant de zèle, et de leur persévérance je concluais que là où les secours humains font défaut, le bon Dieu supplée par sa grâce. »

Cabral cite plusieurs beaux traits : une pauvre vieille,

de Miano, avait continué de venir tous les dimanches à la ville d'Yamaguchi pour prier sur l'emplacement où du temps du Père François avait été construite l'église ; maintenant à l'âge de quatre-vingts ans, elle venait tous les jours par la neige, afin de ne pas se priver de la Sainte Messe. Une autre, baptisée jadis par le Saint, venait de onze lieues passer quelques jours à Yamaguchi, afin de profiter du passage du missionnaire, et amenait à la foi quatre prédicateurs de la secte des Icoxos. De trois autres localités fort distantes, des chrétiens arrivaient pour s'instruire. « Quelle que fût notre hâte, ajoute Cabral, et malgré le désir d'arriver à Miyako pour les fêtes de Noël, nous demeurâmes près de trois mois dans cette ville pour consoler et fortifier ces pauvres fidèles, abandonnés depuis si longtemps : nous fîmes 172 nouveaux chrétiens. A Miano, où nous demeurâmes huit jours, il y eut 42 baptêmes. »

5. Depuis vingt-cinq ans, les missionnaires se dévouaient à la conversion du Japon ; avec une patience que rien ne décourageait, ils avaient établi le règne de Jésus-Christ dans plusieurs provinces : semblable au levain qui pénètre et fermente la masse, ce règne se développerait, tout portait à le croire ; la ferveur et le prosélytisme des fidèles, le zèle des catéchistes en étaient le garant. Le Père Cabral écrivait au Général de la Compagnie (1) : « Dans beaucoup de royaumes on fait des instances afin que nous y prêchions la loi de Dieu ; je ne puis répondre qu'avec des larmes et avec la douleur de voir se perdre tant d'âmes, sans que personne puisse les secourir. Ne pouvant me rendre jusqu'à Rome, par lettres du moins

---

(1) Naçasaki, 13 sept. 1575, *Avvisi V*, p. 76.

je viens supplier votre Paternité, au nom des plaies de Jésus-Christ notre Seigneur, de vouloir nous envoyer des ouvriers évangéliques..... De plus je représenterai qu'en aucune façon le succès et le progrès de notre œuvre ne seront assurés s'il ne s'établit ici une maison, qui soit comme le séminaire des indigènes ; sans eux, nous ne pouvons faire grand' chose. Ce sont nos prédicateurs, nos catéchistes ; ceux que nous avons sont épuisés par les fatigues incessantes, quelques-uns meurent ; il faut donc que votre Paternité permette de faire ce séminaire pour y recevoir des jeunes gens, les élever dans la vertu et les instruire. A cette condition, je n'en doute pas, l'Eglise prendra de grands accroissements. »

« Depuis que je suis au Japon, écrivait-il un an plus tard au Provincial de Lisbonne (1), tous les ans quelques milliers de néophytes viennent à nous ; cette année-ci (1575) dix-huit à vingt mille. Dans les royaumes du centre, beaucoup de seigneurs et de nobles se convertissent ; à Miyako seul, depuis ma visite, on en compte 500 ; ce qui est beaucoup, si l'on considère qu'il n'y a dans cette région que les Pères Frôës et Organtino ».

De Kouchinotsu, où il baptisait en quelques jours 5000 catéchumènes, le Père Gonzalvez écrivait (2) : « Bientôt, tout ce royaume d'Arima sera chrétien ; il compte déjà 15000 fidèles baptisés, parmi eux le roi et sa femme, un de ses frères, et le seigneur d'Amakusa avec ses deux frères. Il ne manque que des prédicateurs. Le Japon est la terre de promesse ; il n'est pas de consolation aux

---

(1) 12 Sept. 1575, *Cartas* I 350, 35². Voir aussi les lettres de G. Coëlho et de J. B. de Monte. *Ib.* p. 356. En 1577, J. B. de Monte (ib. 394) baptisait à Vocayama, Vacay, Sanga, Takatzuki 900 néophytes.
(2) 24 Sept 1576, *Cartas* I 371².

Indes et en Europe, que l'on puisse comparer à la nôtre, quand nous passons à travers ces provinces, sans autre chose que notre bréviaire, un bourdon et les appareils du baptême. La nourriture ne fait pas défaut, un peu de riz et de *Shiro,* son assaisonnement ; c'est celle du pays. Un lit est bientôt trouvé : une natte et un oreiller de bois. Et jamais, je ne fus aussi heureux. Il nous faut du secours : c'est au Japon, et non à Macao qu'il faudrait constituer un collège, qui nous fournisse des aides : le Père Visiteur s'en convaincra. »

6 Il était question depuis quelque temps d'envoyer de Rome un Père chargé de faire la visite des missions des Indes et muni de pouvoirs spéciaux ; il s'était embarqué à Lisbonne en mars 1574. C'était Alexandre Valignani ; il amenait un renfort de 10 jésuites portugais, 24 espagnols et 7 italiens, à répartir entre les diverses missions. Il était à Macao trois ans plus tard ; c'est là que les Pères Fröes et Organtino lui envoyaient d'utiles recommandations (1) : « C'est une coutume que les étrangers comme les naturels du Japon gardent universellement, et que notre Père François Xavier de sainte mémoire ainsi que ses successeurs ont suivie, d'offrir des présents à tout seigneur que l'on visite : on le visitera trente fois par an, trente fois il faut lui faire un présent ; non seulement les convenances le demandent, mais encore, sans présents, point d'accès. » Les deux missionnaires indiquaient en détail les objets dont le Père devait se munir pour être reçu des princes chrétiens et païens. La grande préoccupation allait cependant aux nouveaux missionnaires qu'il amènerait et à la formation d'un séminaire.

---

(1) Frôes, 10 août 1577, *Cartas* I 397 ; Organtino, 21 sept. 1577, *Ib.* p. 398.

Le Père Organtino écrivait au Père Mercurien, Général de l'Ordre (2) : « L'an dernier je reçus de Votre Paternité une lettre qui nous réjouit beaucoup, et par ce qu'elle nous donnait la nouvelle de son élection comme Pasteur de notre Compagnie, et parce qu'elle nous annonçait la visite du Père Alexandre Valignani...

» Quant aux nouvelles de ces royaumes du Japon, je crois que tous nos Pères en donneront à Votre Paternité, selon qu'ils y sont obligés ; au sujet du fruit recueilli dans cette contrée de Miyako, j'ai écrit une lettre de douze pages au Père François Cabral ; il l'aura envoyée à Votre Paternité. Je dirai seulement ici que depuis le carême nous avons baptisé plus de 7000 néophytes : la foi des autres chrétiens s'en est fortifiée. Le démon irrité a poussé quelques païens à nous persécuter ; mais comme le Seigneur ne lui a pas permis d'y réussir à son gré, nous demeurons en paix, décidés à lui faire encore, avec la grâce de Dieu, plus de tort que nous ne lui en avons fait cette année-ci. Nous veillons cependant à ne pas donner prise à des persécutions graves ; en effet, nous ne sommes qu'un petit nombre qui sachions la langue, et il n'est pas bon que ceux qui ont charge d'âmes exposent le troupeau pour chercher leur propre avantage (et la gloire du martyre) ; mais quand les nombreux ouvriers que Votre Paternité promet nous seront arrivés, nous pourrons étendre notre action et nous jeter au milieu de l'ennemi pour la gloire de Jésus-Christ et le bien des âmes. Or, je dirai pour la consolation de Votre Paternité que lorsque ces chrétiens nous verront aller au martyre, ils iront en troupe et en grand nombre devant nous et mourront intrépides pour la foi du Christ Notre Seigneur...

---

(1) Miyako, 29 sept. 1577. (*Epist. Jap. msc.* 1565-79).

« Nous avons ici certains chrétiens, des plus notables et seigneurs d'un grand nombre de sujets, dont la vie et le bon exemple sont chose merveilleuse. Un d'eux s'appelle Dario Takayamandono, et son fils Juste Ukondono ; ces deux-là portent fièrement la bannière du Christ devant tous les autres, et leur exemple entraîne beaucoup d'hommes influents : cette année-ci dans leur forteresse et leurs terres ils ont converti plus de 4000 païens. Un autre s'appelle Jean Yugidono ; par son influence et celle d'un sien parent qui le gouverne (1), nous avons conféré sur les terres de ce seigneur plus de mille baptêmes. Je nommerai encore Sancho Sangidono avec son fils Mancio (2) ; depuis longtemps il est comme le père de ces chrétiens, et cette année-ci les conversions s'élèvent dans ses domaines à plus de mille : nous allons bâtir là une grande église. Enfin je citerai Siméon Tangodono, capitaine et seigneur, avec deux païens, de la moitié du royaume de Kavachi ; sur ses terres nous avons baptisé 150 catéchumènes.... »

« Nous avons grand espoir de convertir tous ces royaumes de Miyako, et nous désirerions que votre Paternité nous aidât en envoyant quelques bons sujets, parce que Miyako est dans le Japon ce que Rome est en Europe ; la science, le discernement et la civilisation y sont plus en honneur. Depuis que je commençai à comprendre la langue, je jugeai qu'il n'y a pas de peuple si universellement intelligent et judicieux ; une fois soumis au Christ, il n'y aura pas d'église, me paraît-il, qui puisse avoir l'avantage sur celle du Japon. L'expérience nous permet de croire que si nous pouvons rehausser le culte

---

(1) Nommé George Jafensidono.
(2) Mangoiabrondono.

divin par les cérémonies, les japonais se convertiront à millions ; si nous avions des orgues et d'autres instruments de musique avec des chantres en nombre, sans aucun doute tout Miyako et Sakaï se convertiraient en une seule année. Et comme ce sont les deux principales villes tout le Japon, elles converties, tout le reste suivrait, et l'on pourrait tenter l'entreprise en Chine. Sache votre Paternité que les ministres des faux cultes par leurs cérémonies et leurs temples somptueux nous ont montré le chemin. Au service de la vérité, les cérémonies seraient du moyen plus efficaces encore. »

« Celui qui saura agir avec ce peuple, écrivait encore le saint missionnaire (1), en fera ce qu'il voudra, et au contraire celui qui le prendra de travers, se trouvera fort embarrassé. Il ne souffre aucun signe extérieur de colère : *Kiminsikaï,* disent-ils : c'est d'un cœur petit ; il tient pour fou celui qui n'agit pas raisonnablement : *Suman fito.* Endurant, magnanime, il est orgueilleux et agit à l'aveugle par le désir de faire de grandes choses ; il est curieux de nouveauté : quiconque exhiberait à Miyako un esclave d'Ethiopie, s'enrichirait : tout le monde payerait pour voir le nègre. »

L'arrivée du Père Valignani fut retardée jusqu'en 1579. Obligé de faire la visite des chrétientés des Indes, il se fit précéder de quatorze Pères et frères destinés au Japon, et l'accueil que leur firent les chrétiens (1576) fut si fraternel, que trois jeunes commerçants portugais, qui en furent témoins, demandèrent d'être admis dans la Compagnie pour travailler désormais, eux aussi, à la conversion d'un peuple, aussi sympathique à ses missionnaires (2).

---

(1) 20 sept. 1577, ib.
(2) Amador da Costa. Macao 23 nov. 1577. *Cartas I,* 400.

7. « Le démon rugit, écrivait Organtino (1) ; par la bouche d'un bonze il a confessé son impuissance contre les disciples du crucifié ». — « Eh ! pourquoi l'adorez-vous ? disent nos fidèles aux païens, si la croix peut le vaincre ». — C'est qu'en dehors de la belle église de Miyako et de celle que nous élevons à une lieue de la ville sous le vocable de St-Michel archange, nous avons dressé cette année-ci quelques belles croix aux environs ; là les fidèles s'arrêtent pour prier, et en les voyant, des païens se laissent toucher par la grâce de Jésus-Christ ».

Le Père Jean François étant survenu (2), il fut donné au Père Organtino de célébrer la fête de Noël avec une splendeur, dont le Japon n'avait jamais été témoin : la messe solennelle à trois prêtres mit la joie dans tous les cœurs. Après avoir vu la dévotion de ces chers néophytes, le nouveau missionnaire levait les mains au ciel : « Oh ! s'écriait-il, combien » nos Pères et Frères de l'Italie et de toute l'Europe se réjoui- » raient s'ils pouvaient voir de leurs yeux ce que nous » voyons ! » Toute la nuit se passa en confessions, en communions, en prières. Pendant le jour les païens vinrent visiter l'église ; et, plus encore que de l'ornementation, ils furent ravis de la bienveillance et de la charité qui régnaient parmi nos fidèles, sans distinction de rang et de fortune ».

« En dix ans (3), écrivait Organtino à Rome, tout le Japon sera chrétien, si nous avons le nombre suffisant de missionnaires. Depuis le carême, dans l'espace de six mois on a baptisé huit mille adultes. Que votre Révérence, ajoutait-il, se mette bien dans l'esprit que ce peuple n'est pas un peuple barbare ; car, à ne pas considérer le bienfait de la

---

(1) Miyako 21 sept. 1577, au P. Visiteur. *Cartas* I, 398.
(2) Lettre de Fröes, Usuki 9 7bre 1577. (C. I, 393).
(3) 15 oct. 1577 au P. Assistant du Portugal. *Epist. Jap. mscr.* (1565-79)

foi, nous autres, pour habiles que nous nous estimions, nous sommes en comparaison d'eux, très barbares (1) ; j'avoue en toute vérité que tous les jours je m'instruis auprès des japonais, et il me semble que dans tout l'univers il n'y a pas de nation aussi bien douée et ornée de tant de dons naturels. Que votre Révérence ne se figure donc pas que les sujets, qui paraissent ne pas pouvoir se rendre utiles en Europe, puissent nous servir. Ici surtout, il ne faut pas d'esprits présomptueux, qui se repaissent d'imaginations mélancoliques et de dévotions en l'air, de prophéties et de miracles ; mais il nous faut des âmes magnanimes, discrètes et très souples à la sainte obéissance. De plus, je préviens Votre Révérence que cette mission est pleine de dangers, parce que les habitants sont très dissolus et qu'ils n'ont en aucune estime la vertu, qui, à nous, nous est si nécessaire. Je ne dis pas ceci pour éloigner nos frères, mais pour les engager à acquérir une vertu très solide, en sorte que, si on les envoie ici, ils soient comme des anges, et par l'exemple de leur vie ramènent ce peuple de l'impudicité à la pratique de la chasteté ».

Si le dévergondage des mœurs païennes, jusque parmi les bonzes ou chefs religieux, pouvait rendre ces missions dangereuses à une vertu peu commune de jeunes européens, l'on juge aisément que les missionnaires n'avaient guère songé à recruter dès l'abord un clergé parmi les néophytes du Japon. Dans une lettre au P. Mercurien, Général de l'ordre (2), Organtino le reconnaît : « Leur nature est corrompue par le vice ; et toutefois, dès qu'ils se sont convertis à notre sainte foi, la grâce du baptême met dans leurs cœurs une si heureuse disposition qu'il se manifeste en eux un changement admirable, et une telle horreur pour le vice

---

(1) *Siamo barbarissimi.*
(2) Organtino, Miyako, 29 sept. 1577. (*Epist. Jap. mscr.*)

impur qu'évidemment on y constate l'œuvre du Tout-puissant : *Haec mutatio est dexterae Altissimi Dei ;* à plus forte raison, sont-ils disposés à garder les autres vertus ».

Cependant on hésita, on tarda longtemps d'élever les jeunes japonais à la dignité des saints Ordres et des fonctions sacerdotales. Il faut en effet dans le ministère des âmes une vertu, une chasteté qui ne se rencontrent que dans les générations de familles chrétiennes ; des natures viciées dans une longue lignée de parents païens, portent en elles un levain d'impureté et des habitudes qui rendent la vertu peu sûre d'elle même. Parmi les enfants de japonais convertis, on crut enfin, après trente années de prédications, pouvoir trouver des éléments propres à former des religieux et des prêtres. Une grande sévérité serait cependant nécessaire pour écarter les vocations instables.

Avant même l'arrivée de Valignani, le jeune daïmyo du Bongo, fidèle à suivre les conseils de son père, encouragea les Pères a commencer un collège (1) : à une demie lieue d'Usuki, sur le bord de la mer, il leur offrit un très beau terrain. C'est là que s'établirait le noviciat.

On débuta par une espèce de petit séminaire : Frôës, alors fixé dans ce collège, écrivait au Général (2) : « La venue de trois nouveaux missionnaires nous a été fort agréable ;

---

(1) Frôës, Usuki 13 oct. 1578. *Cartas* I, 424.

(2) Bongo 11 sept. 1577. *Epist. Jap mscr.* 1565-79. « Le Père François Cabral, supérieur de la mission, m'appela au Bongo, écrivait Frôës (C. I, 403). Malgré la rigueur de la saison, les mouvements de troupes et les brigands de mer, me confiant en la protection et l'aide de la sainte obéissance je quittai le 1er janvier. Comme depuis de si longues années déjà j'étais à Miyako, les chrétiens manifestèrent une émotion si vive que les larmes me gagnèrent à mon tour ». A Usuki, il fut chargé d'un néophyte (Simon Chicatora) fils d'un Kongué, et qui avait été adopté par le beau-frère du daïmyo François. (C. I, 3743).

Il continua dans cette ville et à Nagasaki la rédaction des lettres annuelles du Japon, documents historiques dont la valeur a été favorablement appréciée par M. Satow. (*Transactions of the Asiatic Society of Japan*, t. VIII, p. 149. *Etudes* de Paris, t. 107, p. 506, Bartoli. *Giappone* I, 209 et II. 304).

mais on annonce la prochaine arrivée du Père Visiteur avec 7 Pères et 7 frères ; ils nous seront d'un précieux secours ; on les dit bons sujets et à l'âge voulu pour apprendre facilement la langue. Votre Paternité a recommandé au Père Visiteur l'établissement d'un séminaire pour européens et japonais ; le site que nous a donné pour cela le roi du Bongo sur le bord de la mer est excellent : on n'en pouvait trouver un meilleur, moins exposé aux troubles civils. Espérons qu'au retour du P. Cabral nous pourrons mettre la main à l'œuvre. Autour de Miyako, les guerres sont presque continuelles, et cependant depuis la construction de l'église dans la capitale le nombre des chrétiens y augmente rapidement ; en 17 ou 18 ans, nous n'y avions gagné que 1500 chrétiens : à présent, en trois mois on en a baptisé 4000. Il était temps qu'on vînt à notre secours ; jusqu'ici, forcés par la nécessité, nous puisions quelque force dans notre faiblesse. L'avenir de cette chrétienté si importante intéresse tout le Japon ; car Miyako est le sanctuaire des lois et le siège de toutes les idoles : si les grands se convertissent, la foule suivra ».

En novembre 1579, un Père italien (1) annonçait enfin l'arrivée du Visiteur au Japon. « La venue du Père Valignani nous a tous extrêmement consolés dans le Seigneur : c'est un Père plein de charité et de bienveillance. On l'a accueilli avec quelque éclat : une messe solennelle a été célébrée avec musique et orgue : ce qui a fait l'admiration des japonais. Le Père Visiteur désire beaucoup établir un séminaire en ce pays, et c'est un saint désir ; pourtant, je ne sais s'il pourra le réaliser : les enfants sont extrêmement aimés de leurs pères ; ils sont accoutumés à une grande liberté et indépendance ; quant à vouloir les assujettir à une discipline et corriger leurs défauts, je doute (et les autres Pères sont

---

(1) J. B. de Monte Ferrara, Amakousa, 10 nov. 1579.

du même sentiment) que les enfants subissent longtemps ce régime, ceux-là surtout qui sont de bonne famille. Avec le temps, ce sera possible. »

Un autre missionnaire, le Père Mexia, voyait dans le projet du Père Valignani un moyen d'élever de bons chrétiens, qui par leur vertu et leur science seraient un jour dignes de recevoir les ordres sacrés et de prendre le gouvernement des paroisses (1). Quant au Père Cabral, le Supérieur de la mission, tout en admettant la nécessité de former un clergé indigène, il objectait l'orgueil national des japonais, pleins de dédain pour les autres nations : « Élevés dans cet orgueil et dans ce dédain, disait-il, les jeunes gens, sitôt qu'ils seront nos égaux par la science et le savoir, comme ils sont déjà nos égaux par l'esprit et l'ingéniosité, se mettront au-dessus de nous » (2).

La conclusion logique de ces observations fort justes était qu'il fallait les former peu à peu aux habitudes de soumission et d'humilité, qui sont la caractéristique de l'esprit sacerdotal, qu'il fallait les éprouver longtemps et détruire ou comprimer non seulement cet orgueil, mais encore les vices si enracinés de sensualité, de dissimulation et de mensonge ; un japonais, disait-on, ne met jamais sur ses lèvres ce qu'il a dans le cœur. Il était prudent au surplus de n'admettre aux saints ordres que des jeunes gens, nés de parents déjà chrétiens et élevés dès leur plus tendre âge dans la piété et la pureté.

Valignani voyait d'autres difficultés. Dans une lettre au Général de la Compagnie (3) il signalait des obstacles que le Souverain Pontife pouvait seul lever, et il sollicitait à cet égard des pouvoirs spéciaux : « Au Japon, écrivait-il,

---

(1) Léon Mexia, 14 déc. 1579 « *Ordenarse por ser curas* ».
(2) Bartoli *Giappone* lib. I, n. 47. p. 171.
(3) 27 oct. 1580. *Epist. jap. mscr.* 1580-85.

le droit de vie et de mort appartient à quiconque jouit de quelque autorité ou de quelque propriété, et par suite on fait si peu de cas de la vie que dès l'enfance on tue pour des choses de rien. Dès qu'un seigneur condamne un sujet à mort, le premier venu peut le tuer à la première occasion. Si un jeune converti avait commis un meurtre étant encore païen, il faudrait pouvoir l'absoudre de cette irrégularité. En second lieu, des enfants baptisés qui n'ont pas encore été suffisamment instruits, peuvent avoir, à notre insu, abandonné leur foi parmi les fréquentes persécutions locales : le Saint-Père nous autoriserait-il à lever cet empêchement ? »

Il ne nous couste pas si ces autorisations furent accordées.

8. D'autres difficultés arrêtèrent quelque peu l'établissement du séminaire. « En ce mois d'octobre 1580, écrivait-on (1), aux 59 membres de la Compagnie se sont ajoutés deux portugais et un japonais, admis ici comme novices ; il y a encore dix ou douze postulants ; mais le Père Visiteur diffère leur admission jusqu'à ce qu'il ait pu régler l'affaire du noviciat ; le manque d'hommes, les grandes occupations du Père et d'autres objections retardent l'exécution de ce projet : toutefois il a déjà reçu six novices : ce qui porte notre nombre à 65... Cinq scolastiques européens ont été ordonnés prêtres à Macao (2). On a commencé un petit séminaire de japonais, une section dans le Shimo, l'autre au royaume de Miyako ; il est absolument nécessaire de les instruire et de les éduquer ; en effet, dès leur bas âge, les enfants grandissent au milieu des vices, et l'on ne peut espérer d'eux quelque chose, s'ils ne reçoivent l'éducation dans notre collège. Comme ils sont bien doués, il en sortira

---

(1) Laurent Mexia, du Bongo, 21 oct. 1580. *Cartas* I, 459.
(2) Parmi eux le fr. Almeida, qui depuis 1556 se dévouait dans la mission. De sa fortune il la soutint longtemps et mourut en octobre 1583. *Cartas*. II, p. 892.

des jeunes gens qui pourront promouvoir l'œuvre de l'Evangile soit dans la Compagnie, soit dans le clergé séculier, soit dans tel état de vie auquel le Seigneur les appellera.

« Les deux sections comptent déjà 44 enfants, la plupart de familles de seigneurs. Ce nombre augmentera et il faudra établir une nouvelle section au Bongo. Il y a lieu de bénir Notre Seigneur pour ce petit nombre d'étudiants ; car les enfants sont très indépendants et nullement habitués par leurs parents à être tenus en lisière ; la sujétion et la discipline d'un collège sont bien contraires à leurs habitudes. »

A Miyako, les Pères voulurent aussi ouvrir un séminaire (1) ; la chose parut difficile à Organtino : les parents, ne connaissant pas cette institution, auraient de la peine à céder leurs enfants ; ceux-ci craindraient de renoncer à leur liberté et de devoir se faire tondre, sacrifiant ainsi la tresse de cheveux, qu'il est d'usage de porter au sommet de la tête et à laquelle ils attachent tant de prix. Il convoqua cependant huit jeunes gens de Takatzuki à une fête religieuse dans sa résidence d'Azoutchi (Anzukiama), et après les solennités il leur exposa son idée ; ils se déterminèrent aussitôt et firent eux-mêmes le sacrifice si pénible. Craignant alors que leurs parents, — ce sont des seigneurs, — ne prissent la chose de mauvaise part, le Père écrivit une lettre à Juste Ukondono, commandant de la forteresse. Celui-ci, avec le zèle qui le distingue, réunit les parents et en leur présence se félicita et remercia le Seigneur, parce qu'il avait choisi parmi ses sujets les premiers candidats ; il annonça qu'il donnerait tous les ans cent ballots de riz pour leur entretien. C'est amplement suffisant : cela représente une valeur de 150 *crusados* » (2). L'intervention du brave commandant aplanit toutes les difficultés.

---

(1) G. Coëlho, Nagasaki, 15 fév. 1582. *C.* II, 42³.
(2) Les cruzados avaient la valeur des *yens* actuels ; c'est à dire fr. 2.50.

Les collèges donnaient grande édification ; quand les élèves sortaient le dimanche pour prendre leur distraction, le peuple se plaisait à admirer leur tenue modeste : six ou sept des plus grands sollicitèrent leur admission dans la Compagnie (1).

9. Gaspar Coëlho, qui succéda au Père Cabral avec le titre de Vice-provincial, donnait après cinq ans au Général de la Compagnie des renseignements bien consolants sur les premiers essais d'éducation ecclésiastique (2) : « Quant au séminaire d'Arima, y lisons-nous, je ne saurais dire à votre Paternité la grande joie que nous éprouvons en Notre Seigneur en voyant le recueillement et les progrès des enfants ; pendant ces deux années-ci ils ne nous donnèrent aucun désagrément ; point de conversations immodestes ou trop libres : une parfaite paix et union : une dévotion et une modestie, dignes d'un noviciat. Leur diligence à l'étude dépasse notre attente ; pour la mémoire et l'intelligence, ils sont supérieurs aux élèves d'Europe ; en peu de mois, si étrangers qu'ils y soient, ils se familiarisent avec notre langue et nos caractères d'imprimerie ; ils apprennent l'orgue, le clavecin et la musique, et chantent avec facilité une messe solennelle ; le latin leur est cependant très difficile. La plupart ont treize ou quatorze ans. Les quatre que votre Paternité verra (car le P. Visiteur veut les envoyer à Rome avec un Frère japonais) sont un fruit de notre séminaire et permettront de juger de l'œuvre. Il faudrait

---

(1) Frôes, oct. 1582. *C.* II, 581 et 511.
(2) de Nagasaki 15 fév. 1582. *C.* II, p. 20³. Il y avait alors 26 enfants « muito nobres » Protase subvint généreusement aux frais de construction.
Nous donnons en appendice à la suite du livre III p. 215 la liste des élèves d'Arima et de Miyaka (auparavant Azoutchi). Réunis 6 ans plus tard en 1588 à Arima. Les noms de famille (orthographe portugaise) peuvent se ramener aux noms modernes : x = chi, qu = k

trouver le moyen de fonder plusieurs collèges, comptant cent élèves. Pour la Compagnie comme pour le recrutement d'un clergé séculier, c'est indispensable ».

Outre les deux séminaires et le noviciat, on commença en 1584 au Bongo, une maison d'études, où l'on enseignait la philosophie et la théologie : « Ici se trouvent, écrivait-on en 1584 (1), la plupart des scolastiques portugais de la mission. »

Les japonais ne poursuivaient-ils pas leurs études ? Tardait-on de les appliquer à la théologie ? Etaient-ils absorbés par les œuvres ? Ou encore, trouvaient-ils peu de goût à ces études ? Le fait est que les besoins de la mission et leur propre zèle y faisaient obstacle (2) ; ils s'appliquaient très volontiers et de préférence aux œuvres du saint ministère ; au noviciat déjà ils s'employaient à enseigner la doctrine chrétienne dans les localités environnantes. Un de ceux qui auront la gloire de verser neuf ans plus tard leur sang pour le nom de Jésus-Christ, St Paul Miki, se rencontre sur le catalogue de 1592 avec le titre « d'étudiant-prédicateur, sachant quelque peu de latin » ; l'année suivante on observe que le saint catéchiste est dégoûté des études et qu'il sert de compagnon au Père Vice-Provincial (3).

En dépouillant les catalogues, nous constatons que jusqu'en 1601 le nombre des missionnaires alla augmentant, comme aussi le nombre des japonais, novices ou catéchistes et frères ; parmi les japonais cependant aucun n'est encore élevé à la dignité sacerdotale.

Résumons en un tableau le résultat de ce travail de dépouillement.

---

(1) Léon Mexia, Macao, 6 janv. 1584. *Cartas* II, 125².
(2) L. Frõës, 2 janv. 1582. Ib. p. 98.
(3) *Jap. et sinarum catalogi* 1582-1759, mscr. : « Estudo alguâ causa de latin ». — Enfastiado de estudar co mas ».

	Européens		Japonais	Novices	
	Prêtres	scolastiques, frères	frères ou catéchistes		
1582	28	20	15	6 jap.	5 portugais
1583	29	30	17	10 »	3 »
1584	32	34	20	7 »	
1588	39	26	37	20 »	2 »
1592	51	26	70	4 »	
1593	56	11	87	5 »	3 »

Le catalogue de 1588, après avoir nommé les 113 membres de la Compagnie, fixés dans le noviciat d'Usuki, au collège de Funaï et dans les 21 résidences ou stations, ajoute :

« Si nous comptons avec eux les élèves du séminaire, ceux qui sous le nom de *dogiques* (1) aident les Pères dans l'œuvre des conversions, et ceux qui s'occupent aux travaux manuels, nous arrivons à un chiffre total de 500 ».

Il est évident que sur ce nombre considérable de catéchistes et de séminaristes les missionnaires avaient tout intérêt à prélever les meilleurs sujets pour les préparer à recevoir le sacerdoce ? car la disette de prêtres se faisait vivement sentir. Mais était-il prudent de se hâter ? même après les épreuves du séminaire, du noviciat et des études, on pouvait hésiter ; sans doute l'élan de la générosité japonaise affronterait le martyre : soutiendrait-il la longue et patiente lutte de la chasteté sacerdotale ?

La question du clergé indigène peut, grâce à Dieu, se trancher aujourd'hui plus aisément dans les missions : elle se posait dans des conditions bien différentes à l'époque que nous étudions. Certainement l'Église a intérêt à former un clergé indigène, capable de diriger et d'instruire les fidèles, de soutenir la lutte contre l'erreur, et de défendre le

---

(1) Les *dogiques* « doyoquus » d'après une lettre de Valignoni, 1 janv. 1593, qui renonçant au monde se faisaient tondre, desservaient en 1592 une trentaine de stations ; ils étaient 180.

bercail du Christ contre l'esprit de mensonge et d'erreur. Au Japon en particulier, comme l'écrivait récemment M. l'abbé Marnas, des missions étrangères, il faut absolument préparer un clergé indigène, mais « l'expérience semble avoir montré, ajoutait-il, qu'il est difficile de conduire jusqu'à la prêtrise des enfants de païens convertis, si bien doués et si fervents qu'ils soient. Ils portent dans leur sang je ne sais quel ferment qui demande à être épuré ; et c'est un fait reconnu que tout aspirant au sacerdoce doit compter pour le moins deux ou trois générations chrétiennes pour pouvoir être prêtre au fond de l'âme » (1). C'est parmi les descendants des générations chrétiennes de Nagasaki, dit-il encore, que les missionnaires actuels trouvent les plus nombreuses et les meilleures vocations ; ce n'est que là qu'ils ont maintenu un séminaire.

La même prudence a présidé jadis à la formation du clergé japonais : une inconcevable légèreté ou une boutade a seule pu faire écrire à Rohrbacher (2) que « les anciens missionnaires peuvent s'attribuer la ruine du christianisme au Japon pour avoir commis la faute de ne pas former de clergé indigène ». L'auteur ne considérait pas qu'il portait cette grave accusation contre les quatre grands ordres religieux, qui depuis 1593 se partageront la belle mission ; il oubliait qu'au XVIIe siècle, vu la sévérité des édits et la

---

(1) La religion de Jésus ressuscitée au Japon, Paris, tome II, p. 497.
(2) C'est dans une lettre de l'évêque i. p. i. François Pottiers (18 oct. 1782), vicaire apostolique en Chine, que nous trouvons pour la première fois cette accusation (Nouvelles des missions orientales, 1re partie, Paris 1787, p. 182). « Les malheurs du Japon ont fait ouvrir les yeux sur l'importance de cette œuvre (du clergé indigène) ; quand on eut chassé ou mis à mort les européens qui s'y trouvaient et qu'on leur eut efficacement fermé la porte de ce pays, cette chrétienté si florissante et qui compte tant de martyrs, est tombée faute d'un clergé national, et depuis deux-cents ans elle n'a pu encore se relever ». Ce missionnaire ignorait que le sang des martyrs y faisait germer de longues générations de chrétiens, et que les MM. des missions étrangères y découvriraient vers 1865 50 à 60 mille chrétiens malgré la rigueur des édits de persécution.

rigueur des perquisitions, les prêtres japonais, ordonnés à Malaca et à Macao, ne purent pas mieux que les religieux européens, pénétrer dans leur patrie.

Ce n'est que 14 ans après l'ouverture du séminaire que trois japonais seront envoyés à Macao pour recevoir le sous-diaconat (1). Le Vice-provincial Gaspar Coëlho avait fait des instances en leur faveur. Plus tard les catalogues de la vice-province porteront quelques noms de prêtres japonais (2) : les missionnaires européens seront toujours le grand nombre.

Grâce au séminaire et aux collèges, la mission était en voie de s'organiser fortement, et l'avenir dirait bientôt combien sage était la conduite de Valignani; car si l'inconstance d'un certain nombre de jeunes japonais (3) prouva qu'il

---

(1) Lettre de Valignani, Macao, 1 juillet 1598, *Epist. Jap.* msc. 1590-99 L'évêque Melchior Carnero (*Nuovi avvisi*, Brescia, 5a parte p. 77) d'après sa lettre du 20 nov. 1575. vint à Macao en 1568. En 1588, Sebastien Morales, son successeur, décéda au cours de son voyage au Mozambique. Pierre Martinez, sacré à Goa, demeura à Macao et n'aborda au Japon qu'en août 1596.

(2) En 1614, nous trouvons comme prêtres :
P. Antonius Ixida nat : Ximabara terras de Arima do Reyno de Figi aet : 44, soc. 26.
P. Julianus Nacaura, natal de Nacaura, lugar de Omura do Reyno Figen aet. 47, soc. 23.
P. Ludovicus Luis, Japao nat. Firanda do Reyno de Figen aet. 48, soc. 27.
P. Martinus Campo, natal de Fasami, tr. de Omura do Reyno de Figen aet. 46, soc. 23.
P. Mancio Farabayaxi, Japao do Reyno de Bungo aet. 43, soc. 19.
P. Sebastianus Quimura, nat. de Firando, terra do Reyno de Figen aet. 49, soc. 30.
P. Thomas Tzugi, nat. de Xonoqui lugar de Omura no Reyno de Figen aet. 43, soc. 25.
En 1615, Sixtus et Constantin sont avertis qu'ils seront ordonnés à Malaca.
En 1620, P. Sixtus Ijo, d'Urakami, Omura. — P. Diego Yugi in Kami. — P. Martinho Xigini in Oshu.

(3) Les *Ordinationes pro Japonia* inscr. de 1612, citent Fabien, André, Antoine, et Michel Chingiva, Un jésuite italien écrivait au Général de l'Ordre : «Votre Paternité devrait recommander aux Supérieurs de cette province d'être plus exacts à renvoyer les jeunes frères, quand on découvre qu'ils ne gardent pas comme il faut leur vœu de chasteté : on devrait agir ici à cet égard comme dans les autres provinces ; jusqu'à présent on a usé quelquefois de connivence, on espérait qu'ils se corrigeraient, mais l'expérience a montré que de pareils sujets, au lieu de

fallait les faire passer par de longues épreuves, la force d'âme du plus grand nombre et en particulier de ceux qu'il fut possible d'élever depuis 1601 à la dignité du sacerdoce prouva qu'il y avait des ressources exceptionnelles de vertu dans leur caractère ; cinquante-trois d'entre les quatre-vingts martyrs, que la Compagnie donnera au Japon avant 1640, appartiennent à cette belle nation, si digne d'entrer dans l'Église des confesseurs et des témoins du Christ-Sauveur.

L'entretien de ces diverses maisons de probation et d'études était une charge considérable pour la mission ; et l'on ne pouvait pas espérer du Japon même les aumônes nécessaires. Grégoire XIII et Sixte V son successeur accordèrent un subside annuel à l'œuvre (1). A ce sujet, le P. Valignani écrivait à l'archevêque de Bragance en 1583 : « Dans diverses provinces du Japon, nous avons près de 200 églises, plus de 150 mille chrétiens (2), il nous manque seulement le moyen assuré de maintenir et de promouvoir cette belle entreprise ; dans 20 résidences ou collèges nous comptons plus de 80 de nos Pères et frères ; nous tenons deux séminaires ; avec les élèves et les gens de service, qui prennent soin des églises, il y a environ 500 personnes à entretenir ; ajoutez-y les constructions, l'ameublement des églises, les secours à donner. N'ayant aucun revenu, nous sommes dans l'impossibilité de garder nos conquêtes, si Sa Sainteté et aussi le Roi de Portugal ne viennent à notre

---

se corriger, allaient de mal en pis, que finalement ils quittaient l'Ordre ou s'enfuyaient, causant grand scandale : puis, devenus athées, ils se faisaient païens et se mettaient à prêcher les fausses sectes et la loi de Shaka : tel un certain Siméon et plusieurs autres. Si on les avait renvoyés dès la première faute, ils ne se seraient pas enfoncés dans le vice, ils n'auraient pas profané les saints sacrements et endurci leur conscience *neque dati essent in reprobum sensum*, comme nous le voyons à présent, au grand scandale des faibles et pour le déshonneur de la Compagnie ». [J. B. Porro, 15 fév. 1615. *Ep. Jap. msr.* 1611-18.]

(1) *Mirabilia Dei.* Id. jun. 1583. *Divina bonitas*, 10 cal. jun. 1585. *Synopsis actorum S. Sedis in causa S. J.* pp. 128, 144.

(2) Goa, 17 déc. 1583. *Cartas* II, 89.

secours. C'est pour les obtenir que j'envoie le Père Nugnez Rodriguez en Europe. Il accompagne quatre jeunes seigneurs japonais, dont deux sont fils ou petit-fils de rois ; il les présentera au Roi et au Pape ; nous avons cru utile de vous faire connaître les japonais et aussi de faire voir à ces jeunes gens l'Europe chrétienne, ils constateront les bienfaits de notre sainte religion et la majesté des cours de Lisbonne et de Rome ; rentrés dans leur pays, ils pourront rendre témoignage de ce qu'ils auront vu, et le peuple japonais comprendra ce que nous voulons réaliser chez lui, et ce que réalisent en Europe notre civilisation chrétienne et la loi que nous prêchons (1) ».

10. Sans se faire illusion sur la situation, toujours incertaine du Japon, Valignani avait sujet d'espérer un peu de stabilité pour les fondations récentes. « Nobunaga, écrivait-on (2), n'est pas loin d'avoir rétabli l'unité monarchique. C'est Mori, le roi d'Yamaguchi, qui lui dispute encore le pouvoir suprême ; des 53 royaumes du centre Mori en a conquis douze ou treize ; avec celui de Miyako, Nobunaga en tient vingt-cinq ou vingt-six. Mori est notre ennemi capital ; mais Nobunaga va de succès en succès, de conquête en conquête ». Les bonzes de la secte des Fotqueichous (Hokke-shu) avaient

---

(1) En 1904 le prince Fr. Boncompagni-Ludovisi a édité : *Le due prime ambasciate dei Giapponesi a Roma* (1589-1615). Roma, Forzani, in -8 pp LXXXI, 71. C'est, d'après documents des archives de la propagande, l'histoire de l'ambassade Mancio Ito, Michele Cingiva, Giuliano Nacaura et Martino Fara, en 1589, au nom des daïmyo du Bongo, d'Arima et d'Omura — et de l'ambassade Sotelo-Rocuiemon Faxecura, au nom de Date Masamune, daïmyo d'Oshu en 1615. Nous ne connaissons cet opuscule de luxe que par le compte-rendu du P. Tacchi-Venturi (*Civilla*, 1604, 20 agosto, pp. 455-463). Bartoli a fait au long l'histoire de la première ambassade (op. cit. lib. 1. cc. 12-100), L'histoire de la seconde serait à faire sur un ensemble de documents. (Cfr *Relatione* 1619-1620, Roma, Zanetti p. 202). Les *Annales Minorum* 1616 n. VII sont très sobres sur l'issue de cette ambassade. *Pagès, Histoire de la religion chrétienne au Japon*, tome II annexes pp 103-104. *Tre lettere* 1603-1605 Roma. pp. 146-150. Steichen. *Les daimyo chrétiens*, 1904. p. 340 sqq.)

(2) Fr. Carriao Kuchinotzu, 10 dec. 1579 C. 1. 433.

osé solliciter notre exil (1). Le Souverain leur avait répondu que tous ses vassaux chrétiens lui étaient très fidèles. « Je tiens pour certain, écrivait le Père de Monte, que de notre vivant l'on verra tout ce royaume de Miyako soumis au joug du Seigneur ».

« Depuis deux ans, écrivait en 1579 le Père Grégoire de Cespedès (2), le nombre des convertis sera de 10 à 14 mille ; nous en comptons de neuf à dix mille en cette région de Miyako, où je réside à présent pour ma grande consolation. Les gens de ce pays-ci sont plus distingués et mieux civilisés que ceux des autres provinces ; ils se montrent plus véritablement chrétiens et amis de Dieu, faisant consister leur noblesse à se signaler dans l'observation des commandements divins ; ils procèdent avec tant de ferveur et de dévotion qu'ils nous jettent dans la stupeur ; car, d'après ce que j'ai vu et expérimenté, ils paraissent vivre en religieux plutôt qu'en séculiers. Ils ont bon jugement et sont d'un naturel très affable : ce qui, après le baptême, les aide beaucoup à la vertu. Ici, les chrétiens sont à présent au nombre de 14 ou 15 mille ; nous sommes 3 Pères et 5 frères ; nous voyons s'ouvrir de larges portes pour la conversion, parce que Nobunaga, seigneur de ce pays et de quelque trente royaumes s'affectionne tous les jours davantage à notre sainte foi, et s'il se convertit, facilement tous ses royaumes suivront. Notre Seigneur Dieu lui a donné un si grand mépris pour les *Kamis* et les *fotoques*, qu'il n'en fait plus aucun cas, et au contraire il détruit tous les jours les temples les plus somptueux du Japon... » Le missionnaire évaluait le nombre des chrétiens de tout le Japon à 130 mille ; les Pères et frères étaient au nombre de 54 : « C'est bien peu, ajoutait-il, pour une aussi abondante moisson... »

---

(1) J. Fr. de Monte, Miyako 28 juill. 1577 C. I. 3953.
(2) Epist. Jap. msc. 1565-79.

L'esprit de prosélytisme des néophytes japonais d'une part, et de l'autre chez ce peuple le désir de s'instruire et le goût des cérémonies religieuses favorisaient singulièrement le progrès de l'Évangile, partout où le pouvoir civil laissait quelque liberté. Frôës (1) raconte comment au royaume de Mino, à son retour d'une mission à Futayberi, où il avait administré plus de cent baptêmes, une cérémonie funèbre, l'enterrement d'un enfant chrétien, attira à Guifù dix ou quinze mille spectateurs : un frère catéchiste dut s'y arrêter plusieurs jours pour leur expliquer les belles cérémonies dont l'Église entoure la dépouille mortelle de ses enfants. Quelques mois plus tard Frôës et le catéchiste avaient gagné là une centaine de chrétiens (2).

Tous les missionnaires étaient unanimes sur ce point : les dispositions de Nobunaga, le discrédit que sa haine des bonzes jetait sur le bouddhisme, la faveur que les daïmyo témoignaient à leur tour aux prédicateurs de l'Évangile, tout faisait espérer les rapides progrès de la foi. Et toutefois le Père de Monte, que nous avons entendu énoncer l'espérance de voir lui-même toutes les provinces du centre converties au Christ, exprimait bientôt après de sombres appréhensions : « Au Japon, il y a tant de trahisons, et l'issu d'une guerre reste toujours si incertaine qu'on peut toujours craindre ; espérons cependant que la bonté divine tient son regard fixé sur cette nouvelle chrétienté ». Deux ans plus tard, il vit la belle mission à deux doigts de sa ruine (3).

La vaillant Juste Ukondono commandait la forteresse de Takatsuki, au nom de son suzerain Araki ; et, selon l'usage, comme garantie de sa fidélité il avait laissé au pouvoir

---

(1) Kouchinotzu, 31 oct. 1582. *Cartas* II 58³.
(2) Ib. p. 60, entr'autres à Furofachi.
(3) J. F. de Monte Ferrara, 22 oct. 1579. *Cartas* I, 452. Cfr. Bartoli, Giappone, l. 1, c. 61 ; il développe dramatiquement ce beau sujet de **narration**.

d'Araki son fils unique et sa sœur. Cependant le daïmyo entre dans la conspiration de deux ennemis de Nobunaga. Celui-ci s'efforce en vain de réduire la forteresse que défend Juste ; alors il lui envoie le Père Organtino ; mais Juste ne peut se résoudre à livrer la forteresse : ce serait la mort de son fils unique et de sa propre sœur, deux innocents. Le terrible Nobunaga le sait ; il fait donc venir à son camp le Père Organtino avec tous ses compagnons ; quand il les tient sous la main, il fait savoir au commandant qu'il lui laisse le choix, ou bien de livrer la forteresse, (la conséquence sera la perte de son fils et de sa sœur), ou bien de se résigner à voir périr les missionnaires. L'héroïque Ukondono délibéra et se mit en prière : enfin, d'accord avec ses soldats, il fit sa soumission ; la chrétienté était sauvée. Et, grâce à Dieu, le fidèle Dario, son père, sauva les ôtages : il se rendit à la forteresse, où ils étaient gardés, et déclara unir son sort au leur : Araki fut assez généreux pour leur donner la vie sauve.

La noble conduite de Dario et de son fils concilia à Organtino toute la faveur de Nobunaga ; par un décret signé de sa main, il garantit le libre exercice de la religion chrétienne ; il accorda à Juste Ukondono d'opulents revenus et un commandement plus important, et traita les Pères de Miyako et le frère Laurent avec une familiarité inaccoutumée, au milieu des gens de sa cour. Il voulut même (1) qu'à une courte distance de la forteresse qu'il élevait à Azoutchi on établît église et résidence. « Cette nouvelle, écrivait-on, a fait croire qu'il est chrétien, ou qu'il veut l'être ; aussi depuis lors, les bonzes et les païens se montrent tout autres à notre égard ; déja beaucoup de seigneurs commençaient à suivre nos prédications ; par malheur, ils

---
(1) L. Mexia, 1580. *Cartas* I, 477.

durent suivre leur maître dans une expédition contre le seigneur d'Osaka. A présent que la forteresse de ce seigneur a été prise, nous espérons qu'à la faveur de la paix le Père Visiteur se rendra à la cour du prince ».

11. C'est en effet ce que Valignani se proposait. Annonçant ce voyage à l'archevêque de Bragance, un de nos plus grands bienfaiteurs (1) ; « Je resterai quelque temps dans la capitale, écrivait-il ; en vérité, cette entreprise du Japon est une des plus importantes pour la Compagnie et pour l'Église de Dieu, parce que ce peuple est très intelligent et très capable, bien différent de toutes les autres nations que l'on évangélise. Quoique les japonais aient de plus grands vices, fruit de l'éducation qu'on leur donne, on ne peut nier qu'ils l'emportent sur d'autres païens par l'intelligence. La loi de Notre Seigneur y est déjà fort répandue et en grand crédit, et les maisons d'éducation que nous y avons fondées lui préparent un grand avenir. » Valignani, qui pouvait établir la comparaison entre les diverses missions des Indes orientales, faisait plus de cas de celle du Japon que de toutes les autres (2).

Après avoir réuni les missionnaires du sud à Kouchinotsou et à Funaï, pour délibérer avec eux sur l'organisation des œuvres, il se rendit avec le Père Frôës vers la mission du centre. Une relation de ce long voyage (3) nous le montre accueilli partout avec respect et charité, tantôt par des chrétiens isolés, tantôt par des groupes considérables : il célébra à Takatsuki les offices de la semaine sainte (1581) ; des provinces de Voari et de Mino, les fidèles étaient accourus à ces pieuses solennités, et Juste Ukondono les reçut avec une générosité de seigneur.

---

(1) 25 août 1580. *Cartas* I, 479.
(2) Mexia, 8 oct. 1581. *Cartas* II 17.
(3) Frôes, Miyako, 14 avril 1581. *Cartas* II 1-6.

Le mercredi de Pâques, Valignani accompagné d'Organtino et Frôës, rendit ses hommages à Nobunaga ; l'accueil fut des plus bienveillants ; ils furent invités à la fête que le Souverain donnait trois jours plus tard dans sa résidence d'Azutchi : c'était, (1) un tournoi magnifique *(Sangiutcho,)* auquel prenaient part sa famille, sa cour et la plupart de ses vassaux. 800 cavaliers, superbement vêtus et fort habiles, manœuvrèrent pendant quatre heures devant une foule immense.

Le puissant monarque ne dédaigna pas de faire visite au séminaire du Père Organtino : il eut plusieurs entretiens sur la religion chrétienne, et encore que sa conduite privée ne laissât aucun espoir que sa promesse dût se réaliser, il lui arriva de dire qu'il désirait être chrétien, mais voulait soumettre d'abord tout le Japon à son autorité, l'amener ensuite à la foi chrétienne et conquérir la Chine.

C'étaient l'ambition et la gloire qui le guidaient ; gloire éphémère, qui bientôt, trop tôt pour l'Église qu'il protégeait, lui échappera avec la vie ; au-delà de cette vie, (et pour lui elle fut courte) il ne voyait et n'espérait rien que le souvenir que les hommes garderaient de sa valeur militaire (2). Il confiait alors à son troisième fils, chrétien de cœur et d'âme quoique non encore baptisé, la mission de soumettre les quatre provinces du Shikokou : ce projet sera déjoué par la mort. Son fils aîné, le prince héritier, nous était favorable : à Guifu, sa résidence, il nous avait donné un terrain pour construire une église, et avait laissé ériger une grande croix : « Il sera, écrivait Frôës (3), notre principal soutien pour la conversion complète des royaumes de Mino et de Voari,

---

(1) Ib. p. 41.
(2) Frôes, 5 nov. 1582, *Cartas* II, 62 donne le texte du décret, par lequel il consacrait un temple à sa propre personne.
(3) Frôes, 31 oct. 1582. Lettre annuelle. *Cartas* II. 59. Il résume les lettres du 17 juin. (Ib. p. 594.)

dont il a déjà le gouvernement. » Cependant quelques jours plus tard, ainsi que le même missionnaire l'annonçait (1), le prince rentré chez son père, victorieux du daïmyo de Kounokouni, avait sacrifié aux idoles ; était-ce peut-être par condescendance ? On pouvait le croire. Le second fils du souverain (2) rendit au Père Valignani une visite, qui fit croire qu'il désirait se faire chrétien : il était parfaitement instruit de notre sainte religion.

Valignani, ayant achevé la visite de la mission, rentra (février 1582) aux Indes ; nommé provincial, il résida à Goa (3) et n'eut pas la consolation de se rendre à Lisbonne et à Rome avec les quatre jeunes seigneurs japonais. Leur voyage prendra plus de cinq ans. Objet d'une curiosité sympathique, ils seront accueillis par le vice-roi des Indes, par le roi d'Espagne et de Portugal Philippe II et par le Pape Sixte-Quint, avec les honneurs dûs aux princes et avec l'affection que le monde chrétien vouait à l'Église naissante du Japon (4). A leur retour dans la patrie, cette Église sera en proie à une persécution générale sous le successeur de Nobunaga.

12. Avant de voir disparaître ce protecteur de l'Église du Japon, établissons, d'après une lettre (5) du premier Vice-provincial au Général de la Compagnie, la situation de l'œuvre apostolique en 1582.

« Encore que l'état de guerre ne cesse presque jamais, la chrétienté, en général, jouit de la paix. Selon les infor-

---

(1) Lettre annuelle 5 nov. 1582, citée plus haut, p. 631.
(2) Frôes, lettre citée. C. II, p. 5⁴.
(3) Le P. Tacchi Venturi (*Civiltà cattolica*, 1906, vol. 1 et 2) donne du visiteur d'intéressantes appréciations sur le *caractère japonais*, ses qualités, ses défauts. Tiré à part pp. 53.
(4) Bartoli. *Giappone* livre I, chap. 92-100, pp. 266-381.
(5) Gaspar Côelho au Général S. J. Nagasaki, 5 fév. 1582. *Cartas* II, pp. 17³-47³.

mations recueillies par le Visiteur Valignani, elle compte 150 mille chrétiens environ. Dans les royaumes du Bongo, d'Arima et de Tosa, les souverains, beaucoup de seigneurs nobles, avec leur famille, leurs chevaliers (fidalgos, *samuraï*) et la plupart de leurs vassaux, sont chrétiens. La majeure partie de nos fidèles réside cependant au Shimo, dans les contrées d'Arima, d'Omura, de Hirado, d'Amakousa, de Goto et de Shiki : nous en comptons là 115 mille ; au Bongo, il y en a 10 mille ; dans le pays de Miyako et les royaumes voisins qui forment le Gokinaï, et dans celui de Yamaguchi, nous comptons 25 mille fidèles, en y comprenant ceux qui sont dispersés et isolés çà et là dans d'autres provinces. Nous avons au service de ces fidèles, 200 églises, grandes et petites. Votre Paternité comprendra combien nos Pères sont occupés par la visite continuelle de tant d'églises et quelles dépenses ils ont à faire pour l'entretien des bâtiments et d'un personnel, qui compte 22 prêtres, et 46 scolastiques, frères et catéchistes ; en y ajoutant les élèves, les employés d'église et autres serviteurs, c'est un total de plus de 500 personnes. Au Shimo, il y a cinq résidences : la principale est Arima, où nous avons aussi un séminaire avec 26 enfants de grande famille, 2 Pères, et 4 frères. Une belle église à Ariye. Nagasaki possède une résidence avec 3 Pères et un frère : tout autour ils ont 50 villages à visiter. A Omura, où tout le monde est chrétien, nous avons baptisé 400 païens venus de divers points : on y a bâti cinq ou six nouvelles églises : deux Pères et deux frères résident là, sous la protection du roi Barthélémy. A Hirado, le roi nous est contraire et Notre Seigneur a appelé à lui le prince Antoine, le soutien des fidèles dans son île ; deux Pères avec plusieurs japonais visitent aussi Goto et Hakata. Dans l'île d'Amakousa, une résidence avec deux Pères et deux frères est insuffisante pour servir les 15.000 chrétiens. Nous en avons enfin un certain nombre aux royaumes de Fiunga et de Satzuma.

« Au Bongo, grâce à la paix, on a baptisé cette année-ci plus de 5000 païens : il y a là une maison de probation, un collège, et deux résidences. Au noviciat d'Usuki, il y a 6 novices portugais et 6 japonais : les Pères sont chargés de desservir la résidence de Notzu (Kouchinotsu). Au collège de Funaï, il y a 13 des nôtres, dont 3 prêtres. La résidence de Yu, avec un Père et un frère, a la charge d'une mission à Kachou à huit lieues de distance.

« De Miyako, cinq Pères et neuf frères ont porté la foi aux royaumes de Harima, d'Ichigen, de Mino et de Voari : nous avons 25 mille fidèles dans ces provinces du centre. Le Père Valignani, comprenant l'importance de notre œuvre dans cette partie du Japon et voyant l'ardeur des catéchumènes, qui faisaient quinze et vingt lieues pour assister aux cérémonies saintes, a voulu que nous consacrions à ces populations si bien disposées tout notre dévouement.

« Nobunaga nous favorise : un de nos chrétiens notables ayant été infidèle aux saintes lois du mariage, il s'informa si les Pères avaient toléré ce mauvais exemple : en apprenant qu'ils avaient condamné sa conduite, mais qu'ils n'avaient pu l'empêcher de vivre avec une autre femme que la sienne, le Souverain enleva au coupable ses revenus et l'exila. A Azoutchi, où il réside d'ordinaire avec sa cour, il a donné l'an dernier un beau terrain, où le Père Organtino a bâti un séminaire. qui compte déjà 25 ou 26 enfants de seigneurs. Outre la résidence de Takatzuki, où Juste Ukondono fait bâtir une belle église, nous avons au royaume de Kavaki une résidence, qui évangélise les 6000 fidèles, répandus dans les chrétientés de Vocayama, Sanga, Yavo, Yabokingate et Sakaï. »

Les missionnaires n'avaient pas encore pénétré dans les

provinces septentrionales du Nippon ou du centre. L'auteur de la relation ne signale non plus aucune chrétienté dans le Shikokou (4 royaumes) : et il n'y avait pas dans cette grande île de missionnaires à demeure. Mais là comme dans les parties les plus septentrionales on rencontrait des familles isolées de fidèles. En 1565, Frôës et Almeida (1) avaient passé par le port de Fori (Horie ?) au royaume d'Iyo : une famille chrétienne, qui avait embrassé la foi à Miyako, les retint pendant huit jours ; elle demeurait fidèle au Christ : les missionnaires firent quelques nouveaux chrétiens, mais durent reprendre trop tôt la mer, afin de se rendre dans la capitale.

« Dans cette île nous n'avons pas de résidence, écrivait encore en 1579 le Père Carrian (2). Le souverain du royaume de Tosa (3), a été chassé, il y a quatre ou cinq ans, par un vassal rebelle, il vint chez le roi du Bongo, son parent, demander du secours ; là il eut l'occasion d'entendre exposer notre sainte foi, et se fit baptiser ».

« Sa conversion fut sincère : il le prouva par sa fidélité et sa constance chrétienne dans le malheur ; en effet, après avoir recouvré son État, il le perdit de nouveau, mais fort dans sa foi, il ne trouva dans cette épreuve de la Providence aucun sujet de scandale. De l'asile où il s'est retiré avec un vassal fidèle, il est en relation constante avec nos Pères du Bongo. Récemment il écrivait au Père François Cabral pour lui demander un livre de piété en japonais : le Seigneur, ajoutait-il, lui avait fait une grande grâce : au milieu des païens, il lui avait fait rencontrer un pauvre aveugle, baptisé jadis par le Père Maître François : il trouve sa consolation à s'entretenir avec lui, et quand il apprend que quelque

---

(1) Lettre du 25 oct. 1564 ; de Facunda. *Cartas* I, p. 161².
(2) *Cartas* I, p. 433³ ; 10 déc. 1779.
(3) Ichigo Kanesada. Steichen, p. 128-133.

fidèle est de passage, il l'invite dans sa demeure et le reçoit dans les appartements où l'usage ne permet de recevoir que les personnes de distinction. Plaise au Seigneur de lui rendre son royaume et d'y ouvrir une porte à l'Évangile ! »

Ce souhait apostolique ne fut pas agréé par le Seigneur ; le Père Valignani visitait deux ans plus tard l'ancien daïmyo et Paul Ichigo l'édifia par sa piété et sa patience ; il avait été gravement blessé par un de ses sujets, stipendié par l'usurpateur pour le mettre á mort ; son fils, âgé de treize ans, n'étant plus en sûreté, il l'envoya au séminaire d'Arima (1).

13. En 1582, Nobunaga était à l'apogée de sa puissance ; il ne lui restait plus qu'à soumettre Moridono, le daïmyo d'Yamaguchi, pour être le maître souverain et incontesté de tous les Etats du centre ; pour achever la défaite de son compétiteur, il envoya au commandant général de ses troupes, Hashiba, des renforts considérables, sous la conduite d'Akechi.

Ce dernier, seigneur de Tanga et Tamba, était un traître, hardi et habile. Sachant que le souverain est dans Miyako avec son fils aîné et peu d'hommes armés, il se met en mouvement ; mais il fait passer ses troupes dans une forteresse située à cinq lieues seulement de la capitale ; la nuit du 21 juin 1582, après avoir mis dans son secret quatre de ses officiers, il fait sonner l'appel, et le départ s'effectue à marche forcée sur Miyako. A l'aube du jour la résidence de Nobunaga, l'ancienne bonzerie de Tennoig (Honnô-ji) est investie. A une rue de distance, se trouve l'église des chrétiens ; le Père Fròës s'apprêtait à célébrer les saints mystères, quand il apprend coup sur coup la nouvelle de la conspiration, de l'attaque du palais et de la mort de Nobunaga.

---

(1) C. II 462-463. M. Steichen nous apprend (op. cit. 133) que l'impératrice actuelle est une descendante de la famille des Ichigo.

Celui-ci, surpris par les conjurés à l'instant même de son lever, avait été frappé d'une flèche ; saisissant une arme (1), il se défendait vaillamment, quand une seconde flèche le blessa au bras. Se donna-t-il la mort ? fut-il enveloppé par le feu ? on ne le savait : « mais ce que nous savons, écrivait quelques mois plus tard Frôës (2), c'est que de cet homme, dont la voix et le nom seuls faisaient trembler tout le monde, il ne reste pas un cheveu qui n'ait été réduit en poussière et cendre ».

A la nouvelle de l'attentat, quelques sujets fidèles se rendirent au palais du prince-héritier, et eurent le temps de s'enfuir avec lui chez le fils du Daïri ; mais le prince n'y était pas en sûreté ; car, par ordre d'Akechi, le fils du Daïri se retira au palais de son père, et le prince-héritier après s'être courageusement défendu avec quelques seigneurs, succomba : le palais fut incendié.

On s'attendait à ce que l'ordre fut donné d'incendier toute la ville ; mais Akechi tranquillisa à cet égard les habitants. Il se contenta de faire saisir et décapiter les serviteurs et les plus fidèles seigneurs de la cour. A huit ou neuf heures du matin, il sortit de la ville et dirigea ses troupes sur Sakamoto pour s'emparer d'Azoutchi. Ici la nouvelle était parvenue avant midi : on eut le temps de couper un pont et d'arrêter l'ennemi pour quelques jours. Organtino profita de ce répit pour sauver les élèves du séminaire ; une barquette les transporta dans un îlot (3) du lac, distant de trois ou quatre lieues, et de là ils purent se retirer à Miyako, grâce au sauf-conduit que leur accorda Akechi.

C'est ainsi qu'une odieuse trahison faisait disparaître de la scène un homme qui depuis dix-huit ans disposait à son gré

---

(1) Nanginata.
(2) Miyako, 5 nov. 1582. *Cartas* II p. 65.
(3) Vaquinochima. Ib. 66⁴.

de la plupart des provinces : les perfidies, les cruautés (1) dont se noua la trame de son règne et dont le détail révolterait le sens chrétien de nos lecteurs, étaient la politique courante au Japon, et il était l'objet de l'admiration de son peuple. Aurait-il continué sa tolérance, sa protection à l'œuvre des missionnaires ? On ne peut le savoir. En vérité, plus encore que les mers orageuses qui le baignent et que son sol miné par les volcans, la situation civile et religieuse de ce pays était sujette à toutes les vicissitudes les plus inattendues. Le Daïri et le Shogoun n'étant plus que des figurants, le Japon était livré à une féodalité, mais à une féodalité sans aucune influence de mœurs chrétiennes, à une féodalité qui, sans notion de justice ou de loyauté, renversait et élevait le pouvoir ; tel s'était fait daïmyo et commandant souverain de plusieurs États, qui le lendemain était dépossédé et massacré, s'il ne prévenait une mort plus cruelle en se fendant le ventre, selon la coutume reçue de l'*harakiri* : tel autre, aventurier sans conscience ni foi, mais habile et prêt à tout, se hissait au pouvoir suprême et disposait à son gré des provinces en faveur de ses affidés, conspirateurs comme lui. Mais tout changement dans les hautes sphères entraînait pour les sujets et les soldats des seigneurs des conséquences désastreuses : n'ayant que l'usage de leurs biens immeubles, ils en étaient privés par le fait même que leur propriétaire était dépossédé, et réduits à sauver quelques débris de leur mobilier et à chercher un gîte.

---

(1) Frœs dans la lettre citée plus haut (*C*. II, p. 52) raconte comment Nobunaga en 1580, sous prétexte d'une visite à son fils Chaxem, daïmyo de Yxe, fit tuer 36 seigneurs, peu sympathiques et contraires au jeune prince et comment il agit de même envers 7 chefs suspects de la province d'Yamato.

APPENDICE.

(Voir p. 196, note 2.)

Catalogus eorum qui in Miacensi & Arimensi Seminario degunt qui omnes modo in Arimensi sunt congregati anni 1588.

Nomen & Cognomen	Patria	Ætas	Tempus Seminarij & Studiorum
1. Mizóguchi Augustinus,	Vomura	20 annos	ingressus anno 1580, est lector 2æ classis gramaticæ, musicam Japponicas literas bene callet.
2. Nixi Romanus,	Aryma	19 annos	ingress. an. 1580, gram. in prima classe audit mus. et Japp. lras mediocriter callet.
3. Quita Paulus,	Arima	18 annos	ingress. an. 1580, gram. in prima classe audit. mus. optime Japp. lras mediocriter callet.
4. Votavó Mansius,	Vomura	20 annos	ingr. an. 1581, gram. in prima classe audit mus. bene Japp. lras mediocriter callet
5. Foriye Leonardus,	Firando	17 annos	ingr. an. 1581, gram. in prima classe audit. mus. bene Japp. lras mediocriter callet.
6. Minaxi Mathias,	Vomura	15 annos	ingr. an. 1581, gram. in 2° classe audit mus. & Japp. lras moderate callet.
7. Petrus Rodriguez,	Lusitanus in China natus	20 annos	ingr. an. 1582, Japp. lras moderate mus. & gram. qui Italice docet bene callet.
8. Yyó Melchior,	Nágasaqui	17 annos	ingr. an. 1582, lector est 3ª classis græ Japp. lras moderate mus. vero mediocriter callet.
9. Ytô Iustus,	ex Regno Fiûgà	16 annos	ingr. an. 1583, gram. in prima classe audit mus. & Japp. lras mediocriter callet.
10. Xinji Alexius,	ex Regno Cavachi	22 annos	ingr. an. 1583, gram. in prima classe audit mus. moderate lras uero Japp. mediocriter callet.
11. Xiqui Melchior,	Xiqui	18 annos	ingr. an. 1583, in prima classe audit mus. & Japp. lras mediocriter callet.
12. Cusa Andres,	ex Regno Cicùgo	17 annos	ingr. an. 1583, gram. in prima classe audit & mus. & Japp. lras mediocriter callet.
13. Xiqui Sancho,	Xiqui	12 annos	ingr. an. 1584, gram. in 3a classe audit mus. & Japp. lras mediocriter callet.
14. Umecaqui Lodovicus,	Firando	16 annos	ingr. an. 1584, gram. in 2a classe audit mus. & Japp. lras mediocriter callet.

APPENDICE.

15. Aynó Joannes, Nagasaqui 13 annos ingr. an. 1584, gram. in 3a classe audit mus. & Japp. lras mediocriter callet.
16. Joànes Demaselus, Nagasaqui 14 annos ingr. un. 1584, gram. in 2a classe lusitani filius audit mus. & Japp. has moderate callet.
17. Yamâda Linus, Simâbara 16 annos ingr. an. 1584, gram. in 2a classe audit mus. & Japp. lras moderate callet.
18. Nixi Franciscus, Simâbara 18 annos ingr. an. 1585, gram. in 2a classe audit lras Japp. moderate callet.
19. Augustinus deteves lusitanus, Amachao in China 21 annos ingr. an. 1585, gram. in prima classe audit mus. callet.
20. Gonoy Paulus, Firando 20 annos ingr. an. 1585, gram. in 2a classe audit mus. & Japp. lras moderate callet.
21. Quji Thomas, Vomura 17 annos ingr. an. 1585, gram. in prima classe audit mus. et Japp. lras mediocriter callet.
22. Jchiqu Michael, ysafay 17 annos ingr. ano 1585, gram. in prima classe audit mus. et Japp. mediocriter callet.
23. Vóta Augustinus, Vomura 14 annos ingr. an. 1585, gram. in 3a classe audit mus. et Japp. lras moderate callet.
24. Nágaye Michael, yfafay 12 annos ingr. an. 1585, gram. in 2a classe audit de alys modieumstit.
25. Yamanda Justus, Nágasaqui 18 annos ingr. an. 1585, gram. 2a classe audit mus. modice, lras, vero Japp. mediocriter callet.
26. Moriyama Michael, Nangasaqui 18 annos ingr. an. 1585, gram. in 2a classe audit mus. et Japp. lras mediocriter callet.
27. Nacavo Mathias, Arima 17 annos ingr. an. 1585, gram. in prima classe audit mus. et Japp. lras mediocriter callet.
28. Yxinda Amator, Nangasaqui 18 annos ingr. an. 1585, gram. in prima classe audit mus. et Japp. lras bene callet.
29. Pascualis Castanhus lusitanus, Amachao in China 20 annos ingr. an. 1585, gram. in prima classe audit mus. bene calleģ.
30. Vchinda Pastor, Nangasaqui 12 annos ingr. an. 1585, gram. in 2a classe audit mus. moderate Japp. Vero lras mediocriter callet.
31. Baba Franciscus, Nangasaqui 12 annos ingr. an. 1583, gram. in scola addiscit et mus. et Japp. lras distincte capit.
32. Fayqui Joannes, Vomura 13 annos ingr. an. 1586, gram. in 3a classe audit mus. et Japp. lras addiscit
33. Camachi Thomas, ex Regno Chicungo 12 annos ingr. an. 1586. gram. in 3a classe audit mus. et Japp. lras addiscit.
34. Tomonâga Paulus, Nangasaqui 13 annos ingr. an. 1586, gram. in 3a classe audit mus. et Japp. lr..s addiscit.
35. Xime Paulus, Vomura 13 annos ingr. an. 1586, gram. in 3a classe audit mus. et lras Japp. addiscit.
36. Fuqu Mena, Nágasaqui 15 annos ingr. an. 1586, gram. in 3a classe audit mus. bene Japp. lras mediocretur callet.
37. Sonda Mathias, Vomura 17 annos ingr. an. 1586, gram. in 3a classe audit Japp. lras mediocriter callet.
38. Cujy Emanuel, Nagasaqui 13 ánnos ingr. an. 1586, mus. et Japp. lras addiscit.

39. Comboxi Michael,	Ysafay	9 annos	ingr. an. 1587. in schola addiscit.
40. Suji Maximinus,	Vomura	15 annos	ingr. an. 1587, in 3ª gram. audit mus. et Japp. lras addiscit.
41. Yamaguchi Paulus,	Vomura	11 annos	ingr. an. 1587, in schola addiscit.
42. Machinda Andreas,	Quchinozu	13 annos	ingr. an. 1587, gram. in 3a classe audit mus. et Japp. lras mediocriter callet
43. Qusa Paulus,	ex Regno Chicungo	20 annos	ingr. an. 1587, gram. in 3a classe audit Japp. lras mediocriter callet.
44. Vata Dominicus,	Nágasaqui	10 annos	ingr. an 1587, in scola addiscit.
45. Nacavoy Ignatius,	Nágasaqui	15 annos	ingr. an. 1587, in 3a classe gram· audit mus. et Japp. lras addiscit.
46. D..s piris.	Nágasaqui	16 annos	ingr. an. 1587, gram. 3a classe audit mus callet.
47. Joannes,	Nágasaqui	9 annos	ingr. an. 1587, schola addiscit.
48. Baba Lionardus,	Nágasaqui	15 annos	ingr. an. 1587. in schola addiscit Japp. lras mediocriter callet.
49. Sangra Marselus,	Yamaguchi	13 annos	ingr. an. 1587, schola addiscit.
50. Xivonzuque Luduvicus,	Nágasaqui	11 annos	ingr. an. 1588, schola addiscit.
51. Tógava Lucas,	ex Regno Fingo	15 annos	ingr. an. 1588, schola addiscit.

Hi qui sequuntur ex Miacensi ad Arimense Seminarium venerunt mense Decembri anni 1587.

52. Sanga Antonius,	ex Regno Cavachi	18 annos	ingr. an. 1581. in secunda classe gram. audit Japp. lras plus quam mediocriter callet.
53. Yjichi Mantius,	ex Regno Cavachi	16 annos	ingr. an. 1581, in 2a classe gram. audit Japp. lras mediocriter callet.
54. Yjichi Simon,	ex Regno Cavachi	16 annos	ingr. an. 1581. gram. in 2a classe audit Japp. lras mediocriter callet.
55. Ycaruga Maximus,	ex Regno Cavachi	18 annos	ingr. an. 1583, gram. in 2a classe audit Japp. lras plus quam mediocritur callet·
56. Tonda Melchior,	ex Regno Cavachi	17 annos	ingr. an. 1582, gram. in 3a classe audit Japp. lras moderatescit
57. Nayto Lodovicus,	ex Regno Qunoquni	16 annos	ingr. an. 1584, gram. in 2a classe audit Japp. lras plus quam mediocriter callet.
58. Ychi Justus,	ex Regno Cavachi	14 annos	ingr. an. 1585, gram. in 3a classe audit moderate Japp. lras callet.
59. Mihi Damianus,	ex Regno Ava	17 annos	ingr. an. 1585, gram. in 2a classe audit Japp. lras plus quam mendiocriter callet
60. Sanga Mathias,	ex Regno Cavachi	16 annos	ingr. an. 1585, gram. in 2a classe audit Japp. lras mediocriter callet.
61. Yuqui Jacobus,	ex Regno Cavachi	14 annos	ingr. an. 1586, gram. in 3a classe audit Japp. crit moderate.

62. Cunuri Marcus,	ex Reyno Vomi	13 annos	ingr. an. 1585, in schola addiscit.
63. Macara Franciscus,	ex Regno Mino	18 annos	ingr. an. 1585, gram. 2a classe audit Japp. lras bene callet.
64. Yamàda Julianus,	Sacay	16 annos	ingr. an. 1585, gram. in 2a classe audit Japp. lras optime callet.
65. Toricay Thomas,	ex Regno Qunuquni	14 annos	ingr. an. 1582, gram. in 3a classe audit Japp. lras moderate callet.
66. Taquenda Matheus,	Miaco	12 annos	ingr. an. 1586, gram. in 3a classe audit Japp. lras moderate callet
67. Voquxi Benedictus,	ex Regno Cavachi	12 annos	ingr. an. 1587, gram. in 3a classe audit Japp, lras moderate callet
68. Yzichi Thomas,	ex Regno Cavachi	10 annos	ingr. an, 1587, in schola addiscit,
69. Taquxima Joannes,	Firando	12 annos	ingr. an. 1578, in schola addiscit.
70. Xiqui Marcus,	ex Regno Qunuquni	11 annos	ingr. an. 1587, in schola addiscit.

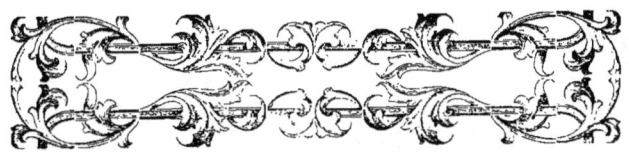

LIVRE IV.

Épreuves de la foi

1582-1593

1. La succession de Nobunaga
2. Taïkosama à Osaka
3. Progrès de la foi — Conversion de Dosam
4. Les bonzes — 5. Yamaguchi
6. Troubles au Shimo
7. Visite du P. Gaspar Coëlho à Taïkosama
8. Edit d'expulsion en 1587 ; motifs
9. Mort chrétienne des daimyo du Bongo et d'Omura
10. Effets de l'édit — 11. Seconde ambassade de Valignani
12. Expédition japonaise en Corée
13. Prudence des missionnaires et leurs espérances

---

1. Quel serait le successeur de Nobunaga ? De nouvelles guerres civiles allaient-elles ensanglanter le pays et décimer la population ? Il pouvait surgir trois prétendants au moins.

Le troisième fils de Nobunaga (1) était allé, comme nous l'avons dit, à la conquête des quatre provinces du Shikokou : il pouvait venger la mort de son père. — Le meurtrier

---

(1) Saxichindono.

Akechi parviendrait peut-être à s'emparer du pouvoir. — Enfin Hideyoshi Hashiba, qui avait guerroyé victorieusement au nom de Nobunaga, l'égalait ou le surpassait en valeur militaire et en ambition.

Abrégeons les détails de cette période de l'histoire civile du Japon, pour nous arrêter aux progrès d'une religion divine, qui seule pouvait donner à ce peuple si bien doué, mais si barbare, une base de paix stable et de civilisation.

Akechi voulut attacher Juste Ukondono à sa cause : Juste consulta le Père Organtino, qui le laissa aux inspirations de sa conscience : « Faites, lui écrivit-il dès son retour à sa forteresse de Takatzuki, ce qui vous semble le meilleur, sans songer à nos personnes ; la croix et le martyre sont le lot de notre ministère (1) ». De concert avec deux seigneurs, Juste infligea au traître une défaite sanglante (2 juillet) qui l'obligea à fuir la nuit à Sakamoto, où il fut tué par des campagnards : sa tête fut portée à Miyako, et avec 2000 têtes de soldats et seigneurs placée sur le bûcher, qui devait être allumé à la mémoire de Nobunaga (2).

2. Hashiba, avant que les événements fussent connus de Moridono, conclut avec lui la paix : il lui laissait cinq provinces, se réservant les sept ou huit dont il le dépouillait. Dès lors, il pouvait aspirer à la succession de Nobunaga : il fut avisé cependant ; il se déclara tuteur du fils du prince héritier, un enfant de trois ans, et l'envoya à Azoutchi, le confiant à Gofonio, second fils de Nobunaga. Au troisième fils il donna la province de Mino ; mais bientôt il lui ôta la couronne et la vie (3). Il adopta le quatrième, feignant de vouloir le laisser héritier de ses biens. Il faisait montre de

---
(1) Frôës de Kuchinotzu 5 nov. 1582 (*C.* II. p. 691)
(2) Laurent Mexia, de Macao 6 janv. 1584. *Cartas* II 126³
(3) Frôës **lettre annuelle** de 1583. *C.* II (feuille M¹) 92³ et 98³

respect pour la mémoire de Nobunaga ; il lui fit même décerner les honneurs funèbres avec une solennité extraordinaire par les bonzes de Mourazaki ; il y dépensa dix mille ducats (1).

Cet hommage rendu à son suzerain défunt, il commença à inaugurer une vrais monarchie.

Il sut en effet dominer la situation, et tenant toujours 300,000 hommes sous les armes, commander et gouverner en autocrate, à côté du Daïri, la monarchie et spécialement les provinces voisines de Miyako. Il distribua le gouvernement des autres États selon son gré (2). En 1585, il changea son nom, signe de la bassesse de sa naissance, pour prendre le titre de Kombakou (arche du tresor) ; épousant alors une parente du Daïri, il la fit impératrice des 57 Etats, qu'il gouvernait par des daïmyo ou lieutenants. En 1588, n'ayant pas d'héritier direct, il adopta comme futur successeur un neveu âgé de 25 ans (3) et lui attribua le gouvernement de trois provinces. Après lui avoir conféré la dignité de Kombakou, en 1592, il se proclama Taïkosama, Seigneur suprême.

Il régna jusqu'en 1598. Nous lui donnerons dès à présent le titre de Taïkosama, sous lequel il est plus connu.

La chrétienté de Miyako, comme celles d'Azutchi et de Sanga, avait beaucoup souffert ; une seule échappa, sinon à tous les maux de la guerre, du moins à ceux qui accompagnaient toute guerre civile. Tous étaient chrétiens dans la résidence du brave Ukondono ; aussi, nous dit Frôes (4), « alors qu'ailleurs, pendant que les seigneurs guerroyaient contre le roi d'Yamaguchi, leurs sujets et les ouvriers, dès

---

(1) Bartoli, *Giappone* l. II ch. 3 p. 5.

(2) Frôës *C.* II 99² donne plusieurs noms de nouveaux daïmyo.

(3) Dans une lettre d'octobre 1595. L. Frôës racontera la fin tragique de ce prince et de toute sa famille. *Ragguaglio della morte di qurbacondono.* Roma, Zannetti 1598 in- 18 pp. 60.

(4) Lettre annuelle citée *C.* II p. 69².

la première nouvelle des événements, se livraient au vol et au brigandage, ici l'on ne vit rien de pareil, et ce fut une grande joie pour Juste, comme ce fut pour nos chrétiens une grande consolation de revoir leur seigneur ».

De même que Nobunaga avait illustré son règne en élevant à Azoutchi une ville magnifique, le nouveau monarque eut l'ambition de bâtir une nouvelle capitale à Osaka, à treize lieues de l'ancienne : là se transporterait le Daïri. Entreprise périlleuse, qui méconnaissait le caractère sacré du palais de Miyako, d'où le « Fils du ciel », le « Prince céleste », le *Kami* vivant n'était point sorti depuis des siècles. Si ce projet soulevait trop d'opposition, Taïkosama mettrait, disait-on (1), le feu à la capitale. « Mais, comme on le redoute plus encore que son prédécesseur, et que pour le moment il n'a rien à craindre, il a commencé à mettre son projet à exécution, et il a convoqué les chefs des provinces les plus éloignées pour les inviter à bâtir autour de la forteresse : comme les seigneurs et les bonzes n'osent pas lui résister, 50,000 ouvriers ont déjà bâti en 40 jours 7000 maisons. A ses volontés, Nobunaga admettait des objections et il souffrait qu'on lui donnât des conseils ; à Taïkosama on ose à peine adresser la parole ».

« Providentiellement, parmi ceux qui l'approchent et auxquels il se fie, il y a cinq chrétiens : en premier lieu Juste Ukondono, à qui il a laissé tous les revenus dont il jouissait dans la province de Kounokouni ; en second lieu, son secrétaire Aïdono ; en troisième lieu, Joachim Riousa, auquel il a confié son trésor et l'administration de la ville de Sakaï. Le fils de ce dernier (2), Augustin, qui a été élevé par nos Pères, a été nommé amiral en chef (3) et reçoit

---

(1) Ib. *C.* II (f. M4) p. 923.
(2) Tçounokamidono.
(3) Capitan mòr de mar.

25 mille *cruzados* de revenu ; c'est lui qui fait bâtir notre église de Sakaï. Enfin un vieillard du nom de Shouvan, chrétien depuis peu d'années, a été préposé à la garde des jardins et de la forteresse de la nouvelle ville ».

« Comme beaucoup de seigneurs et de bonzes sollicitent des terrains à Osaka, Juste Ukondono nous a conseillé, pour plusieurs raisons très plausibles, de les imiter, fallût-il supprimer la maison de Miyako ou de Okayama. Le Père Organtino s'est donc rendu en septembre (1583) avec le frère Laurent auprès du Souverain ; celui-ci leur a fait un accueil bien plus favorable qu'il n'a coutume d'en faire aux bonzes, les faisant entrer avec son secrétaire et son trésorier dans sa chambre de repos et causant familièrement avec eux. Il nous donne un terrain excellent de cinquante brasses de large sur soixante de long, dont il a remis les titres de possession au Frère ».

Frôës communiqua ces rassurantes nouvelles au Provincial des Indes, Valignani (1). Il lui fit le détail de la répartition des provinces entre les fauteurs du nouveau Souverain : c'était l'arbitraire et la violence avec le mépris de tous les droits : « Ce qui se dit communément, ajoutait-il (2), c'est que tout cela durera peu : comme il a dépossédé tant de seigneurs et fait tant de mécontents, tous attendent une bonne occasion pour se venger. Le Koubosama, que Nobunaga avait exilé, se recommanda au bon souvenir de Taïkosama et demanda d'être rétabli comme seigneur de la Tenka (domaine impérial), conformément au droit : on ne lui répondit pas, et son envoyé fut très heureux, dit Frôës, de rentrer chez lui *avec ses deux oreilles* ».

---

(1) Nagasaki 20 janv 1584. C. II, 93.
(2) Ib, p. 100^3.

3. Dès la Noël (1), grâce au zèle de Juste Ukondono, l'église d'Osaka put s'ouvrir : deux Pères et trois frères catéchistes ne suffirent pas aux œuvres du saint ministère ; de Miyako, de Sakaï, de deux Etats voisins, fidèles et païens affluèrent ; de notables conversions, parmi les familiers de la cour, et une cinquantaine de baptêmes de jeunes seigneurs ajoutèrent à la considération, dont la religion chrétienne jouissait désormais. Ce qui fut de bon augure pour le Père Organtino, c'est qu'à Miyako, où l'Évangile avait rencontré tant d'obstacles, la semence évangélique fructifiait abondamment : des jeunes gens du séminaire du Takatzuki, *dogiques* comme on les appelait, venaient y expliquer la doctrine. « Les Pères ne suffisaient pas à faire la dixième partie de l'ouvrage que leur procurait le zèle de ces néophytes ; ils n'étaient que trois prêtres pour tous ces royaumes du centre (2). »

Le plus souvent la conversion d'un seigneur entraînait celle de ses vassaux ; et si l'on n'avait pas pris la précaution de les instruire et d'éprouver leur foi, on aurait eu sujet de s'en défier.

Un seigneur était venu du royaume de Mikava, à cinq journées de voyage, pour se faire instruire ; par ses relations et son crédit dans quatre provinces limitrophes, il donnait l'espoir de faire pénétrer l'Évangile jusqu'à Bandou et il demandait un Père et un frère catéchiste. Il fut impossible de le satisfaire.

« Taïkosama, écrivait le Père Frôës (3), montre assez ouvertement qu'il est loin de nous être contraire : la confiance qu'il témoigne à nos seigneurs chrétiens et l'estime qu'il professe pour notre sainte religion, tandis qu'il méprise

---

(1) Frôës, lettre ann. de 3 sept. 1584. Nagasaki C. II 108².
(2) C. II p. 109².
(3) Ib. p. 109³-110.

les sectes des bonzes, la profession ouverte de piété qu'il tolère en sa présence de la part de quatre ou cinq dames très haut placées de sa cour d'Osaka, et la retenue qu'il garde envers elles, étant ce qu'il est vis à vis des autres, tout cela nous rassure. L'ancien roi de Kounokouni, dépossédé par Nobunaga et qui se nomme Araki, essaya de se mettre dans les bonnes grâces du nouveau souverain et calomnia si perfidement son trésorier Joachim Riousa et son fils Augustin, qu'ils se virent tout à coup privés de leur charge ; la disgrâce de ces deux excellents chrétiens nous affligea beaucoup et abattit le courage de nos fidèles ; mais, la calomnie ayant été découverte, Araki perdit son crédit à la cour et les deux chrétiens furent rétablis dans leurs fonctions. Un jour que Taïkosama faisait l'éloge d'Ukondono, Araki osa dire que c'était un jeune homme admirable, mais qu'il faudrait pouvoir lire dans son cœur : « Va-t-en, reprit le souverain en le tutoyant par mépris, je sais très bien qu'il est au fond du cœur tel qu'il se manifeste. » La disgrâce de cet ennemi de notre foi fut complète ; il quitta la cour, abandonna sa maison et sa femme, se fit raser la tête et revêtit des habits de bonze ou de reclus. Ceux qui tombent en disgrâce témoignent de cette façon qu'ils renoncent à l'honneur et se retirent du monde ».

L'année suivante 1585, le Père Organtino (1) après avoir raconté plusieurs conversions de seigneurs et de capitaines et leur zèle à répandre autour d'eux la connaissance de Jésus-Christ, porte le nombre de baptêmes de nobles dans Osaka à 65. « A présent que la paix est universelle, dit-il, les seigneurs viennent de toutes parts à la cour et ils se plaisent à venir écouter nos prédications. Que leur conversion soit l'œuvre de l'Esprit-Saint, il n'y a pas moyen d'en douter

---

(1) Dans la lettre annuelle de 1585, par Frôës, de Nagasaki 27 août 1585, *Cartas* II, 1562.

quand on les voit renoncer à leurs concubimes, à leurs honteuses délices et à leurs injustices : c'est ce qui donne tant de lustre et de relief à notre sainte Loi, et l'on entend dire : Il n'est pas de chevalier qui ne se fasse bon chrétien, et l'on voit déjà le progrès sensible de la chrétienté sous le nouveau règne ».

C'est des royaumes de Harima, d'Omi, de plusieurs autres fort éloignés de Miyako, que venaient ces néophytes. Parmi les trois médecins les plus renommés de tout le pays, on citait un médecin septuagénaire, nommé Dosam (1), qui avait 800 disciples. Un Père malade étant chez lui en traitement, eut l'art de l'amener à se faire instruire. D'abord le vieillard se déclara fort indifférent à la religion : « Je ne me suis attaché à aucune secte, disait-il, je m'en tiens sur la question religieuse à ce que je pense par moi même ». — « C'est une question grave, répondit le missionnaire, et sur laquelle il importe de consulter ceux qui l'ont étudiée, et même les meilleurs ; j'aurais bien voulu m'en tenir aussi à mes propres lumières pour la santé de mon corps, et cependant, votre habileté étant connue jusqu'à Funaï, je me suis fait transporter de si loin pour vous consulter, et je m'en trouve bien : la santé de l'âme est cependant plus précieuse ». De là à l'immortalité de l'âme, à la récompense ou au châtiment dans une vie future, à la connaissance et au culte de la divinité, à la révélation de Jésus-Christ, les transitions n'étaient pas difficiles et la conclusion était rigoureuse ; le médecin se laissa instruire et baptiser. Or, cette conversion fit plus d'impression que n'en eussent fait dix-mille autres et même celle du Souverain (2) ; car, disait-on, de celui-ci on aurait pu

---

(1) Ib. 1571-1592.
(2) Hachiba, intitulé ici seigneur du Chikouzen.

dire qu'il n'a pas la science, tandis que Dosan est un lettré de grande réputation (1).

Quand la nouvelle de cette conversion vint aux oreilles du *Daïri*, il envoya un message de regret à Dosam, disant que c'était chose indigne à lui d'embrasser une Loi ennemie des *Kamis* et qui les tient pour des démons, provoquant ainsi leur colère sur son peuple. Dosam répondit qu'il n'avait pas lu dans l'exposé de notre Loi que les *Kamis* fussent des démons, et que les Pères savaient bien que c'étaient de grands hommes, souverains des temps passés, de la génération du *Daïri*. Le *Daïri* s'apaisa ; mais le nouveau chrétien donna aux catéchistes un sage conseil ; désormais, en traitant la question, ils pouvaient et devaient refuser aux *Kamis* toute puissance pour sauver les âmes, mais il convenait d'en parler avec le respect que demandait le patriotisme japonais. C'étaient les bonzes qui avaient renseigné le *Daïri*.

4. Taikosama, le vrai monarque, n'avait pas les scrupules de ce « Fils du ciel » : fléau des bonzes, comme l'avait été son prédécesseur, il voulut détruire la puissante secte des Negoros ; c'étaient des bonzes militaires que son prédécesseur avait réduits, mais qui venaient de reprendre les armes. Tout d'abord il abattit l'arrogance superbe de la bonzerie d'Osaka. 1500 temples et maisons de Negoros, réduits en cendres avec leurs idoles, 6000 bonzes assiégés dans leurs forteresses et tués ou brûlés, puis 550 bonzeries et temples détruits au royaume de Kounokouni, les fuyards se refugiant chez les bonzes de Koya, qui les décapitent à mesurent qu'ils approchent et envoient leurs têtes au terrible vainqueur, enfin la forteresse d'Ondanachiro forcée par des

---

(1) Frôes racontant cette conversion amenée par le Père Melchior de Figueredo, recteur de Funaï, ne dit pas que les 800 élèves se convertirent, comme on le lit dans le *Ménologe du Portugal II, 16*.

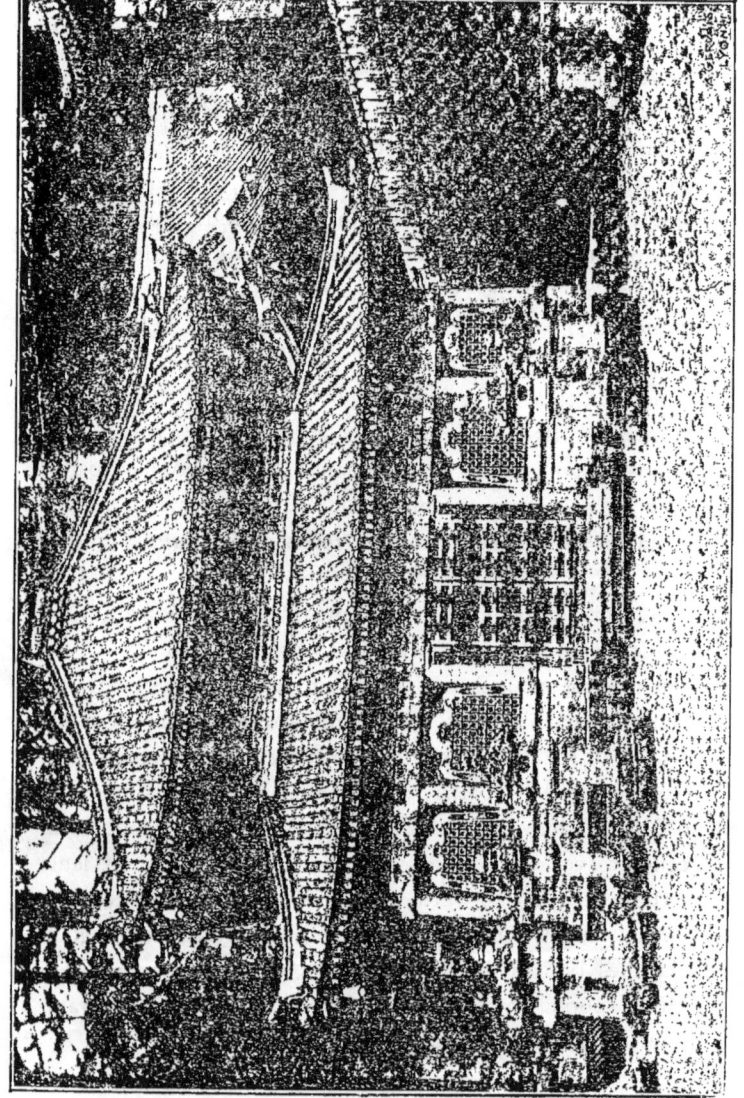

Temple bouddhiste d'Osaka

prodiges de tactique (1) et 153 instigateurs de la résistance livrant leur tête pour sauver le reste : telle fut la vengeance du terrible Taïkosama (avril 1585) : Frôës porte à 15000 les victimes des la vengeance.

« Il semble donc, écrivait-il (2), que la Providence dispose tout pour la ruine et l'extinction de l'idolâtrie. Et cependant le nombre des fotoques, selon les bonzes, est infini, et les deux principaux, Shaka et Amida, comptent treize sectes qui les adorent. Quant aux *Kamis*, les idoles nationales, fils de rois, chevaliers, artistes et héros, ils sont innombrables comme les grains de sable du Gange. Ce qui semble de bonne augure, c'est que les temples du royaume d'Ixe (Isé), dédiés au plus grand des *Kamis* (3) et où se font de toutes parts les pélerinages les plus renommés, ont été donnés en fief avec le royaume à un ami de Juste Ukondono (4) ; or il s'est fait chrétien. Il est vrai qu'au Japon, comme sur la mer, tout est dans un mouvement perpétuel et que parmi les guerres incessantes il n'y a pas de stabilité dans le gouvernement des provinces, surtout des provinces voisines de Miyako. Il se peut toutefois, vu les dispositions que prend la Providence pour la destruction de l'idolâtrie, que ce roi chrétien par sa prudence et ses précautions serve d'instrument pour la suppression de ces temples et de ces pélerinages ».

Le P. Grégoire de Cespedes (5) résidait à Osaka. Dans la belle église, que Juste Ukondono y avait construite des matériaux d'un temple païen, gracieusement accordés par

---

(1) Le détail de cette merveilleuse expédition, où Augustin se signala prend 12 pages. (Forteresses de Chengocobori, Ondanaxiro). *Cartas* II, 1603-1661. Frôës, 10 oct. 1585. *Das guerras de Faxiba.*
(2) C. II, 1544.
(3) Tenxodaigim.
(4) Finono Camidono frère de Hashiba (ib. 1554-1663).
(5) 30 oct. 1585 à Valignani. C. II, 167.

Taïkosama (1), le zélé missionnaire baptisait 200 néophytes, parmi lesquels beaucoup de nobles et nommément trois seigneurs (2) dotés par le souverain de riches revenus ; il en signalait aussi plusieurs qui étaient morts sur les champs de bataille. « A présent, ajoutait-il, nous désirons la paix, afin que nos nouveaux chrétiens puissent, loin du tumulte des camps, suivre nos prédications, fréquenter les sacrements et s'appliquer à la réforme de leur vie. Les anciens donnent bon exemple. C'est la splendeur des vertus de Juste Ukondono, qui éclaire et fait reluire à tous les regards cette belle chrétienté ; son exemple et son zèle nous amènent les néophytes ; aucun de nos catéchistes ne le surpasse. Taïkosama l'aime beaucoup ; mais il n'y a personne, dit-il, qui puisse imiter une si grande pureté de vie ».

Le Père Joseph Fornalete, chargé alors du séminaire de Takatsuki (3), administrait le baptême à 2065 néophytes dans les possessions de ce noble chrétien : il avait bien sujet de demander un renfort de deux ou trois missionnaires. « Mais c'est dans divers royaumes du nord qu'il faudrait en envoyer, écrivait Frõës ; nos quatre résidence de la Tenka ne suffisent pas, et nos frères catéchistes ont beau parcourir le pays, au point qu'ils n'ont plus de domicile fixe ; la moisson est trop vaste ; ils doivent se borner à visiter les localités, où le besoin de leur présence se fait sentir davantage ».

5. Les catéchistes ne suffisaient pas, mais le zèle des plus humbles néophytes suppléait à leur insuffisance. Le P. Christophe Moreira, qui résidait à Yamaguchi (4), nous

---

(1) Frõës, Nagasaki, 27 août 1585 au Général. *C.* II, 166ᵗ.
(2) Léon Camofindandono, Conderacanfioye, Ichifaxitoquichi, Maquinvira Chobyoia.
(3) *C.* II, 153ᵗ.
(4) Lettre de Frõës, Ximonoxequi, au P. Valignani 17 oct. 1586. *Cartas* II, p. 1844.

en fournit un témoignage édifiant. Un colporteur nommé Mathieu, chrétien d'ancienne date, se rendant dans un village aux environs de cette ville, trouva une population de 200 pauvres laboureurs, occupée à une fête religieuse en l'honneur des *fotoques* : il se sentit inspiré d'instruire ces malheureux païens et de leur montrer l'impuissance des idoles à les sauver; il leur parla du seul Sauveur des hommes, Jésus-Christ. On l'écouta, on le pria de revenir. Il les amena tous au baptême. Cependant le seigneur du village s'irrita de voir le culte des *Kamis* et des *fotoques* abandonné ; et les néophytes en avertirent leur catéchiste improvisé. Il revint, et apprenant que la peine de mort était prononcée contre ceux qui n'abandonneraient pas aussitôt le culte chrétien, il se prit à rire : « Vraiment, dit-il, je ne sais si vous avez mérité cette bonne fortune de pouvoir mourir pour l'amour de Dieu et de la sainte foi. Voici ce que vous avez à répondre : tout chrétiens que vous êtes, vous demeurez soumis à votre seigneur pour les travaux du corps, mais vous disposez de vos âmes et vous êtes libres de rendre au seul vrai Dieu le culte divin. Si votre maître agrée votre réponse, remerciez-le. S'il n'est pas content, dites-lui que vous êtes prêts à mourir. Moi, je serai le premier et vous guiderai dans cet heureux passage au repos éternel : car c'est le martyre ». Il les fortifia dans leur foi par l'exemple des saints et les disposa si bien que leur seigneur, craignant de perdre des sujets si fidèles à son service, leur laissa la paix et la liberté de conscience.

Cette chrétienté d'Yamaguchi, si chère à St François Xavier, s'était maintenue par elle-même, malgré l'hostilité du daïmyo. Elle avait souvent demandé et espéré un missionnaire à demeure fixe ; mais, comme nous l'apprend le Père Mexia (1), Moridono était l'ennemi de Nobunaga, et

---

(1) 6 janv. 1589, *C*. II, 126¹.

l'on craignait d'éveiller la jalouse susceptibilité de celui-ci, en accédant à ces pieux désirs : il aurait suffi, dit-il, que Moridono accueillît des missionnaires dans ses états pour décider le souverain à les expulser de son propre territoire. L'avènement de Taïkosama, dont le daïmyo avait soutenu la cause, fut providentiel pour les chrétiens de cette province. Bientôt Yamaguchi offrira un refuge à trois résidences, que les troubles civils du Saïkokou disperseront. Les Pères de Funaï et le séminaire d'Usaki y jouiront pendant quelque temps d'une paix relative, pour le plus grand bien des fidèles de cette contrée. Plus tard, après la dispersion des missionnaires, un aveugle, nommé Damien, sera l'intrépide prédicateur de l'Évangile et pendant le *fingam*, époque de prédication quadragésimale des bonzes, il réfutera publiquement leurs erreurs (1).

6. Le Saïkokou ou, comme les premiers missionnaires l'appelaient, le Shimo, renfermait neuf provinces ; l'ambition des divers daïmyo païens s'y donnait carrière contre le roi François, ainsi qu'on l'appelait. Le daïmyo du Bongo gouvernait en outre les provinces de Fingo, de Bugem, de Chikouzen et de Chikoungo ; au daïmyo chrétien Protase d'Arima était confiée une seconde province celle de Figen ; Barthélémi gouvernait celle d'Omura (2). Mais bien fréquentes et désastreuses étaient les compétitions et révoltes des vassaux, grands et petits (3) : tels Riousoji et Isafaï, puissants vassaux du Figem, qui guerroyèrent pendant quinze ans contre le daïmyo d'Arima, et qui profitèrent du bas-âge de son fils Protase pour reprendre les armes. Le Bongo même se vit menacé de trois côtés et par trois ennemis à la

---

(1) Lettre du P. Fr. Perez, 1589. *C*, II, p. 265-267.
(2) Lettre de Fröes Arima, 20 févr. 1588, *C*, II, p. 1884. Elle donne une longue relation des troubles de Shimo.
(3) Grands, Cunixus, et petits, Tonos, comme les nomme Fröes.

fois. « Il n'y a pas à en douter, écrivait un missionnaire (1), si le Seigneur Dieu n'étend sa puissante main, nos ennemis ruineront l'œuvre de la foi dans ce pays. Ce qui nous console cependant au milieu de ces troubles et ce qui nous fait espérer la protection divine, c'est le grand nombre de chrétiens que nous y avons gagnés en peu de temps, ce sont les milliers de mains innocentes qui s'élèvent vers le ciel, ce sont les vertus et les mérites du roi François, qui a tant travaillé pour étendre la foi, ce sont enfin les prières, les jeûnes et les pénitences que nos pères et frères et les novices du Bongo ne cessent d'offrir à cette intention. Et comme c'est le propre de Dieu de faire mieux éprouver sa miséricorde quand les ressources humaines font totalement défaut, nous espérons qu'il en usera ainsi en cette circonstance ».

Le Seigneur intervint en effet ; les armées de Protase, d'Arima et de Barthélémi d'Omura, inférieures par le nombre mais munies d'une pièce d'artillerie, remportèrent une victoire inespérée près de Shimahara. Alors accomplissant un vœu qu'il avait fait avant le combat, Protase fit bâtir une église et donna aux missionnaires d'abondants secours.

Valignani, communiquant ces nouvelles à l'archevêque d'Evora (2) lui annonçait que 12000 païens avaient reçu le baptême en cette seule année : il portait le nombre des chrétiens dans le Shimo, à 100,000 : c'est dans les domaines d'Arima et d'Omura surtout que l'Église était florissante.

Cependant le daïmyo de Satzuma, n'ayant pas d'héritier direct, avait cédé son gouvernement à son frère (3). Celui-ci, païen haineux, molestait les chrétiens du Bongo, exilait ceux de son territoire, s'emparait de Nagasaki, et gagnait des

---

(1) Pasio, 13 nov. 1585, C. II, 1511.
(2) de Goa, 23 décembre 1585, C. II, 1694.
(3) Fiongono Camidono, Pasio, 13 nov. 1585, C. II, 1511.

traîtres jusque parmi les vassaux du jeune daïmyo, successeur du roi François (1). En présence du danger qui menaçait la chrétienté de ces provinces, François sollicita le secours de Taïkosama. Cette intervention allait amener, bien contrairement à toutes les prévisions, une douloureuse épreuve pour l'Église du Japon. Mais qui pouvait prévoir que le Souverain, qui dans le Nippon se montrait si favorable aux missionnaires, changerait de dispositions au milieu d'une chrétienté très nombreuse et toujours florissante malgré les maux d'une longue guerre civile ?

Les missionnaires citent des preuves nombreuses de la faveur qu'il leur témoignait : lorsque Juste Ukondono, qui avait amené à la foi ses 20.000 vassaux de Takatzuki, prit possession de son fief d'Akashi, les bonzes (2), à cette nouvelle, embarquèrent leurs idoles et se rendirent à Osaka chez la reine-mère pour implorer, par son intermédiaire, la protection de Taïkosama : celui-ci se moqua de leur demande : Qu'ils portent leurs idoles, dit-il, à la vieille bonzerie près de Jeunosi et les jettent avec le bois sec, qu'ils trouveront là ! Ils s'y rendirent, appauvris et privés de tout revenu. Il savait le zèle de Juste et aussi de l'amiral Augustin de Yakouro : dans l'île de Shodoshima (3), où il élevait deux forteresses en prévision de la guerre du Saïko kou, ce général chrétien avait appelé les missionnaires, et en un mois de temps 50 bonzes et 1.400 insulaires avaient reçu le baptême : il y élevait une église. Au port de Mouro, domaine du général, la foi avait fait des conquêtes notables.

Or, Taïkosama, parfaitement au courant de tout, avait confié à ces deux chrétiens une part importante dans les opérations militaires.

---

(1) Y compris son frère Chikaye. C. II, 1911.
(2) Fróës à Valignani, 17 oct. 1588. C. II, 1805.
(3) A Voximando, à 40 lieues de Sakaï, vis à vis du Bigen.

Un autre chrétien, Simon Condera, seigneur de Cambioye (1) avait précédé le Souverain, et à l'aide des troupes de Moridono, avait infligé plus d'une défaite aux ennemis : il avait obtenu pour les missionnaires du Bongo trois résidences dans les provinces de Moridono (2). A côté de ce vaillant général, Taïkosama avait placé Augustin de Yakouro et l'avait constitué amiral en chef de la flotte (3). Il se préparait à descendre lui-même pour achever la soumission des neuf provinces. « Alors, écrivait Frôës (4), il s'élèvera audessus de son prédécesseur, qui n'ayant pu soumettre Moridono, n'a gouverné que 36 royaumes ; sans contestation il sera le maître de tout le Japon. »

7. Le 4 mai 1586 Taïkosama faisait au nouveau Vice-Provincial, Gaspar Coëlho, la réception la plus bienveillante qui se pût imaginer (5). « Jamais, dit Frôës, pareil accueil n'a été fait aux plus puissants princes du Japon ». Accompagné de quatre Pères, quatre frères, quinze *dogiques* et quelques jeunes gens du séminaire, le Supérieur de la mission fut reçu dans le palais d'Osaka, au milieu des daïmyo et grands seigneurs de la cour ; Juste Ukondono avait été invité avec lui. Ce furent le secrétaire et le médecin du Monarque, qui présentèrent les visiteurs ; le secrétaire était un chrétien, Simon (Aidono); le médecin se nommait Jacouin. Après les cérémonies d'usage, Taïkosama, s'adressant à Frôës, qui faisait fonction d'interprète, loua beaucoup l'entreprise des

---

(1) Frôës, 20 fév. 1588. *C.* II, 191². La famille de ce Kurado Yoshitaka, daïmyo de Nakatsu, survit dans le marquis et vicomte de Kurado.
(2) A Shimonoseki, 35 Pères et 65 dogiques trouvèrent refuge. *C.* II, 194³. Condera décida aussi le baptême du fils de François, devenu daïmyo du Bongo et qui prit le nom de Constantin (27 avril 1587).
(3) *C.* II, 198¹.
(4) Ib. 198².
(5) Lettre de Frôës, 17 oct. 1586, *Cartas* II, 174 et suiv. Coëlho rencontra à Osaka le daïmyo François qui venait du Bongo faire visite à Taïkosama. p. 174³.

missionnaires : il comprenait que leur unique but, sans mélange d'aucun intérêt personnel, était de faire connaître la Loi de Dieu. Il s'étendit ensuite complaisamment sur ses propres projets : il avait donné ordre de préparer 2000 embarcations, afin de conquérir la Corée et la Chine : là, il élèverait partout des églises et ordonnerait que tout le monde se fît chrétien ; il désirait que les Pères l'aidassent dans cette entreprise en lui fournissant, à ses frais, deux grands vaisseaux bien équipés et de bons pilotes ; enfin il rentrerait au Japon et laisserait le pouvoir à son frère (1) pour jouir de sa gloire, seule chose qu'il ambitionnât.

Après cet entretien, il voulut montrer lui-même à ses visiteurs les splendeurs de son palais, ses jardins, et les travaux de la forteresse, où cinq à six mille hommes étaient occupés alors même : « A ces travaux et à ceux de la ville, j'emploie, ajouta-t-il, des gens de trente royaumes. » Il fit savoir son, dessein de partager les États du Sud en trois districts : Bongo, Satzuma et Amori (?) ; si quelque seigneur lui résistait à cet égard, il enverrait ses troupes pour le réduire et le mettre à mort. S'entretenant familièrement avec le frère Laurent, il lui rappela, pour y avoir assisté lui-même, la discussion qu'il avait victorieusement soutenue en présence de Nobunaga contre le bonze Niquijo (2).

La visite se prolongea deux à trois heures et se termina par des démonstrations inusitées, auxquels ne manqua pas le *sakava* et le vin du Portugal avec le *sakazouki*.

Le lendemain Taïkosama exprima toute sa satisfaction au sujet des missionnaires : ayant appris qu'un frère japonais Vincent cherchait à savoir les doctrines secrètes des Zenshu (Shinshu) et s'en faisait informer par un bonze, il l'approuva : « Si c'est pour les réfuter, dit-il, il a raison : la loi chrétienne

---

(1) *Minodono Mino Cavidono*.
(2) Ib. p. 177^3 ;... voir ici plus haut p. 56, notes 2 et 4.

est meilleure que la doctrine de cette secte ». La marque la plus extraordinaire de sa bienveillance fut un décret, accordant pleine liberté de prêcher l'Évangile et exemptant les résidences des missionnaires de toute prestation militaire. Il signa un double exemplaire de ce décret (1).

Peu de jours après Taïkosama alla visiter l'église des missionnaires, et là encore il loua leur doctrine : « Elle me plaît de tout point, dit-il, et la vie des Pères qui l'enseignent est bien meilleure que celle du bonze d'Osaka et de ses collègues ; je n'ai pas d'objection à faire sinon la défense qu'elle porte d'avoir plusieurs femmes. Si vous m'accordiez cela, je me ferais aussi chrétien. »

Il ne pouvait échapper au Souverain que la Loi chrétienne proclame l'obligation de reconnaître Jésus-Christ, son auteur, et l'impossibilité de se sauver en dehors de la foi en son divin nom. Mais comme pendant la vie du divin Maître il se rencontra un roi Hérode, qui honorait le précurseur du Messie comme un homme « juste et saint » et le fit cependant mettre à mort parce qu'il réprouvait ses mauvaises mœurs (2), ainsi au cours des siècles chrétiens les passions honteuses sont le grand et le plus fréquent obstacle à la foi, et elles jettent les princes voluptueux dans les pires désordres et les injustices les plus contraires à la raison. C'est ce qui arrivera au Japon.

Le puissant monarque avait un sérail de trois-cents concubines à Osaka ; mais dans ses expéditions militaires, il ne se privait pas de ses débauches de volupté ; et malheur à la femme ou au mari, fût-il grand seigneur, qui aurait résisté à ses convoitises ! Le droit du seigneur, et surtout du Souverain, ne se contestait pas, et c'était d'ailleurs une coutume universellement reçue dans les mœurs japonaises ; mais ce

(1) *Cartas* II, 178-179.
(2) *Evangile* selon S. Marc, IV, 20.

que les seigneurs païens admettaient entre eux, Taïkosama le faisait en souverain absolu : il avait un ministre de ses débauches, un ancien bonze de Fienoiama, son propre médecin, Jacouin (1), chargé de fournir des appâts à sa passion bestiale. Or, ce bonze était l'implacable ennemi du médecin chrétien Dosam et de Juste Ukondono (2) : s'il avait montré de l'intérêt au père Coëlho, si après l'audience il avait visité le séminaire et manifesté l'intention de favoriser les missionnaires, ce n'était que dissimulation : Coëlho avait pu s'y tromper : il sera bientôt déçu.

8. En juillet 1587, Taïkosama portait ses armes dans les royaumes du sud. Ici parmi les florissantes chrétientés commencées quarante ans auparavant, les vertus chrétiennes avaient pris de fortes racines : et l'infâme Jacouin allait y rencontrer des résistances que le Japon n'avait guère connues jusque là. Ici allait donc se produire ce qui se produit partout où le christianisme pénètre, la lutte d'une Loi et d'une religion divines contre le sensualisme païen, la lutte de l'esprit contre la chair. La défaite du pourvoyeur impérial coûtera à l'Église naissante du Japon un décret de proscription ; mais l'Église souffrira et le Christ vaincra. Les chrétiens japonais pourront se glorifier d'avoir inauguré la victoire de la civilisation et de la dignité humaine.

Taïkosama était descendu d'Osaka dans les provinces du Saïkokou, où depuis des siècles aucun souverain du Japon n'avait paru. Juste Ukondono et Augustin Yacourondono, amiral en chef, l'accompagnaient ; d'autres seigneurs chrétiens faisaient partie de l'expédition et leurs troupes portaient

---

(1) Aussi Tocooun.
(2) Thurston. S. J. dans la revue *The Month*, 1905 p. 296 et Frões l. c. p. 206[1], En 1597 (*Ragguaglio della gloriosa morte di XXVI*. Roma. Zannetti pp. 11, 22), Frões insiste encore sur la funeste influence de ce Jacouin sur l'empereur, surtout depuis que le zèle de Juste Ukondono amenait à la foi tant de seigneurs de Miyako.

des bannières ornées de la croix : « Nos chrétiens se réjouissaient, écrit Frôës (1), en voyant le signe du chrétien ainsi honoré dans l'armée même de Taïkosama ». Ce qui les réjouit surtout, c'est qu'à Shimonoseki le Souverain s'informa plusieurs fois du Père Coëlho et désira le voir : le Père se rendit à cette invitation et dans la forteresse d'Ikichiro, où il le rencontra, il reçut un accueil plus bienveillant encore qu'à Osaka ; il obtint une faveur inespérée, la mise en liberté de plusieurs milliers de prisonniers de guerre, la plupart païens (2), que le sort commua de la guerre destinait à la misère où à la mort.

La soumission des 9 royaumes se fit rapidement et le partage des gouvernements se fit de façon arbitraire, sans exclusion cependant de quelques seigneurs chrétiens. Avant de rentrer à Miyako, Taïkosama voulut laisser un souvenir de son passage en reconstruisant la ville de Hakata ; il y marqua un terrain pour rebâtir l'église et la résidence des missionnaires et voulut visiter le Père Coëlho dans la barque qui l'avait amené ; il admira ce petit bâtiment portugais (3) ; familièrement assis sur le pont, il accepta quelques conserves et le vin, qui lui furent présentés selon l'usage ; il désira même qu'on lui en envoyât. Il exprima aussi le désir de voir le vaisseau du capitaine Dominique Monteiro, qui avait relâché à Hirado ; le temps n'étant pas favorable à la navigation, il se contenta de recevoir la visite et les hommages du capitaine, venu par terre avec ses principaux officiers.

La nuit du 24 juillet 1587 fut une nuit d'orgie et de vertige (4). C'est la seule explication que donne Frôës du

---

(1) C. II. 198².

(2) Frôës, Relation, Arima 20 fév. 1588. *Cartas* II 198³.

(3) Il était luxueusement paré et armé contre les pirates de quelques pièces d'artillerie (Pasio 20 janv. 1588. Ep. Jap. msc. 1580-99, et Valignani 19 oct. 1590. Ep. Jap. msc. 1590-99).

(4) Frôës, ib. 203¹ sqq.-205².

revirement inattendu de Taïkosama. L'infâme pourvoyeur de ses débauches sut, au milieu des fumées du vin, commenter perfidement l'influence des missionnaires sur leurs fidèles et le zèle des seigneurs convertis, en particulier de Juste Ukondono. « Voilà, disait le bonze, où leur Loi nouvelle nous conduira : non seulement on verra disparaître notre culte national avec les *Kamis* et les fotoques, dont les seigneurs chrétiens détruisent les temples ; mais les sujets du Monarque universel du Japon, tout entiers jadis à leur souverain, subiront aveuglément les lois et les prescriptions des prêtres étrangers : témoin ceux qui habitaient les terres d'Ukondono à Takatzuki et ceux qui occupent sa nouvelle seigneurie d'Akashi ».

L'ancien bonze se plut à mettre en relief l'empire que les Pères exerçaient sur les déserteurs du culte national ; il parla avec indignation des tournées qu'il avait faites parmi les familles d'Omura et d'Arima, où épouses et vierges chrétiennes s'étaient montrées obstinées, irréductibles à ses sollicitations et aux désirs du monarque. « Eh ! jusqu'où ne monteront pas, ajoutait-il, la puissance et l'ambition de ces étrangers ? »

Ces discours, qui surexcitaient l'orgueil et la jalousie du monarque, lui firent prendre, dans l'état où l'avaient mis de copieuses libations, une détermination violente ; pendant cette même nuit il envoya à Juste ce message : « Un homme qui met tant de zèle à répandre la Loi chrétienne et à détruire les pagodes dans ses domaines (1), ne saurait être un serviteur fidèle du seigneur de la Tenka : qu'il choisisse donc, ou bien d'abandonner sa religion, ou bien de perdre

---

(1) Qu'il le fît dans ses domaines, c'était fort excusable. Mais les Pères s'employaient à arrêter ailleurs le zèle intempestif des néophytes contre les pagodes. J. Fr. de Monte Ferrara (14 sept. 1575. C. I, 354,) raconte que Coëlho s'efforça vainement dans les États de Barthélémi de sauver les pagodes de la destruction.

ses domaines ! » Se figurait-il que le juste Ukondono serait en état de tramer une conspiration ? Qui le croirait ?

C'était l'exil, c'était la perte de ses revenus d'Akashi, que ce message signifiait au généreux soldat ; c'étaient pour ses sujets chrétiens la ruine ou l'assujettissement à un seigneur infidèle, et peut-être la perte de la foi. Juste Ukondono, aussi ferme dans sa foi que brave dans les combats, ne pouvait hésiter devant cette alternative ; il répondit aussitôt avec une fierté toute chrétienne, qu'il faisait consister son bonheur dans sa dignité de disciple du Christ, en dehors duquel il n'y a point de salut. Les messagers, et plus tard ses amis païens, l'engageaient à dissimuler sa foi, sans y renoncer. Se fiant peu au rapport que feraient les messagers, il leur dit que s'ils ne voulaient pas donner fidèlement sa réponse, il se rendrait en personne auprès du maître.

Cette force d'âme et l'admirable sérénité du général les surprirent étrangement : c'était chose inouïe en effet qu'on refusât quoi que ce fût au souverain.

L'irritation de Taïkosama fut à son comble : sans tarder il donna les revenus de la forteresse d'Akashi à un autre seigneur ; puis coup sur coup il envoya deux messages au Père Coëlho. Celui-ci, n'ayant pas de résidence à Hakata, logeait dans la barque qui l'avait amené à quelques pas du rivage. Réveillé au milieu de son sommeil, il fut invité peu courtoisement par le messager à descendre pour entendre la parole du monarque : « Pourquoi les Pères mettent-ils tant d'ardeur à amener mes sujets à leur Loi ? pourquoi ne s'accordent-ils pas avec les bonzes et détruisent-ils les temples ? pourquoi mangent-ils la chair des vaches et des chevaux, si utiles aux habitants ? pourquoi les portugais achètent-ils des japonais et les emmènent-ils captifs dans leurs vaisseaux ? »

A ces quatre questions le monarque voulait une prompte

réponse. La réponse était facile et absolument satisfaisante ; sur le dernier point le Supérieur faisait observer que si sa Majesté voulait par un édit prohiber la vente d'esclaves, les trafiquants portugais seraient enfin forcés de renoncer à un commerce, que les missionnaires condamnaient au nom de leur sainte religion (1).

Au milieu des folles joies de cette nuit, le souverain eut à peine reçu la réponse à ce premier message, qu'il fit porter au Supérieur un exemplaire du décret d'exil d'Ukondono : c'était une douloureuse nouvelle pour le Supérieur, et un coup terrible pour l'Église du Japon, qui allait perdre par la disgrâce du général un de ses principaux soutiens ; mais quel serait le sort des prédicateurs de l'Évangile ? à quel décret Coëlho pouvait-il s'attendre pour le lendemain ?

Malgré les faveurs et les gages d'estime donnés quelques jours auparavant, il ne fallait pas espérer que le souverain, rendu à la raison, reviendrait sur les décisions de la nuit. Le lendemain devant ses courtisans, il s'emporta de plus belle contre la nouvelle religion : « Les missionnaires, par l'influence qu'ils exercent sur la noblesse, constituent, disait-il, un danger plus grand pour mon trône que les bonzes d'Osaka : ceux-ci attiraient à leur secte le bas peuple, et ils mirent Nobunaga en danger. Les prêtres chrétiens sont plus redoutables ».

Il dicta un double message, qui présageait la ruine complète de l'œuvre apostolique ; c'était un édit de proscription et l'ordre de quitter le Japon endéans les vingt jours : le vaisseau des portugais emmènerait tous les missionnaires.

L'édît (2) comprenait cinq articles : 1° « Le Japon est le royaume des *Kamis* ; or, du royaume des chrétiens les Pères viennent prêcher une loi des démons : c'est un grand mal.

---

(1) *Cartas*, II, 208¹.
(2) Ib. 2084.

2º Venant dans ces royaumes et États du Japon, ils nous engagent dans leur secte ; or celle-ci détruit les temples des *Kamis* et des *fotoques*, chose qui n'a jamais été vue ni entendue jusqu'ici ; quand le seigneur de la Tenka donne à ses sujets des royaumes, des villages, des villes et des revenus, ce n'est que pour un temps, et ils sont obligés de garder exactement les lois et les déterminations de la Tenka ; que le peuple se porte à des destructions semblables, c'est chose digne de châtiment. 3º Si le seigneur de la Tenka approuve que selon la volonté et l'intention des chrétiens les Pères fassent des progrès avec leur secte, on va, comme nous l'avons dit plus haut, ébranler les lois. Et comme c'est un grand mal, je défends que les Pères restent sur les terres du Japon. C'est pourquoi d'aujourd'hui à vingt jours, ils arrangeront leurs affaires et retourneront à leur royaume ; si dans cette intervalle quelqu'un leur fait du mal, il en sera châtié ». Les deux derniers articles permettaient le trafic des Indes, « chose toute différente » disait le tyran.

Le trafic des Indes, l'intérêt commercial, c'était là en réalité l'unique raison de la faveur témoignée jusqu'alors par Taïkosama aux missionnaires : il redoutait leur religion ; et en vérité un monarque absolu, qui ne cherche que son intérêt et ne gouverne pas pour le bien de ses sujets, peut bien redouter une religion qui prescrit au nom de Dieu des devoirs au souverain : il enviait à Celui qui règne sur les rois comme sur les peuples, au seul vrai Dieu, la gloire et le culte qui lui reviennent. « Cet homme de basse condition, écrivait alors même un missionnaire (1), s'est élevé à une puissance, qui le rend maître de presque tout le Japon. Aussi longtemps qu'il allait de conquête en conquête, il nous favorisait parfaitement, et nous offrions des prières pour le succès de ses armes. Nous nous rejouissions, alors qu'il

---
(1) Gomez, Nagasaki 7 janvier 1588 (*cp. Jap. msc.* 1586-89).

fallait nous affliger ; car, ses conquêtes achevées, il s'enorgueillit au point d'espérer qu'on l'adorerait. Le démon, l'Esprit d'orgueil, l'a choisi comme instrument de notre perte : il lui a mis en tête que, puisqu'il est seigneur de tout le Japon, il doit bannir un culte qui condamne et tend à détruire le culte des *Kamis* ». — « Depuis que la Compagnie est au Japon, écrivait-on encore (1), il n'y a pas eu de persécution semblable : car elle est déclarée par un tyran, devenu maître de tout le Japon : ce qui ne s'était pas vu depuis quatre-cents ans. Cependant nous gardons l'espoir que cette terrible tempête s'apaisera pour la gloire de Dieu et le bien du pays, et que le démon sera joué, qui d'un tel protecteur a fait notre plus cruel ennemi. Il y a sujet de rendre gloire au Seigneur, quand on voit la ferveur des Pères et Frères, et leur désir de donner leur vie pour la foi ; mais, comme je l'ai dit, nous espérons que Jésus-Christ n'abandonnera pas sa jeune épouse du Japon ».

Entendons les appréciations des missionnaires sur l'édit inattendu. Leurs avis diffèrent, mais ils sont utiles à recueillir. Coëlho (2) loue sans réserve les fidèles de Miyako; mais « quand leurs affaires les appellent à Nagasaki, ils sont témoins de la vie licencieuse des trafiquants portugais ; les missionnaires prêchent la loi sainte, dit Taïkosama, mais ces marchands pratiquent cette loi plus franchement : ils volent de jeunes mariées pour en faire leurs concubines, ils volent des enfants et les enchaînent sur leur vaisseau, les réduisant à une servitude, à laquelle plusieurs préfèrent la mort, et ils se la donnent. A Hirado, les trafiquants sont plus libres et partant plus licencieux qu'à Nagasaki : ici la crainte de l'excommunication les arrête parfois ; là notre ennemi (le daïmyo) favorise leur commerce, encore que défense leur

---

(1) Marco Ferraro, Amakusa 25 oct. 1587. (*ep. Jap. msc.* 1580-99).
(2) 25 oct. 1587, *'ep. Jap. msc.* 1580-99).

ait été faite au nom de l'évêque d'y décharger, parce qu'il y a 26 ans le daïmyo avait fait tuer un capitaine de vaisseau avec 14 sujets portugais. » Ce n'était assurément pas, quoi qu'en pense Coëlho, la vie licencieuse des portugais qui avait dicté l'édit d'exil. Selon d'autres missionnaires (1), le tyran était irrité de ce que le vaisseau de Chine eût relâché à Hirado, et non dans un de ses ports ; mais on leur répondait que son décret n'exilait pas les trafiquants : d'ailleurs il pouvait interdire le port de Hirado. Quelques missionnaires croyaient qu'il redoutait non pas tant les marchands portugais que les chrétiens fixés à Nagasaki ; il désirait posséder ce beau port, avec les pièces d'artillerie que les portugais y avaient placées : il voyait là un danger pour l'indépendance du Japon. « Quelques uns, écrivait le Père Grégoire Fulvio, se demandent s'il y avait intérêt pour la sainte Église à élever une citadelle à Nagasaki (2) ». Mais, objectaient d'autres (3), « si un puissant bras séculier ne nous protège pas dans ce port, notre belle chrétienté sera toujours menacée. Nobunaga ne craignait pas le Portugal ; le Portugal est riche et puissant, mais il ne saurait de si loin envoyer assez de forces pour conquérir le Japon ; son successeur ne le craint pas davantage. » « Cependant, disait-on encore, les vaisseaux portugais, capables de résister à toute une flotte d'embarcations japonaises, et la belle barque, bien munie de défenses, qui amenait le vice-provincial, lui ont inspiré de la défiance et de la jalousie » (4). C'était même l'avis de l'amiral Augustin et de Juste Ukondono que le P. Coëlho aurait bien fait d'offrir sa barque en cadeau au monarque. Les puissants vaisseaux des portugais, si bien armés contre

---

(1) Au rapport de Gomez, 28 oct. 1586, (*Ep. msc.* ib.)
(2) Fulvio, 14 oct. 1587, (*Ep. msc.* ib.)
(3) Ant. Prenestino, 10 oct. 1587 (ib.)
(4) Fr. Pasio, 4 oct. 1587 (ib.)

les pirates, pouvaient bien, écrivait le P. Pasio, faire redouter une intention belliqueuse, un projet de conquête. Enfin, un missionnaire (1) croyait que Taïkosama s'était irrité à la nouvelle, alors déjà répandue au Japon, des grands honneurs que le roi Philippe II et le Souverain Pontife avaient accordés aux jeunes ambassadeurs japonais. « Il n'y a qu'un seul roi, le Daïri, aurait-il dit, et Kambakou (Taïkosama) est son grand ministre ; ces jeunes gens sont parents de petits princes, que les guerres ont ruinés » (2).

Ces considérations, pensons-nous, ne doivent pas être négligées ; celles du P. Frôës, que nous transcrivions plus haut, et en particulier la crainte de voir détruire le prestige du culte national et les honneurs rendus aux *Kamis*, expliquent cependant mieux l'édit de persécution. Le revirement subit de Taïkosama, d'abord favorable aux missionnaires, peut s'attribuer à l'influence de l'intrigant Jacouin ; il était versatile et capricieux ; tel il se montrera dans la suite.

Frôës, au jugement d'un historien fort apprécié (3), « était un écrivain très soigneux et très exact. Les récits corrects qu'il donne des événements politiques de la période montrent qu'il n'avait l'habitude, ni d'inventer les faits, ni de les atténuer, ni de les exagérer ». Deux ans plus tard, racontent la visite du capitaine Jérôme Pereira à la cour, il écrivait (4) : « Kambakoudono lui a dit que toujours il fut notre ami, mais qu'il nous a bannis, parce que la loi que nous prêchons est funeste aux *Kamis*, qu'elle ruine les honneurs et l'existence même des souverains du Japon,

---

(1) Ramon, Ikitsuki, 15 oct. 1587 (ib.)
(2) Mancio Itondono, parent du Yakata du Fiunga, qui a épousé une sœur de celui du Bongo, François; Miguel, Julian et Martinho, parents de tonos appauvris, apparentés aux tonos d'Arima et Vomura. (C, II. 237²).
(3) Satow. (article du P. Thurston, S. J. *The Month* 1905, p. 171).
(4) de Canzacusa, 24 fév. 1589, C. II, p. 254⁴.

puisque les *Kamis* sont des seigneurs japonais, qui jadis par leurs victoires et leurs exploits méritèrent d'être adorés sous ce titre ; or, les souverains actuels prétendent arriver aux mêmes honneurs ; encore que cette loi soit bonne pour d'autres pays, dit-il, elle ne l'est pas pour le Japon ». « Fou d'orgueil, écrivait le Père Grégoire de Cespedès (1), cet homme, arrivé de fort bas au pouvoir souverain, rêve les honneurs des *Kamis*, les idoles du Japon : il ne veut pas encourager une religion contraire au culte national ».

Son édit devait s'exécuter sans retard ; mais le capitaine portugais, Dominique Monteiro, envoya le frère Garcese lui représenter qu'il était impossible d'embarquer tous les missionnaires. « Ils doivent partir tous, répondit le tyran ; ceux qui resteront, je leur ferai trancher la tête ». — « Mais, repartit le Frère, les vaisseaux ne pourront plus relâcher au Japon : ils ne mettent pas à la voile, sans porter des prêtres ». — « Qu'ils se passent de prêtres ! répliqua le tyran : à quoi bon ? » Le capitaine n'avait pas attendu la réponse de son envoyé : il fit voile pour Macao, emmenant trois scolastiques qui devaient y recevoir les saints ordres (2).

Taïkosama se calma cependant : sur les représentations du Père Coëlho, il accorda un répit de six mois.

En attendant, pour faire preuve de déférence aux volontés impériales, le Père retourna aussitôt au port de Hirado ; il y convoqua tous les missionnaires, les priant de mettre d'abord en lieu de sûreté les vases sacrés et le mobilier qu'il était possible de placer chez des chrétiens. Au Père Organtino il permit de demeurer caché dans les domaines d'Augustin avec le frère Laurent et un autre frère japonais.

---

(1) de Nagasaki au Général Aquaviva, 9 fév. 1589 (lettres msc. 1586-89). Possino (*Hist. S. I.* p. V, 1581-1590 l. 7 nn. 188-243) traite fort bien la question, et montre qu'il s'est assimilé les documents que nous citons. Cette partie de son travail montre sa valeur comme historien.

(2) *Somario di alcuni avvisi scritti dal Giappone al P. Valignano* 25 nov. 1588 (lettres msc. 1586-89).

C'est la destinée du bien, de la vérité et de la vertu de rencontrer la contradiction et l'opposition de la part des passions mauvaises. C'est aussi la destinée de la vraie Église de Jésus-Christ. Toujours, partout où elle s'établissait, son divin fondateur permit à l'ennemi du genre humain de déchaîner la haine de l'idolâtrie contre le culte du seul vrai Dieu. Le Japon n'avait point échappé jusqu'ici à cette loi ; jamais la persécution n'avait fait défaut dans quelqu'une des provinces méridionales, où la foi s'était le mieux implantée jusqu'alors ; des seigneurs idolâtres avaient usé de leurs droits arbitraires et même du droit de vie et de mort, que leur reconnaissait la coutume, pour dépouiller de leurs biens, pour exiler et mettre à mort quelques néophytes ; à l'occasion nous en avons cité des exemples. Les bonzes, s'ils étaient retenus par la crainte du daïmyo, chrétien lui-même, n'avaient nul scrupule de faire servir quelqu'un de ces poisons lents, qu'ils excellaient à préparer. A Hirado, surtout dans le Bongo, la persécution avait fait des martyrs. Dans ce royaume, où la protection et, depuis son baptême, les grandes vertus du roi François avaient tant favorisé l'œuvre de l'Église, les chrétiens avaient eu à souffrir les maux de l'invasion païenne ; le daïmyo de Satzuma, très hostile à notre religion, avait ravagé plusieurs des provinces soumises à ce saint roi ; l'indigne fils auquel celui-ci avait, selon la coutume, transmis un si bel héritage, s'était montré incapable de le garder. C'est la puissance grandissante du daïmyo de Satzuma qui avait amené l'intervention armée de Taïkosama dans les provinces du Sud et par suite l'extension de son pouvoir impérial. Or, au moment où il devenait le maître effectif de ces belles contrées, il lançait aussi l'édit général de proscription, que nous avons signalé.

9. L'ancien daïmyo du Bongo n'eut pas la douleur

d'apprendre cette désolante nouvelle. Le Père Lucena (1) annonçait sa mort en ces termes : « Notre excellent et véritable ami, le roi François, après tant d'épreuves et la destruction du Bongo, se trouva fort affligé ; à la suite du long siège de la forteresse d'Usuki, il se décida à se rendre à Sukumi, sa résidence habituelle ; mais après quelques jours de fièvre, il mourut, administré des saints sacrements, avec tous les signes de prédestination et comme un vrai saint. Comme nos résidences ont été dispersées par l'invasion du roi de Satzuma, et que les Pères, les novices et élèves ont dû se porter vers Yamaguchi, nous n'avons été que trois Pères et deux frères pour célébrer ses obsèques ; elles ont été très belles. Il a eu la consolation, peu de jours avant sa mort, d'assister au baptême du prince, son fils et son héritier ; c'était l'unique consolation qu'il désirât encore en cette vie » (2).

La mission avait perdu un autre prince, le premier qui eût embrassé notre sainte religion (1563), et que l'épreuve n'avait pas fait faiblir ; c'était le roi d'Omura, Barthélémi ; détrôné par le malheur des guerres civiles, puis remonté sur le trône, mais obligé de livrer ses trois fils en ôtage, il eut la joie de les voir rentrer au foyer. Il ne vit pas se déchaîner la persécution : il était décédé le 24 mai entre les bras du Père Lucena.

---

(1) 11 juin 1587. *Cartas*, II, p. 202.
(2) Dans sa lettre du 16 octobre 1578 (C. I, 415¹-428¹) Frões raconte (p. 422) comment, du vivant de son père, et bien avant l'arrivée de S. François-Xavier, le futur roi du Bongo avait sauvé l'équipage de six ou sept portugais, compagnons de Georges de Faria, en détournant son père de suivre le conseil homicide de leur pilote chinois, comment depuis lors la piété d'un portugais, Diogo Vaz, qui demeura cinq ans au Japon l'édifia, comment enfin Balthazar Gago vint quelques années plus tard résider à Funaï, sans le décider à se convertir, sectateur qu'il était toujours des Zenshu. Il fut baptisé en 1578. — Son fils Constantin ne fut pas longtemps fidèle aux promesses du baptême. — Il existe du saint daïmyo une lettre à Valignani où il insiste pour la béatification de François Xavier. (4 déc. 83. *Epist. jap. misc.* 1580-99).

10. Le premier qui fut atteint par l'édit de Taïkosama, Juste Ukondono, fit preuve d'une résignation chrétienne, qui allait jusqu'à la joie, la joie de souffrir pour le nom de Jésus ; comme ses compagnons d'armes, fidèles chrétiens, lui témoignaient leur pitié et se décidaient à le suivre dans l'exil, il les en dissuada, par crainte d'exaspérer le Souverain. Les officiers païens eux-mêmes, prévoyant la pauvreté qu'il allait éprouver, lui offrirent de grands secours d'argent : il n'accepta que peu de chose, donnant ainsi un exemple inaccoutumé de désintéressement. Avec trois, quatre serviteurs, il se retira sur les terres d'Augustin. Sa femme et son père Dario se consolèrent par la pensée que c'était une sentence bien injuste qui le frappait, mais qu'il y avait gloire à souffrir pour Jésus-Christ. Et l'on vit les centaines de sujets d'Ukondono avec femmes et enfants porter leur mobilier sur des charrettes et sur des embarcations pour aller chercher un asile loin d'Akashi.

Augustin, ayant reçu en fief la moitié de la province du Fingo et l'intendance des côtes maritimes du Shimo, put recueillir un grand nombre de seigneurs dépossédés par Taïkosama et leur fournir des revenus suffisants (1). Encore qu'il fût ouvertement chrétien, il continua de jouir de la faveur impériale.

Les décrets du persécuteur furent exécutés sans retard. Dans nos cinq résidences du centre, Miyako, Takatzuki, Osaka, Sakaï et Akashi, les préparatifs du départ ne furent pas longs ; car tandis que les chrétiens éplorés venaient recevoir une dernière fois les sacrements, déjà les envoyés du Souverain venaient prendre possession de nos demeures ; le mobilier sacré était en sureté. « Jamais, depuis tant d'années que je suis ici, écrivait Grégoire de Cespedès (2), je n'éprou-

---

(1) *Cartas*, II, 242.
(2) Du Gokinaï. *Cartas*, II, 2104.

vai autant de consolation qu'en ces quelques jours qui s'écoulèrent avant notre expropriation : nuit et jour notre église d'Osaka était pleine de chrétiens qui nous faisaient leurs adieux, nous offraient des secours et se fortifiaient dans la grâce du Seigneur afin de se préparer au martyre. A Osaka, il y eut au milieu de nos tribulations, des conversions notables. Les païens eux-mêmes étaient désolés de notre départ. » — « On se serait cru aux fêtes de Pâques ou de Noël, écrivait un autre missionnaire (1), si grand était le concours des fidèles à notre église de Sakaï. La femme de Taïkosama, et son cousin (2) qui réside à Miyako et que l'on croit son futur successeur dans le gouvernement de la Tenka, ont promis d'intercéder pour nous, et nous ont envoyé tous les jours des présents. » —

« Sur un espace de 18 lieues, écrivait Coëlho (3), de Sakaï à Miyako nous avions sur les terres de quatre seigneurs 20 églises et plus de 35.000 fidèles. Beaucoup étaient tombés sur les champs de bataille ; d'autres, comme vassaux des ennemis de Taïkosama, avaient été privés de leurs propriétés ; mais la destruction des églises et la dispersion des missionnaires sont une calamité douloureuse. Le Père Organtino et le frère Côme sont demeurés au milieu de nos pauvres chrétiens, et les aident soit en personne, soit par le moyen de courriers dévoués. » — Je suis convaincu, écrivait Organtino (4), que si le tyran poursuit son œuvre et force nos chrétiens à apostasier, presque tous les principaux et les plus anciens sacrifieront de bon cœur leur vie pour la foi ; ils courront au martyre comme à une fête : du caractère japonais, aidé de la grâce, on peut s'attendre à

---
(1) Fr. Pasio de Sakaï, ib. p. 213².
(2) Mangoxichirodono.
(3) De Cancazuca, 24 fév. 1589, C. II, 257. Simon Tangandono, Mancio Sungandono, Jean Iuquindono, Juste Ukondono.
(4) Miyako, 25 nov. 1588. *Cartas*, II, p. 228.

cela. Et si les païens estiment et honorent davantage notre sainte religion depuis que sans aucune raison il a porté contre nous une sentence d'exil, que sera-ce s'il va plus loin et s'il nous fait mourir pour l'amour du Christ? Tout le Japon se convertira, si le sang chrétien l'arrose ».

Dans un langage, admirable de piété et de foi, les chrétiens notables de Miyako (1) écrivaient que l'objet de leurs entretiens n'était autre que la glorification des miséricordes divines. « Ils sont nombreux, disaient-ils, ceux qui se réjouissent de suivre les traces du Christ notre Seigneur : nos pénitences, nos prières, l'observation des dimanches et des fêtes, à quoi tendaient-elles sinon à nous rappeler la passion de Jésus-Christ? Mais tout cela ressemblait à des images, à des souvenirs. L'affliction présente est la réalisation en nous des souffrances que le Christ et ses premiers disciples ont endurées, et à présent nous pouvons montrer que vraiment nous sommes les disciples de Jésus-Christ. Plus la persécution sera grande, plus grande aussi sera notre confiance dans sa miséricorde ; grandes furent les jusqu'ici contradictions, et comme un chandelier exposé au vent, comme une barque qui erre balancée par les flots, la chrétienté s'est maintenue par les mérites du Père Maître François. Nous espérons encore par son intercession qu'elle se maintiendra ».

Sauf Organtino, qui se cacha au port de Muro à quarante lieues de Sakai (2), tous les missionnaires du centre se rendirent à Hirado. Le vice-provincial Coëlho tint conseil, et l'on décida de ne point faire opposition aux décrets, mais de profiter des facilités providentielles, que nous offraient très

---

(1) Carta dos Xrâos do Miaco, 10 de la 1e lune de 1588. *Epist. Jap.* msc. 1611-18 (sic). Signatures : Conixi Riussa Joachim, Xoijo Côme. Xinovo Sébastien, Riequei Jacques et Vincent, Conixi Joxei Benoit, Iquetan Siméon.

(2) Il dut avec Côme suivre Augustin au Fingo, peu après. (Coëlho, 24 fév. 1589 C. II, p. 2585). Constantin et d'autres catéchistes demeurèrent.

courageusement plusieurs seigneurs des provinces méridionales, pour y former un certain nombre de communautés.

Le roi d'Arima, Protase, s'offrait à recueillir dans ses états toutes les communautés dispersées ; mais comme il fallut satisfaire d'autres seigneurs (1), on y envoya 70 Pères et frères ; 43 pères et frères se répandirent dans le Bongo, à Hirado, à Omura et Amakousa ; ici, à Kavashinoura, fut transféré le noviciat (2).

Il est aisé de le supposer : Pères, frères et élèves eurent à subir les épreuves inséparables de la dispersion et, malgré la généreuse bienfaisance des seigneurs chrétiens, les dures privations de la pauvreté. Et cependant l'œuvre des conversions ne s'arrêta pas dans ces provinces, encore que Constantin, le fils du saint roi François, loin de se montrer fidèle courageux, dissimulât sa foi pour ne pas encourir la disgrâce de Taïkosama. Sa sœur Maxentia faisait baptiser solennellement son fils, sous le même nom que son père défunt. Dans le Chikoungo, le daïmyo de Summoto, dont deux fils étaient chrétiens (3), demanda le baptême ; avant de le recevoir avec toute sa famille, il fit savoir à tous ses vassaux que, sans vouloir les forcer à suivre son exemple, il les engageait à se laisser instruire : « En effet, disait-il, la foi suppose le libre assentiment et ne peut être ni imposée par

---

(1) Anual de Japam, G. Coëlho 24 fév 1589. *Cartas* II, 234-262 : Les provinces de Fingo (Augustin Yacourondono) Bougem (Simon Cambioyedono) Fiunga (cousin germain de Ito Mancio) Chicoungo (Foxitondono, époux de Maxentia, fille du roi François) Figem (les daïmyo d'Arima, Omura et Amakusa) étaient confiées à des seigneurs chrétiens (*ib*. 237).

(2) On réunit d'abord à Ariye les novices, on fixa le collège à Chigiva et le séminaire à Fachirao. Nous donnons en appendice p. 276, le catalogue msc. de 1593. M. Haas remarquera que les missionnaires donnaient un nom de baptême, sans supprimer le nom de famille. (op. cit. II, 317). Ce nom est écrit à la façon portugaise, mais peut se ramener à l'orthographe moderne.

(3) L. Fröes ou Alph. Gonzales, 1589, C. II, p. 265r.

la force, ni sollicitée par aucune considération humaine ». Il reçut le nom de Barthélemy ; 830 de ses sujets demandèrent le baptême.

Par une grâce de Dieu, les nouveaux chrétiens souffrirent l'épreuve avec courage : de 35.000 qu'ils étaient dans les provinces du centre un petit nombre faillit ; dans le Shimo, ils étaient 122.000 ; 12,500 idolâtres furent baptisés et grossirent leur nombre ; au Bongo seulement il y eut des pertes : le jeune daïmyo, fils du roi François, aussi faible que sa mère et sa sœur étaient fermes (1), avait cédé devant Taïkosama : deux glorieux martyrs (2) indigènes y offrirent les premiers du sang à l'Église du Japon.

« Si la fureur de Taïkosama ne s'apaise pas, écrivait Frôës (3), et s'il ne tolère pas notre présence dans ces diverses provinces du sud, tous nous sommes prêts à donner notre vie ; en attendant, selon la parole du divin Sauveur, nous imitons la conduite des saints confesseurs et martyrs des premiers siècles ; car nous ne pouvons pas exposer nos chrétiens au danger d'être privés de prêtres. Nous avons confiance et bon espoir. Le Père Valignani nous a annoncé le retour à Goa des jeunes princes japonais, qui ont visité Lisbonne et Rome : il les ramènera ici lui-même ».

11. On espérait beaucoup de Valignani, qui se présenterait au nom du roi de Portugal, et déjà on recueillait des indices qui permettaient de croire à un apaisement. Taïkokosama reconnaissait qu'il avait été quelque peu pressé dans cette affaire (4) ; il ne faisait pas démolir nos églises d'Osaka,

---

(1) *Somario di alcuni avisi* inscr 25 nov. 1588. Julia, veuve du roi François et Regina, épouse de Fayaxindono par leur fermeté l'adoucirent.
(2) A Funaï, Joram Nakama, de Takata, à Notzou, Joachim Nimura, catéchistes (Bartoli II, 120).
(3) 20 fév. 1588. *Cartas* II, 222.
(4) ib. p. 223.

de Miyako et de Sakaï ; il s'informait en termes bienveillants du frère Laurent et de Juste Ukondono ; parmi les seigneurs de sa cour, il le savait, il y avait des chrétiens ; enfin, peut-être avait-il ignoré combien nous comptions de fidèles, surtout des fidèles de distinction et des princes, dans les provinces du sud (1). Des bruits de révolte au nord du Japon, le mécontentement de tant de seigneurs dépossédés (il en avait déposé 23 en un seul jour) (2), le peu de confiance que lui inspirait son entourage, tout cela pouvait lui commander la prudence vis à vis de ces provinces chrétiennes.

Cette première persécution ne fut pas de longue durée ; le P. Valignani sauva la jeune chrétienté. Rentré à Goa, il se préparait à faire une seconde fois la visite du Japon, quand abordèrent à ce port les quatre jeunes japonais, qu'il avait envoyés en ambassade au Pape et qui rentraient, après plus de cinq ans de voyage (fév. 1582-mai 1587). Averti par le Vice-Provincial Pierre Gomez de la situation du Japon, il jugea qu'à cette occasion, une démonstration solennelle pouvait ramener Taïkosama à des sentiments plus favorables. Il se fit annoncer par le capitaine Jérôme Pereira, et dès lors il y eut apparence de paix (3). Chargé des présents du vice-roi des Indes, Edouard de Menesez, et investi d'une mission officielle, Valignani rentra à Nagasaki (juil. 1590) (4).

Le Souverain avait depuis cinq mois porté ses armes contre un vassal rebelle, et l'on espérait qu'il serait défait ou du moins fort humilié. En attendant l'audience, Valignani passa deux mois dans l'île de Muro, apanage d'Augustin, et y reçut de nombreuses visites de seigneurs chrétiens,

---
(1) ib, p. 224. Lettre de G. Coëlho, 24 fév. 1589. ib. p. 236.
(2) *Cartas* II, 206.
(3) Lettre de Coëlho, 24 fév. 1589. *Cartas*, II, 237.
(4) Gilles de Mata, 25. *Lettera del Giapone* degl' anni 1589 et 1590. Roma Zannetti in-12, pp. 184-185.

entr' autres de Constantin, le daïmyo du Bongo, qu'il réconcilia avec l'Église, et du daïmyo d'Yamaguchi. Celui-ci sollicitait des missionnaires pour prendre soin des espagnols qui venaient d'aborder à son port (1). A Osaka, le Visiteur s'édifia des vertus de Juste Ukondono, venu pour le saluer. Partout, les chrétiens lui firent le plus sympathique accueil, encore que les circonstances ne permissent aucune démonstration publique.

Pour lui, comme ambassadeur royal, il donna à sa réception un caractère de solennité qui frappa vivement les habitants de Miyako et ne déplut nullement à Taïkosama : celui-ci de son côté fit étaler tout le luxe possible dans son ancien palais, réservé à l'ambassadeur et à sa suite : aux 26 portugais qui formeraient le cortège, il avait fait procurer de magnifiques chevaux, à Valignani à ses deux compagnons des litières luxueuses (*koshi*). Parmi les présents du Vice-Roi des Indes, ce qui attirait tous les regards, c'était un cheval arabe, superbement enharnaché. Les quatre jeunes princes japonais accompagnaient Valignani.

Celui-ci ne se faisait pas illusion sur les dispositions de Taïkosama ; il savait par Simon Condera, général chrétien, qu'il ne pouvait aucunement espérer la révocation de l'édit de bannissement. Mais il pouvait espérer que par égard pour le roi de Portugal et par des vues d'intérêt Taïkosama favoriserait au moins les missionnaires à Nagasaki et que les daïmyo, témoins de l'accueil fait à un ambassadeur, craindraient moins de témoigner quelque bienveillance aux chrétiens.

Le premier dimanche de carême (1591), en présence d'une cour nombreuse, il remit les lettres du vice-roi des Indes, avec traduction japonaise. Après en avoir pris connaissance, le souverain lui fit offrir la *Sakana* et le *Sakansouki*, selon la

---

(1) *Lettere del Giapone*, 1589 et 1590 p, 181.

mode japonaise : on apporta donc quelque fruit ou friandise appétissante et la coupe de thé ; il s'en servit lui-même d'abord, et puis il fit porter la coupe à l'ambassadeur ; il lui fit en même temps présent de lingots d'argent d'une valeur de 200 piastres (environ 8 à 9 cents écus) et de quatre habits de soie. Les deux compagnons du Visiteur, les quatre princes japonais, les deux frères interprètes et tous les portugais reçurent ainsi leurs présents ; la munificence de Taïkosama, en argent seulement, représentait une valeur de 2494 ducats (1). Le souverain s'intéressa beaucoup aux jeunes japonais et en particulier à Mancio : « En sa présence, écrivait celui-ci (2), nous dûmes jouer des instruments de musique (apportés de Rome) : ce qui l'intéressa beaucoup ; sachant qui j'étais, il me demanda si je désirais demeurer auprès de lui, promettant de me bien traiter, parce qu'il est ami de mes parents. Cette demande imprévue m'embarrassa, mais le Seigneur m'inspira une réponse par laquelle à la fois je m'excusais et me conformais à la coutume japonaise de ne point rejeter de pareilles offres : je répondis donc que je rendais grâces à son altesse pour sa magnifique et généreuse proposition, mais j'ajoutai qu'ayant été élevé dès mon enfance par les Pères, je me croyais obligé à ne pas m'éloigner de leur société. Ainsi notre Seigneur me délivra du piège que le démon me tendait pour arrêter mes bons desseins ».

Taïkosama ne s'offensa pas du refus du jeune candidat de la Compagnie. Quant au résultat de l'ambassade, Valignani le savait, ce ne sera que plus tard que la réponse officielle à la lettre du vice-roi lui sera enfin remise, après bien des négociations.

---
(1) *Lettera* Roma, Zannetti 1590, 1591, p. 43.
(2) 14 mars 1592, de Amakusa au P. Assistant d'Espagne. *(Epist. Jap. msc.)*

En attendant, il visita les cours des principaux vassaux du Souverain, remit aux rois chrétiens d'Omura, du Bongo et d'Arima les brefs et les présents du Pape Sixte-Quint (1) et disposa si bien les esprits qu'une tolérance de fait fut accordée au culte chrétien dans la plupart des provinces.

La prudence du Visiteur résista à l'ardeur inconsidérée de néophytes, trop désireux de verser leur sang et de braver les lois de l'empire en pratiquant au grand jour un culte si différent de la religion nationale. Conduite fort sage, dit Bartoli, et que l'on eût bien fait de tenir toujours ; car comment peut-on taxer de pusillanimité le pilote qui, assailli par la tempête, au lieu d'offrir aux vagues le flanc du navire, les recevrait, comme la pratique l'enseigne, de face pour briser le choc des lames et ne point se laisser engloutir ? « Temporisons, disait Valignani, n'exposons pas encore la croix à la risée des ennemis, honorons-la à l'intérieur de nos demeures ; la patience et la prudence viennent à bout de tout (2) ».

La prudence de Valignani trouva des censeurs à Goa, à Malaca, aux Philippines surtout ; on la taxait de pusillanimité, on la déclarait indigne de l'Évangile : « Se disperser, écrivait-on, prêcher la nuit ! au lieu d'aller en plein jour, la croix en main, par les rues, sur les places publiques et jusqu'à la cour de l'empereur, confesser la foi et prêcher le Christ crucifié ! Voilà ce que nous ferions, voilà ce qui disposerait les fidèles au témoignage du sang (3) ».

On voudrait pouvoir excuser cette intempérance de zèle, d'où qu'elle vînt ; elle n'est que trop facile à concevoir chez des hommes, qui par vocation sont appelés à prêcher la folie de la croix et croient devoir tout braver pour avoir la joie de

---

(1) *Synopsis actorum S. Sedis in causa S. J.* Florence 1887. Sixte V, 5-8.
(2) Bartoli *Giappone* II, 137.
(3) *Ib.* p. 128.

se laisser crucifier à la suite du divin Maître. Mais, comme l'écrivait plus tard le P. Organtino (1) « le Japon, qui pendant de longues années fut si rebelle à la foi que beaucoup perdirent confiance, nous permet d'espérer que nous y établirons une église très florissante, à la condition que l'œuvre soit menée par la même main. Les apôtres se partagèrent le monde, et l'œuvre de l'Évangile s'en trouva bien ; aujourd'hui il y a tant de contrées récemment découvertes à partager entre les missionnaires : aux Indes orientales seules il y a la Corée, la Chine, la Cochinchine, le Siam, le Cambodge, le Bengale et des îles innombrables ; aux Philippines même la moisson est immense. Dans une chrétienté nouvelle, il faut l'accord parfait et l'unité de vues ; au Japon, la patience peut vaincre toutes les difficultés ».

Un missionnaire écrivait (2) : « Dans les îles il se fait des conversions nombreuses, mais le bruit ne s'en répand pas sur la terre ferme. Ailleurs, les seigneurs païens sont discrets pour ne pas contrarier le souverain, qui dissimule, ils le savent, tout en étant au courant de tout. Cette façon de subir la disgrâce, sans en éprouver grand dommage, n'étonnerait que ceux qui ignorent les mœurs japonaises : il suffit que celui qui encourt la disgrâce de son suzerain, se fasse tondre, prenne le vêtement de bonze et ne se montre plus ; il a d'ailleurs perdu tous ses biens et revenus. C'est la façon de reconnaître la puissance et l'autorité de son seigneur ; celui-ci ne le considère plus comme son sujet, ni comme vivant encore ».

Les souffrances des chrétiens furent grandes, encore que la charité chrétienne les soulageât ; mais, comme l'ajoute le même missionnaire, cette première persécution générale ne

---

(1) *Ib.* p. 175.
(2) 25 juillet 1590. Gilles de la Mata au Général S. J. *(Lettere del Giapone* 1589 et 1590 p. 183). Les *tono* de Gomotto, Gonzura, (Kanzuka) Xiqui, Oiano, dit-il, ont reçu le baptême.

fit couler le sang d'aucun Européen ; dans les contrées de Miyako, du Bongo et d'Yamaguchi, le collège et le noviciat, vingt-quatre résidences et plus de cent-quarante églises furent détruites et livrées aux flammes (1) : le catalogue de 1592 en donne le détail ; mais, comme l'auteur l'affirme, il restait 133 jésuites au Japon. Vêtus à la japonaise, ne sortant que la nuit pour le service des malades, ne célébrant la sainte messe que portes closes (2), leur prudence permit aux gouverneurs d'user de dissimulation. Et il cite 20 localités, où Pères et catéchistes demeuraient dispersés (3).

Pendant les deux premières années de la persécution, sept décédèrent, victimes des privations et des fatigues (4) ; mais deux nouveaux missionnaires arrivèrent de Macao (5) et onze pères et frères étaient arrivés avec le P. Valignani. Treize jeunes japonais furent reçus au noviciat, après avoir passé cinq ou six ans au séminaire : « tous, jeunes gens de grande espérance, écrivait le Visiteur (6), et qui ont fait des progrès suffisants dans la langue latine. En tout, depuis l'érection de ces séminaires, nous y avons recruté quarante candidats, soit pour la Compagnie, soit pour la formation d'un clergé séculier ».

Deux mois avant l'arrivée du Visiteur, le 7 mai 1590, était

---

(1) On évaluait les dégâts à 30.000 cruzados. *Cartas* 224+. Le catalogue de 1592 *(Jap. et Sin. catal. msc.)* cite 50 églises et 8 résidences (contrée de Miyako); 6 résidences (Yamaguchi) ; 21 églises et 6 résidences (Bongo) ; 61 églises et 5 résidences (Shimo) ; 2 églises et 1 maison (Nagasaki).

(2) Ib. 236².

(3) Nangasaqui, Conga, Convura, Toquiciu, Firando, Vomura, Couri, Sonogui, Amagusa, Xiqui, Contura, Oyano, Arima, Cunzuca, Chimfina, Ximabara, Ariye, Fachirao, Bongo, Meaco. En cette année-là, il y avait au collège de Macao 21 prêtres et étudiants européens.

(4) J. B. Monti, italien, le 7 sept. 1587; Damien, japonais 29 déc. 1587 ; Pedro Crasso, italien, 38 ans, à Nagasaki, Christão de Leão, castillan, 41 ans, à Arie ; Romão frère japonais, 19 ans, à Amakousa.

(5) Théodore Mantels et Fr. Roiz. C. II, 237¹ lettre du 24 fév. 1589.

(6) 1 déc. 1587. C. II, p. 240³. Nous donnons en appendice le *catalogus prov. Japon.* mscr. de 1593, où sont nommés (orthographe portugaise) 55 japonais, scolastiques de 3ᵉ ou 4ᵉ année S. J. en 1592, et novices.

décédé à Kanzouka le P. Gaspar Coëlho, supérieur de la mission. Dans les épreuves qu'elle traversait (1), les dernières des dix-neuf années qu'il avait passées au Japon avaient été pleines d'angoisses. Il fut enterré à Arima et eut pour successeur le P. Pierre Gomez.

La chrétienté fit d'autres pertes ; le frère Damien mourut à l'âge de 44 ans (29 décembre 1587) épuisé par les fatigues. Un autre japonais, le frère Laurent, qui depuis le temps de S. François Xavier s'était dépensé à l'œuvre des catéchistes et qui avait amené à la foi bien des personnages influents de la capitale (2), passa à une vie meilleure le 3 janvier 1592, à l'âge de 66 ans. Trois jeunes missionnaires (3) furent emportés par une consomption, qui portait tous les caractères d'un empoisonnement : on les considéra comme victimes du roi ou des bonzes de Hirado, fort hostiles à la religion chrétienne.

L'empereur avait accordé à Valignani qu'en faveur des trafiquants portugais, qui abordaient à Nagasaki, les Pères pourraient demeurer là au nombre de dix. Valignani s'y fixa lui-même ; et comme le vaisseau qui aborda le 19 août 1591 ne repartit que l'année suivante, il prolongea son séjour jusqu'au mois d'octobre 1592.

Au milieu des difficultés de la situation, ses conseils étaient très précieux. La nouvelle du bon accueil qui lui avait été fait à Osaka avait fait croire à un revirement complet ; mais, donnant lui-même l'exemple d'une extrême

---

(1) Bartoli II, p. 131. Il fut enterré à Arima (Gil de la Mata, 25 juillet 1590) *Lettere* 1589-90 Zannetti Rome p. 182.

(2) « Dario, Juste Ukondono, Augustin, Sagandono, Icondono et beaucoup d'autres ». de famille distinguée, arrivés plus tard à une situation, qui inspirait au Cambacou quelque crainte. *Lettera del Giapone* 1591-92 p 5. Roma, Zannetti 1595.

(3) Carrião, portugais, 37 ans ; Fornalete, vénitien, 44 ans ; Théodore Mantels, flamand, 33 ans. (Bartoli II, p. 165). Il était natif de Tongres ; envoyé à Macao, puis à Malaca pour se guérir, il y succomba après 2 ans de souffrances en 1593.

prudence, il n'était demeuré à Miyako qu'une vingtaine de jours, et comme Taïkosama se rendait au royaume de Voari, il avait mis à profit l'absence du souverain pour recevoir la visite de la plupart des seigneurs chrétiens les plus influents. Cependant alors même les fidèles de Miyako ne tenaient plus leurs réunions du dimanche que par groupes et en secret pour ainsi dire ; seize maisons étaient désignées à cet effet : huit pour les hommes et autant pour les femmes ; ils y récitaient leurs prières, entendaient l'instruction d'un catéchiste et parfois la sainte messe (1). Il laissa à Miyako le saint vieillard à qui cette chrétienté avait tant d'obligations et qui avait même obtenu du gouverneur de la ville la permission de s'y fixer. Le P. Organtino continua jusqu'en 1596 de veiller sur cette partie si importante de la mission : deux prêtres et cinq frères, qui en partageaient avec lui les rudes travaux, étaient constamment en course dans les royaumes voisins, et n'apparaissaient que par intervalles et furtivement dans la capitale.

A Nagasaki, Valignani monta une imprimerie plus vaste, qui rendit d'excellents services aux missionnaires et aux fidèles : livres latins et japonais, grammaires et livres de piété ou de doctrine chrétienne (2), ces publications serviront longtemps à entretenir la foi, alors même que le Japon se fermera aux prédicateurs. Mais, ainsi qu'on l'écrivait (3), « ce qui favorisa singulièrement la culture de cette vigne du Seigneur, c'est qu'il érigea dans quelques centres principaux du sud la congrégation de la Reine des anges sous le titre

---

(1) *Lettera del Giappone degli anni 1591 et 1592.* Roma : Zannetti, 1595 pp. 50-59. Ces réunions portaient le nom de *Shiro.*

(2) *Lettera annua* 1591-92, p. 6, it. 1595, p. 6. *Lettere annue* 1603-1606, Milano, Locarni 1609, pp. 163, 218. *La guide des pécheurs, La fleur des Saints,* traduction par Michel Mizoniki, *Manuel du Rosaire, Doctrine chrétienne.* Beaucoup de ces opuscules se retrouvent encore aujourd'hui au Japon.

(3) *Copia d'una lett. ann.* 1595, Roma, 1598, p. 7. Lett. 1603-1606, p. 26.

de la Conception ; on n'y admet que les élèves et les *dogiques* d'élite, et ce après des épreuves assez longues et les exercices d'une retraite ; on en attend des vocations ; et en vérité les prêtres européens sans le secours des japonais pourraient malaisément suffire à la conversion du Japon. » «On y verra(1) se réaliser l'espoir que l'on a conçu de former des curés et des prêtres pour les églises de la mission, et sa Sainteté le Pape sera consolée et se félicitera d'avoir contribué à leur entretien ».

Le noviciat avait été transféré dans l'île d'Amakousa, qui était presque tout entière gagnée à la foi et dont le daïmyo favorisait courageusement les missionnaires. Cette maison comptait en 1591, 46 membres de la Compagnie et parmi les novices les quatre jeunes princes qui avaient été envoyés huit ans auparavant à Rome ; la faveur que leur avait témoignée Taïkosama quand ils accompagnèrent Valignani dans son ambassade, et les promesses qu'il avait faites surtout à Mancio Ito pour l'attacher à sa cour ne les avaient pas détournés du dessein conçu à Rome même : le frère de Mancio, Juste Ito, entra lui-même huit mois plus tard dans l'ordre (mars 1592) et l'un d'eux, Julien Nacaura, mourra après quarante-deux ans, prêtre et martyr.

Au collège, que Valignani avait établi à Macao, se retiraient des Pères infirmes : en 1592, il comptait 13 Pères et 7 étudiants ou scolastiques, portugais ou castillans.

Avant de rentrer à Goa, pour rendre compte au Vice-roi des Indes de son ambassade, Valignani envoya son interprète le frère Jean Rodriguez, avec le capitaine du vaisseau portugais, à Nagoia ; c'est là que se trouvait alors Taïkosama, préoccupé de la conquête de la Corée et de la Chine.

---

(1) *Lett. ann.* 1591-92, p. 166.

12. Cette expédition, dont il s'était vanté (mai 1586) six ans auparavant, avait créé une heureuse diversion aux desseins du persécuteur, et les chrétiens purent un instant en attendre les meilleurs résultats pour leur cause. En effet des quatre généraux, auxquels la conduite de la guerre fut confiée, deux étaient chrétiens (1), et c'est l'amiral Augustin, chrétien avéré, qui avait le commandement suprême. Les débuts furent brillants ; en vingt jours, avec une partie seulement de l'armée, il prit deux forteresses, que les coréens réputaient imprenables, et il était devant la capitale Séoul, d'où le roi fuyait avec ses troupes. Le bruit se répandait cependant que l'empereur méditait un projet, qui pouvait ruiner la foi dans les royaumes du sud : il fixerait les seigneurs chrétiens dans la Corée, et partagerait entre eux les provinces conquises. Mais il fut bientôt évident que la guerre trainerait en longueur : car les coréens, voyant que leur roi avait passé la frontière chinoise, se retirèrent, eux aussi, les uns dans leurs montagnes, où ils emportèrent tout ce qu'ils pouvaient et d'où ils infestèrent le pays, les autres dans diverses îles, où leurs embarcations, mieux outillées que celles des Japonais, leur assuraient la supériorité. Il fut donc impossible de retirer les troupes de la Corée (2) ; ce n'est qu'à la fin de 1595 que les négociations de paix seront engagées (3) : « D'heure en heure, écrira alors Frôës, on attend Augustin avec les ambassadeurs chinois, qui viennent pour traiter de la paix ».

---

(1) Augustin Econocamidono et Cainocami, le fils de Quambioindono. Les deux autres étaient Toranosouque et Iconocami. (*Lettera del Giapone* 1591-93, p. 112) Protase avec 2000 soldats, armés d'arquebuses, Omurandono avec 1000 et ceux de Sushima, de Goto, de Hirado durent suivre l'expédition : Augustin l'ouvrit avec 15.000 soldats, sans compter autant de marins, porteurs, etc. et 800 barques.

(2) Ib. p. 130. Il y avait plus de 200.000 japonais : Augustin occupait la frontière de la Chine. Cette lettre est pleine de détails intéressants sur la malheureuse expédition.

(3) Frôës 20 oct. 1595. *Copia d'une lettera annua*. Roma, Zannetti, 1598 p. 9 et 34. Elle n'aboutirent qu'en 1598.

Le P. Grégoire de Cespedès avait accompagné l'amiral, et sa présence à l'armée n'avait pas seulement été utile aux soldats chrétiens qui en faisaient partie, mais encore à un certain nombre de païens qui se convertirent (1).

Nagoia, à douze lieues de Hirado, était la résidence de l'empereur, tandis que de l'île de Soutshima les troupes japonaises passaient successivement en Corée. C'est dans le château ou plutôt dans la forteresse de Nagoia que les envoyés du P. Valignani furent reçus avec de grandes démonstrations d'intérêt ; c'est là que le frère Jean Rodriguez reçut enfin la réponse du Souverain aux lettres du vice roi des Indes (2). Il avait réussi, disait-il, à rétablir l'unité monarchique dans les soixante états du Japon ; après la conquête de la Chine, il aurait des communications plus faciles avec le vice-roi. Pour ce qui concernait les missionnaires, il ne leur permettait pas de prêcher une religion nouvelle, si différente des lois des *Kamis* ; « les *Kamis*, ajoutait-il, sont une même chose avec le Shin, qui est le principe de toutes choses, leur substance et leur être : en Chine on l'appelle Ioutto, et Bouppo au Teschinkou... J'ai donc donné ordre que les Pères quittent le Japon. Je désire cependant conserver nos relations avec vous, non seulement pour délivrer mon royaume des pirates de mer, mais encore pour favoriser le commerce. Je donne permission à vos sujets de vendre librement leurs marchandises. Pour le reste, je m'en rapporte à ce que dira l'ambassadeur ». Suivait une liste des présents qu'il offrait au vice-roi, et la date : Vingtième année du temps de Tenshio, 25me jour de la 7e lune.

Valignani ne s'était pas attendu à une réponse plus favo-

---

(1) Le fils de Chicouchindo. Des coréens, faits prisonniers et convertis quelques uns entrèrent dans la Compagnie : tel le Bx Vincent Caun, martyr

(2) Le texte entier avec le détail des négociations du frère Rodriguez dans *Lett. ann.* 1591-92 pp. 104-107.

Prêtre Shintoïste

rable. C'était un principe de gouvernement pour le Souverain que la religion nationale fût seule autorisée ; la liberté était laissée aux diverses sectes, et les japonais changeaient de secte à volonté ; mais ces sectes s'étaient formées dans le pays. Taïkosama estimait d'ailleurs la religion chrétienne. Un jour que ses courtisans le louaient d'avoir renvoyé les missionnaires, parce que c'étaient des rebelles et que leur religion était mauvaise : « Ce n'est pas la raison pour laquelle j'ai agi, répondit-il (1) ; au contraire j'affirme qu'ils sont gens de bien, et leur loi est bonne ; mais ils sont étrangers et la loi qu'ils promulguent est contraire aux *Kamis* et aux Fotoques ; ils ruinent donc les sectes et les cérémonies antiques, et beaucoup de seigneurs étaient déjà engagés dans cette voie ».

Dans un long entretien qu'il eut avec le frère Jean Rodriguez (2), il parla dans le même sens, et regretta que plusieurs seigneurs eussent porté leurs vassaux à se faire chrétiens : « Que des gens de petite condition et la basse classe, disait-il encore, embrassent cette loi, peu importe ! »

C'est donc une politique, inspirée par l'intérêt et l'amour de la gloire beaucoup plus que par les intérêts de son peuple, qui guidait le monarque. Il tenait aux relations commerciales que le Portugal avait établies et dont le principal siège était Nagasaki ; mais il voulait en tirer lui-même le profit. En août 1591, lorsqu'aborda le vaisseau portugais, des marchands de Miyako, de Sakaï et beaucoup d'autres agents de divers seigneurs vinrent faire des achats d'or pour plus de 30.000 ducats. Les *Otonas* ou capitaines du port, chrétiens comme tous les habitants, furent vivement désappointés d'apprendre que Taïkosama se réservait tout l'or que portait le vaisseau. Or, comme les agents royaux (3) le

---

(1) Frôès, 20 oct. 1595. *Copia* citée p. 59. Cfr. *Somario* (cité plus haut p. 247, note 2.) 25 nov. 1588.
(2) *Lett. ann.* 1591-92 p. 93.
(3) Agents de Iconocami et Cangonocami, Ib. p. 86.

gardaient à vue et empêchaient les barques japonaises de l'aborder, les portugais refusèrent de débarquer; on eut recours au P. Valignani, qui mena la négociation si bien que les agents de l'empereur furent désavoués, menacés de prison, et que l'autorité des *Otonas* fut pleinement reconnue : dès lors la vente se fit au gré des portugais au plus offrant (1).

A raison des avantages commerciaux qu'elle procurait, Nagasaki, ville toute chrétienne, échappait aux lois de persécution : les missionnaires pourront y trouver pour longtemps un asile et le libre exercice de la religion.

13. Ailleurs, et même là, il fallut toute la prudence chrétienne que le Visiteur recommandait par ses instructions et par son exemple et que la plupart des missionnaires avaient montrée jusqu'alors.

Le Portugal, contre les violences des mandarins chinois, s'était bâti une forteresse à Macao ; et là, contre les armes fort primitives des enfants du céleste empire, il était en sûreté ; ses vaisseaux, armés d'artillerie, n'avaient guère à craindre. Mais, « le Portugal, écrivait le P. Organtino (2), songe depuis les édits de persécution à fortifier Nagasaki ; ce serait la ruine de notre chrétienté, ce serait méconnaître la loi de notre Seigneur Jésus-Christ, qui veut par la souffrance implanter la foi et faire triompher son Église des puissances de l'Enfer, ainsi que l'histoire le prouve. Ce serait d'ailleurs méconnaître les ressources du peuple japonais, autrement vaillant que les Chinois, et préparer l'humiliation et la défaite du Portugal, qui ne viendrait pas à bout du Japon. Quant à nous, nous n'avons pas à nous mêler des affaires du royaume et l'empereur ne le tolérerait pas ». Un autre missionnaire (3) écrivait : « Comme l'empereur ne peut se

---

(1) *Ib.* 86-90.
(2) Nangasaqui 10 mars 1589. *Epist. Jap. msc.* 1586-89.
(3) Pasio, 20 janvier 1588. Ib,

persuader que notre mission est de sauver les âmes pour la vie éternelle, puisqu'il ne reconnaît pas l'immortalité de l'âme, il est porté à croire que nous n'avons d'autre but que de préparer la conquête de son royaume. Si nous nous occupions des choses de la guerre, si nous faisions fournir aux seigneurs et princes chrétiens des armes et de l'artillerie, il serait convaincu que sous le couvert de l'Évangile nous poursuivons un but temporel ». Le P. Coëlho (1) malgré ses conseillers avait manqué de prudence en ce point : Valignani y remédia par de sages réglements.

Quand l'empereur eut quitté Nagoia pour rentrer à Osaka, les misssionnaires, tout en suivant la ligne de conduite tracée par le Visiteur, purent agir un peu plus librement dans les provinces du Shimo. Voici comment en 1597 le P. Frôës décrivait leur vie et leurs travaux (2) : « Il y a dix ans que Taïkosama nous bannit de son royaume parce que nous prêchions la loi évangélique, et nous commanda, sous peine de mort, de quitter le Japon. Comme nous ne pouvions en ces temps de persécution abandonner nos chrétiens, il fut décidé que personne ne partirait. Mais pour apaiser la colère du roi et montrer que nous tenions compte de ses édits, pour éviter aussi les suites fâcheuses que la résistance pouvait entraîner pour les seigneurs de ses États, nous reçûmes ordre de ne plus sortir en soutane et manteau, et de porter les vêtements longs et fort décents, que portent les Japonais quand, à leur façon, ils quittent le monde ; de cette manière nous continuâmes de visiter et de soigner nos fidèles. Nous espérions que le roi, sachant que nous observions en ces termes son commandement, userait d'indulgence et feindrait de se croire obéi. Pour cette raison aussi, à

---

(1) Valignani, Nangasaqui 12 et 14 oct. 1590. *Epist. Jap. mscr.* 1590-99
(2) *Relatione della gloriosa morte di XXVI...* Roma Zannetti, 1599 p. 5.

Miyako et à Osaka, où il y avait quatre Pères et six frères, et où il fallait une église, nous nous contentâmes de faire des chapelles, sans autre sortie sur la rue que celle de la résidence. Avec de pareilles précautions, nous avons maintenu nos œuvres, alors que l'on nous croyait partis ou que l'on nous disait cachés, et pendant cet espace de dix années le nombre de nos fidèles s'est augmenté de 65.000, sans compter les baptêmes d'enfants nés de parents chrétiens. Et cependant le roi savait fort bien que nous étions au Japon ; mais il se contentait de nous savoir cachés et assez respectueux de ses édits pour ne plus oser nous montrer en public. Et même, il y a quatre ans, il confirma l'autorisation qu'il avait accordée aux Pères, à la demande du P. Visiteur, de séjourner au nombre de dix à Nagasaki ; par égard pour les portugais, dont le vaisseau vient tous les ans de Macao, il permit même d'y reconstruire l'église qui, sur ses ordres, avait été détruite. En réalité, nous nous trouvons au Japon au nombre de 134 : la situation est précaire et pleine de difficultés ; mais nous aidons nos fidèles, nous modérons leur zèle, et pour conserver une chrétienté, qui nous a coûté tant de fatigues et nous en coûte davantage à présent, nous nous résignons à une vie, qui est une mort continuelle, plus pénible que le martyre ».

« Notre consolation, écrivait le P. Organtino (1), est de songer que nous partageons les épreuves et les souffrances de nos saints martyrs d'Angleterre ; nous nous encourageons aussi en nous rappelant les exemples des saints martyrs de la primitive église. » Longtemps il lui fut possible de séjourner dans l'île de Mouro, qui formait un des apanages du général Augustin : là avec Juste Ukondono et de nombreux chrétiens réfugiés, il vivait en paix, célébrait les saints

---

(1) *Cartas*, II, p. 257. 24 fév. 1589, p. 234-267.

mystères et administrait les sacrements ; fréquemment lui-même ou quelqu'un de ses compagnons d'apostolat se rendait dans les provinces de Voari, de Mino, de Vomi et même à Miyako (1), pour fortifier les fidèles et les encourager dans l'épreuve : c'était pendant la nuit qu'ils voyageaient en litière fermée. « Nos porteurs, écrivait Organtino, ne savent pas eux-mêmes qui nous sommes : il faut en effet user d'une extrême prudence pour ne pas être dénoncés à Taïkosama ». Les missionnaires ne séjournaient jamais longtemps dans une même chrétienté ; s'il était dangereux de paraître en personne, ils se contentaient de faire parvenir à un groupe de fidèles une lettre de consolation, avec une instruction appropriée aux circonstances.

Lorsque l'empereur ôta au général chrétien l'apanage de Mouro et l'établit au Fingo, le Père Organtino l'y suivit (2) laissant à trois de ses confrères et aux catéchistes le soin de visiter les chrétientés du centre. Mais par l'intervention du gouverneur de Miyako (3) il rentra en 1594 dans la capitale, à condition de ne point baptiser et de ne pas ouvrir d'église. « A la faveur de cette tolérance, écrivait le P. Fröes (4), il y a 3 prêtres et 5 frères de la Compagnie qui parcourent le domaine de la couronne plus qu'ils ne résident à Miyako. Deux d'entre eux sont excellents prédicateurs et très versés dans la connaissance des sectes japonaises : ce qui est important, vu l'affluence des grands seigneurs et des meilleurs lettrés à la cour. On a été obligé de désigner dans cette ville seize maisons de chrétiens pour les réunions religieuses des jours de fête ; mais le nombre de nos fidèles augmente malgré toutes les entraves. A la maison du

---

(1) *Ib.* 257.
(2) *Ib.* 258³.
(3) *Ghenefoin.* Voir *Copia d'una lettera...* Roma, Zannetti. **Lettre de Fröes, Nangasaqui, 10 oct. 1595, p. 46.**
(4) Même lettre, *Copia*, p. 45.

P. Organtino viennent en secret beaucoup de catéchumènes : aussi a-t-on pu en baptiser environ 600 ; parmi eux Samburondono, petit-fils de Nobunaga, âgé de 16 ans et seigneur de presque tout le royaume de Mino : la chose est tenue secrète ; car si Taïkosama l'apprenait, il y aurait probablement une recrudescence de persécution. Le P. Organtino, dans une lettre au Vice-Provincial, nomme plusieurs autres grands seigneurs, des royaumes de Tango et de Suvo, qui ont été baptisés (1). Là est notre danger ; car nous avons beau user de toute la circonspection et de toute la prudence possible ; il ne se peut que des conversions notables en si grand nombre demeurent cachées à Taïkosama. Mais advienne que voudra ! Nous ne pouvons exclure du bercail de la Sainte Église ceux que l'Esprit-Saint amène par de si heureuses inspirations à vouloir y entrer ».

Dans les provinces du Sud, écrivait le Père Fröës (2), le gouverneur de Nagasaki (Tarazavandono) se montre l'ami des chrétiens, et sans tolérer le culte public ni permettre l'accès de l'église portugaise aux natifs, il laisse administrer les sacrements dans les maisons particulières : aussi a-t-on entendu cette année-ci à Nagasaki (1594) 130 mille confessions : on y a fait imprimer un opuscule sur la manière de se préparer à bien mourir, un autre en dix chapitres sur les points de foi et les bonnes œuvres, d'autres encore sur la manière de se confesser, de réciter le rosaire. Les conversions de païens dépassent à Nagasaki les dix mille, et l'influence de plusieurs de ces nouveaux fidèles, que leurs affaires attiraient ici et qui rentrent convertis dans leurs provinces, nous permet d'espérer dans tout le Japon un

---

(1) Entr'autres 1) un des principaux capitaines de Fidandono, seigneur de Voshiou (Oxu). Après la mort de son maître, il disposa le fils et successeur au baptême. 2) un seigneur de la cour de Mori, avec la permission de celui ci. 3) un cousin de Shuvandono. « Presque tous les jours, il y a des baptêmes ».

(2) *Copia*, citée, p. 5.

grand progrès de notre sainte foi ». De la ferveur et des mœurs des fidèles d'Arima le P. Frôës (1) donnait en 1592 cet admirable témoignage : « Ils ne peuvent communier que deux ou trois fois l'an, et pourtant il s'en trouve à peine un sur deux cents qui ait à s'accuser d'impureté : « Ce serait chose intolérable, disent-ils, de se souiller d'un pareil péché, quand on a reçu le divin Sacrement ». Quel changement de mœurs un semblable témoignage n'atteste-t-il pas parmi ces nouveaux chrétiens du Japon !

Quarante-cinq ans s'étaient écoulés depuis que S. François Xavier avait abordé à cette chère mission et appris à connaître ce peuple, qu'il appelait « ses délices ». Parmi les troubles civils presque incessants, parmi les plus surprenantes alternatives de persécution et de paix, sans jamais se décourager, lui et ses successeurs, de la Compagnie de Jésus, avaient prêché la bonne nouvelle, que les anges avaient annoncée quinze siècles auparavant à Bethléem près de la crèche de l'enfant-Dieu ; comme eux ils avaient annoncé la paix (2). Pouvaient-ils espérer l'établir au Japon et faire connaître et adorer à ce noble peuple le Sauveur du monde, le Dieu de paix, le Fils éternel de Dieu, fait homme pour nous réconcilier avec son Père ? « Quand vous entrerez dans une ville, avait dit le Sauveur à ses premiers apôtres (3), demandez quel habitant est digne et honnête ; allez demeurer chez lui, et en entrant dans sa demeure, saluez-le, disant: Paix à cette maison ! et si la maison en est digne, la paix viendra sur elle. » Or, les missionnaires avaient rencontré parmi les japonais de si heureuses dispositions, tant de docilité et un si grand sens, qu'ils attendaient avec con-

---
(1) *Lettera del Giapone*, 1591-1592. Roma, p. 151.
(2) Quam speciosi pedes evangelizantium pacem (Rom. 10, 15)
(3) Évangile selon S. Matthieu, 20, 11.

fiance le plus complet succès de leur mission apostolique. Grâce à la prudence, avec laquelle ils ménagaient la susceptibilité de l'empereur, et à la circonspection qu'ils recommandaient instamment aux néophytes, ils voyaient progresser l'œuvre de l'Evangile malgré l'édit de 1587. Assurément, ils le crurent, le Japon tout entier accueillerait l'Evangile de la paix. Le 14 février 1592, les missionnaires réunis dans leur assemblée triennale demandaient au Général un envoi nombreux de missionnaires : « Bientôt, ajoutaient-ils, la persécution prendra fin » (1).

Le Saint Siège, qui jadis avait envoyé Xavier aux Indes orientales, était informé de la situation. Pour encourager les missionnaires dans leurs travaux et les aider à fonder des collèges et mêmes un noviciat, Grégoire XIII leur avait assuré une aumône annuelle de 4000 écus (2). Deux ans plus tard, soucieux de maintenir l'unité d'action dans le gouvernement de cette chrétienté naissante, et fidèle aux traditions du Saint-Siège dans sa grande œuvre de la propagation de la foi, il avait réservé à la Compagnie de Jésus l'honneur de poursuivre l'entreprise, si bien conduite jusqu'alors (3). Son successeur Sixte-Quint ne s'était pas départi de cette sage mesure : il avait accueilli avec magnificence l'ambassade japonaise et adressé aux daïmyo de Bongo, d'Arima et d'Omoura des brefs de félicitation (4) ; il avait ajouté aux largesses de son prédécesseur une aumône annuelle de 2000 écus (5).

Les édits d'intolérance n'avaient pas arrêté l'œuvre évan-

---

(1) Cong. prov. *Annuae* du Japon art. 43 fin ; msc 1585-92.
(2) Bref : Mirabilia Dei du 13 janvier 1583. (*Synopsis* citée p. 128 Cf *Mon. hist S. J. Epistolae Salmeronis* I. p. 717).
(3) Bref : *Ex pastorali officio*, du 28 janvier 1585 (Ib. p. 139).
(4) Le 26 mai 1585 *Exemia pietas tua — Fuerunt tuae litterae — Recitatis tuis litteris*. (Ib. 143).
(5) Le 23 mai 1585. *Divina bonitas* (Ib.)

gélique. De 1587, la première année de la persécution, à 1592, en cinq ans, dans les provinces du Sud, les missionnaires enregistraient 52 mille conversions (1). C'est à plusieurs centaines de mille que l'on pouvait porter le nombre des chrétiens. Non, disait le P. Organtino, la foi au Christ ne périra pas au Japon ! Les persécuteurs peuvent l'éprouver, mais semblable à la semence qui tombe sur une bonne terre, elle portera des fruits au milieu des souffrances (2).

---

(1) Bartoli *Giappone* l. II. ch. 34 fin. — Cardim, *Batalhas da C. de J. en... Japão*. Lisboa, 1894, pp. 2-4, donne le chiffre d'adultes baptisés
(1549-1598) 500,000,
(1598-1614) 152,900.
(1614-1630) 25,000.
Dans le chiffre de 500.000 le P. Cardim ne comprend pas, semble-t-il, les enfants de famille chrétienne : Cfr. plus haut p. 270 le calcul de Fröes. Mais il y comprend sans doute les chrétiens décédés de 1549 à 1598.
(2) Luc. 8. 15. fructum afferet in patientia.

APPENDICE.

Catalogue inédit de la province du Japon.
1593.

PP. et FF. ex Europa oriundi *Prof. 4 vot.*	Ætatis anno	Societatis anno	Promoti
P. Alexander Valignani Theatin. Neapol.	59	27	1573
P. Pero Gomes Castellan. Elvas de Sevilla	58	38	1568
P. Lorenzo Mexia, Olivença Lusit,	53	33	1570
P. Duarte de Sande Lusitan. dioec. Braga	45	30	1584
P. Organtino, Italian. de la Ciudad de Bresa	60	37	1591
P. Luis Fröes Ulyssipon.	60	44	1591
P. Franc. Calderon Castell. Soria	45	23	1591
P. Melchior de Mora Castell. Marcia	45	22	1591
P. Franc Pasio Bononiae	40	20	1591
P. Pero Ramon Saragosa	43	22	1591
P. Celso Confalonieri Mediolan.	36	22	1591
P. Gil de la Mata Castell. dioec. de Catagirona	45	26	1591
Prof. 3 vot. et coadj. spir.			
P. Bastião Gonsalez dioec. Braga prof. 3 vot.	60	34	1571
P. Baltassar Lopes Villavicosa C. S.	60	31	1588
P. Julio Piani Ital. Maçarata	55	28	1586
P. Alonso Gonzales Lusit. Valdovez	46	25	1585
P. Nicolaus de Avila castell. Villa castin	42	20	1590
P. Diego de Antunes Lusitan. Crato	41	23	1590
P. Fernan Martines Eborensis	48	27	1590
P. Ruis Barreto Eborens :	43	24	1590
P. Alonso de Lucena dioec. Visen.	42	27	1590
P. Damiano Marin Aragonen. Valencia	45	22	1593
P. Gregorius de Cespedes Castellan.	42	22	1593
P. Joseph Fornaleto Venetia Ital.	47	21	1593
P. Diego de Misquita dioec. Portuen.	40	20	1593
P. Alvarus Dias filius Lusitan : nat. in Cochin	37	19	1593
P. Anton Franc. Critana Toletan.	43	22	1593
P. Gonçalo Rebelo dioec. Braga	49	28	1593
CC. tempor : formados.			
Joan. Gerardinus Ital. Ferrara	50	32	1570
Oliverius Toscanello Macerata	50	25	1584
Ambros. Hernandes Lusitan	39	14	1593

Bartholom. Redondo Majorca	48	22	1593
Di~go Pereira Lusitan, nat. in Cochin	42	17	1593
Guilelmus Ulyssiponensis	53	29	1593
Balthazar Correa Lusit. S. Jago	37	14	1593

Nondum promoti.

P. Anton. Lopes Ulyssipon.	44	29
P. Franc. Laguna Castellan.	41	22
P. Miguel Soares Santarem	41	15
P. Joan. Joeiro. Coimbr.	27	9
P. Joan. de Rocha dioec. Braga	27	
P. Theod. Manteles Leodiensis	33	13
P. Balthazar de Torres Granat.	29	14
P. Garcia Garces Castellan.		20
P. Matthias Riciio Macerata	39	21
P. Franc. Petri Monte S. Maria abbad Farfa	30	10
P. Joan. de Crasto Lusitan.	55	25
P. Antonio Cordero Lusitan.	31	16
P. Pero da Cruz Segovia	33	11
P. Pero Paulo Neapolit.	34	14
P. Joan. Rodriguez dioec. Ulyssipon.	35	16
P. Balthazar Lopez dioec. Guarda	44	28
P. Manoel Boralho Santarem	41	15
P. Marcos Ferraro Catanzano	37	14
P. Manuel Barreto Lusitan dioec. Porto.	29	14
P. Pero Morejon Castell. Medina del campo dioec. Salmant.	30	16
P. Antonio Alvês Lusitan. dioec. Brag	41	15
P. Joan. Franc. Stephanonio Romanus ex urbe	50	32
P. Antonius Hernandes ex civitate Braga	38	15
P. Joan. de Milan Lusitanus natus Goae	34	17
P. Franc. Rodriguez Lusitan. dioec. Eboren.	33	15
P. Christoval Moreira Ulyssiponensis	42	
P. Gregorius Fulvio Perusinus	39	13
P. Franciscus Peres ex regno Neapolit.	39	14

Non sacerdotes scholastici.

fr. Hieronym. Correa Lusitan. natus in Cochim	30	12
fr. Joannes Rodriguez Lusitan. dioec. de Braga	30	12
fr. Matthaeus de Couros Ulyssiponen.	24	9
fr. Joan. Nicolas Neapolit. civit.	33	13
fr. Jacobus de Navais Lusitan. nat. in Malaca	33	9
fr. Franciscus Peres Lusitan. Sana Fins dioec. Braga	29	14
fr. Gaspar Carvallo dioec. de Braga	38	9
fr. Franc. Luis de la Vidiguera Eboren. dioec.	27	9
fr. Philippus Gomes Lusitan. Ulyssipon.	32	8
fr. Franciscus Douria Lusitan. nat. in Malaca	28	11

fr. Ambrosius de Barros natus in India educat. in Lusitan.	36	15
fr. Andreas Douria Lusit. nat. in Malaca	31	15
fr. Franc. Cavallo Ulyssip	16	6

Scholastici Japonenses in Theol. et aliis studiis (1592)

Casaria Julian de la Ciudad de Sacay	21	4
Foriye Leonardo del senorio de Omura	23	3
Ccuzi Tome de Sonoqui del senoria de Omura	22	4
Yxida Amador de Nagasaqui	23	4
Nixi Roman nat. de Arima	23	3
Moriyana Miguel nat. de Chinzima del senorio de Arima	23	3
Toqumacu Matthaeus de Tacata en el Reyno de Bongo	24	6
Zusano nat. del Reyno de Chiqungo	22	3
Ytto Mancio nat. del Reyno de Fiunga	23	1 1/2
Ytto Justo ejus frater novit. de poco plus di un anno	20	
Casaria Justo de Nagasaqui	23	3
Sanga Matthias del Reyno de Cavachi	21	5
Chiqu Miguel del senorio Ysafai del Reyno de Figen	22	3
Naiano Mathias de las terras de Arima	22	4
Colaço Miguel hizo de Nugnes y de Japona nacido y criado en Japan	25	6
Unquio Fabian de la ciudad de Miaco	27	6
Chenjiva Miguel que fue en Roma, nat. de Arima	23	1 1/2
Nacaura Julian que fue en Roma nat. de Omura	23	1 1/2
Nágavara Nicolaus nat. del Reino de Omi	24	5
Quimura Miguel del Reino de Cavachi	27	6
Nixi Franciscus de Ximabara del senorio de Arima	23	3
Ycaruga Maximo del Reino de Cavachi	23	4
Micara Francisco del Reino de Mino	23	4
Tanabe Leon de las terras de Tacasuqui del Reino de Zuniquni	28	5
Fara Martinho que fue en Roma Japon novit.	24	1 1/2
Firando Thomas nat. de Yquizuqui senorio de Firando	29	10
de Firando Bastian nat. de Firando	29	10
Longa Marin del senorio de Arima	25	6
Nagasaqui Luis nat. de Nagasaqui	26	6
Fiunga Francisc. del Reino de Fiunga	25	6
Miziguchi Agostinho nat. de las terras de Omura	15	5
Yyo Melchior nat. de Nagasaqui	23	4
Miqui Paulo nat. del Reino de Qunoquni	26	6

Quimura Toma nat. del Reino de Cavachi	29	6
Mois Gian nat. del Reino de Qunoquni	30	10
FF CC. non formati.		
fr. Christovan Ferrera dioec. Lamego	33	8
fr. Amador Gonçales dioec. Puerto	53	5
fr. Joan. Bernardes Ulyssiponen.	33	13
fr. Joan. Baptista Neapol. regno	33	13
fr. Domingo Dias Ulyssipon.	30	9
fr. Gaspar de Pava Lamego et Japones 5.	31	8
Addendus.		
fr. Franciscus Fernandes dioec. Braga *Form.* 1595	44	18

Table des matières.

Page

Préface 5

LIVRE I.

Saint François Xavier, 1ᵉʳ apôtre du Japon.

1540-52.

1. Lisbonne — 2. Goa — 3. Malaca — 4. Kagoshima — 5. Hirado — 6. Notions sur la situation du Japon — 7. Yamaguchi — 8. Miyako — 9. Funaï — 10. Religions japonaises et christianisme — 11. Retour du Japon. Lettre à S. Ignace — 12. Troubles au Japon — 13. Sanshan 11

LIVRE II.

Les premiers successeurs de Saint François Xavier.

1553-72.

1. Melchior Nugnez — 2. Nouveaux troubles au Japon — 3. Résidence de Funaï, Louis d'Almeida, les catechistes — 4. Progrès de la foi au Bongo — 5. Nouveaux missionnaires — 6. Vilela à Miyaka — 7. Sakaï et les environs — 8. Nouveaux troubles ; gouvernement du Japon — 9. Imori — 10. Louis Fröës — 11. Nobunaga — 12. Premiers chrétiens de Miyako — 13. Nobunaga, fléau des bonzes — 14. Dario Takayama — 15. Le père Organtino 77
    Appendice A. Lettres du Japon 1565-1568 139
    Appendice B. Lettres du Japon 1569-1573 153

LIVRE III.

Progrès de l'Église au Japon.

1572-1582.

1. Le P. Cabral, supérieur de la mission. Situation vers 1572 —
2. Mort des deux premiers compagnons de S. François Xavier —
3. Nagasaki — 4. Yamaguchi — 5. Projet de clergé indigène —
6. Valignani, visiteur de la Mission — 7. Espérances du P. Organtino et avis divers au sujet d'un séminaire — 8. Premiers séminaires — 9. Gaspar Côelho, successeur de Cabral, vocations japonaises — 10. Dispositions favorables de Nobunaga — 11. Valignani lui fait visite — 12. Relevé du nombre des chrétiens vers 1582 — 13. Fin de Nobunaga 172

Appendice. Catalogus eorum qui in Miacensi et Arimensi Seminario degunt qui omnes modo in Arimensi sunt congregati; anni 1588. 215

LIVRE IV.

Épreuves de la foi.

1582-1593.

1. La succession de Nobunaga — 2. Taïkosama à Osaka. —
3. Progrès de la foi — Conversion de Dosam — 4. Les bonzes —
5. Yamaguchi — 6. Troubles au Shimo — 7. Visite du P. Gaspar Côelho à Taïkosama — 8. Edit d'expulsion en 1587 ; motifs —
9. Mort chrétienne des daimyo du Bongo et d'Omura — 10. Effets de l'édit — 11. Seconde ambassade de Valignani — 12. Expédition japonaise en Corée — 13 Prudence des missionnaires et leurs espérances 219

Appendice. — Catalogue inédit de la province du Japon ; 1593 . 276

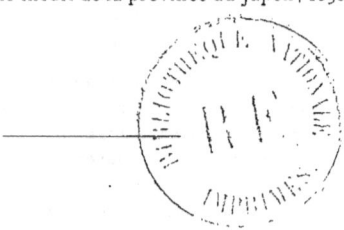

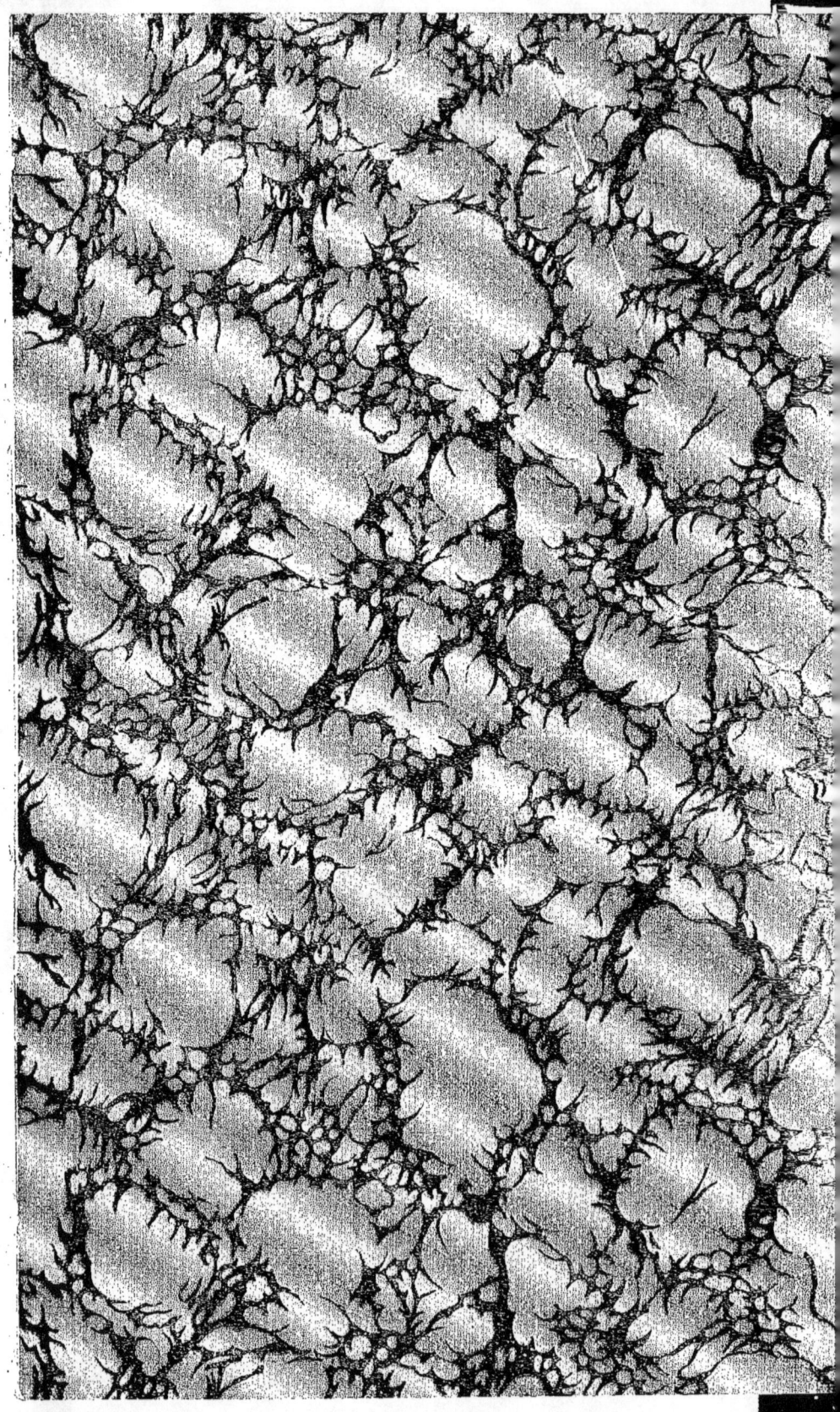

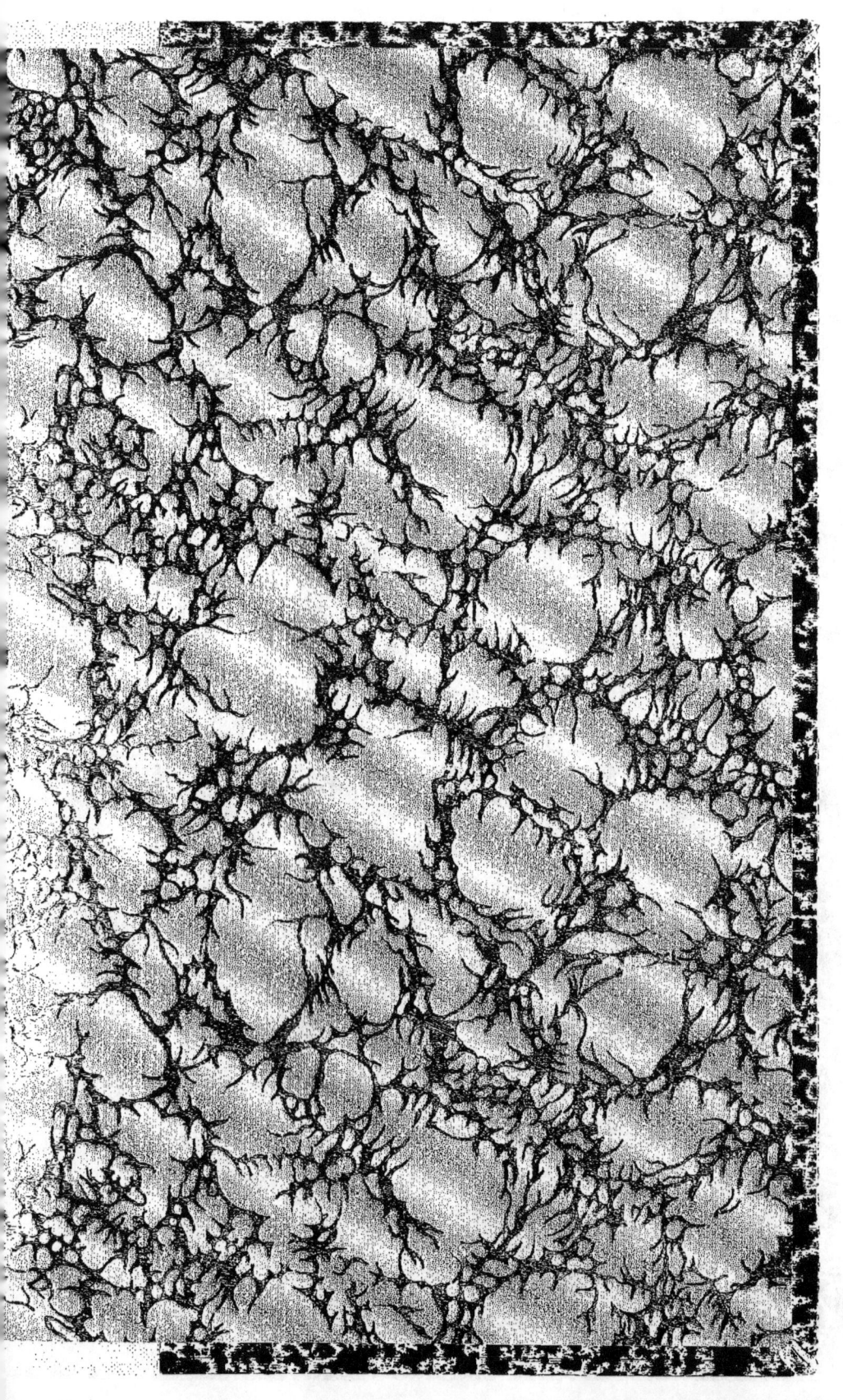

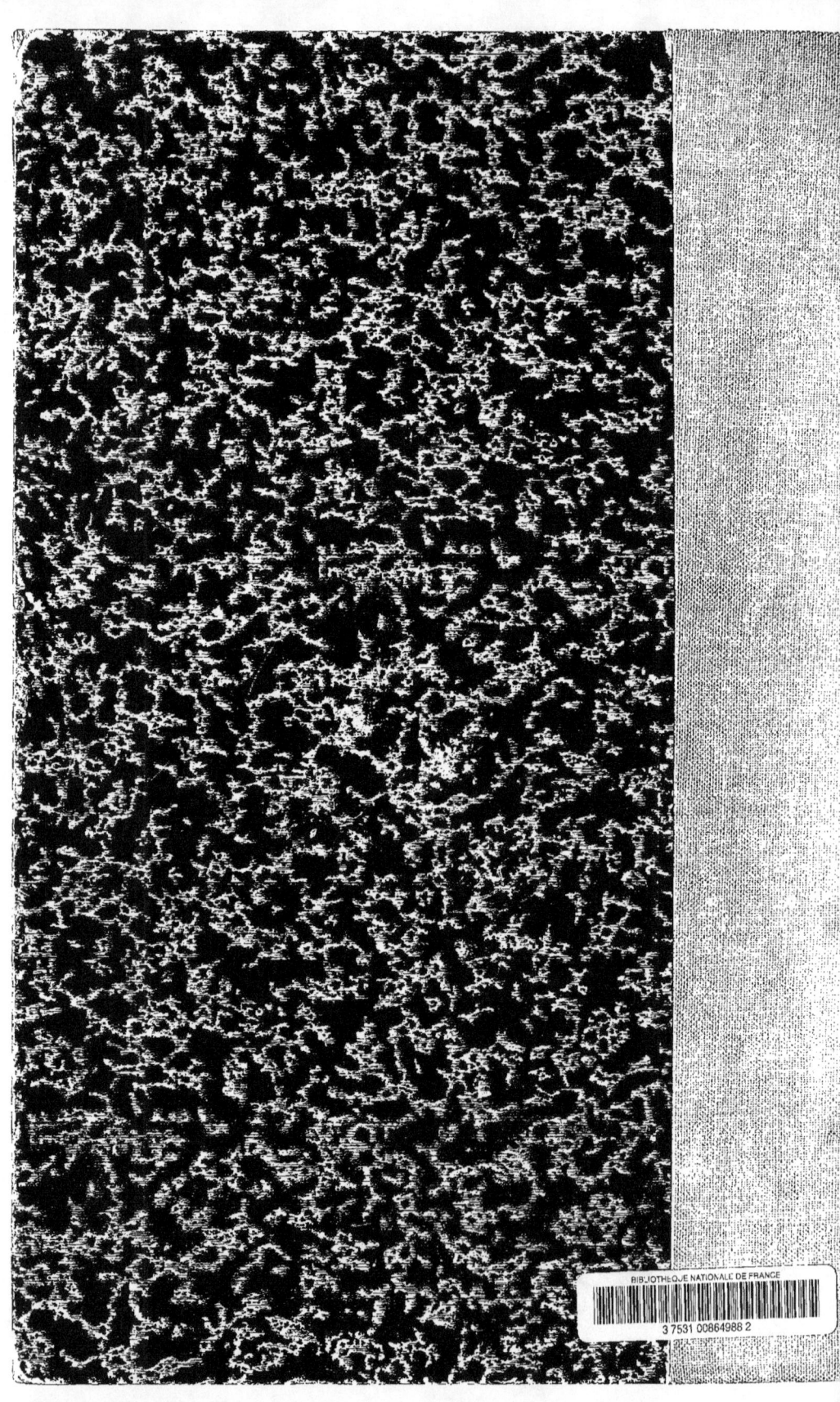

www.ingramcontent.com/pod-product-compliance
Lightning Source LLC
Chambersburg PA
CBHW071418150426
43191CB00008B/965